듀이 철학 시론

존 듀이, 우리 시대를 다시 생각하다

JOHN DEWEY

듀이
철학
시론

존 듀이, 우리 시대를 다시 생각하다

Rethinking
Our Time

일러두기

1. 이 책은 『John Dewey: Rethinking Our Time』(Raymond D. Boisvert, SUNY Press, 1998)의 우리말 번역이다.
2. 외래어는 외래어표기법에 따랐으나 관용적인 표기와 동떨어진 경우 절충하여 실용적 표기를 하였다.
3. 본문에서 **진한 글씨**로 표기된 부분은 원서에 이탤릭으로 강조된 것이다.
4. 직접적으로 인용한 부분은 큰따옴표(" "), 재인용이나 강조한 것은 작은따옴표(' ')로 표기하였다.
5. 원서의 미주는 본문에 각주로 삽입하여 참고할 수 있도록 하였고, 독자의 이해를 돕기 위해 한국어판 옮긴이의 주석을 추가하고 역주로 표시하였다.

제인에게

우리가 듣는 모든 소리, 우리가 보고, 혹은 숨 쉬시는 모든 것에 깃들어
세상의 모든 것이 이렇게 말하네. "그들은 서로를 사랑했노라."

라마르틴, 「호수」

To our readers in Korea

박찬영 교수님의 번역에서 영감을 받아 몇 마디 말씀을 드릴 수 있게 되어 매우 기쁘게 생각합니다. 먼저, 이 자리를 빌려 박 교수님의 노고에 깊이 감사드립니다.

세 책은 1998년에 처음 출간되었으며, 당시 우리는 새로운 밀레니엄을 맞이하려는 시점에 있었습니다. 존 듀이는 새로운 세기를 준비하던 시기에 많은 사유와 작업을 펼쳤습니다. 한국의 독자들 또한 듀이가 새로운 시대를 위해 제안했던 여러 주제들에 관심을 가지게 되리라 생각합니다. 그 주제들에는 삶의 경험, 사고, 공공성, 교육, 예술, 종교에 대한 새롭게 정립된 관념들이 포함됩니다.

이 모든 노력의 바탕에는 다원주의에 대한 듀이의 지지가 자리하고 있었습니다. 그는 '철학'이 곧 지혜를 추구하는 일이기 때문에, 지혜는 오직 대화를 통해서만 실현될 수 있다고 확신했습니다.

그런 점에서, 박 교수님의 번역은 그 존재만으로도 대화의 장을 여는 뜻깊은 작업이라고 느껴집니다.

레이먼드 D. 보이스버트 Raymond D. Boisvert

감사의 글
Acknowledgments

듀이John Dewey 철학을 연구하는 모든 이들은 37권으로 이루어진 듀이 선집을 발간하는 데 기여한 조 앤 보이드스턴Jo Ann Boydston의 편집 작업에 큰 빚을 지고 있다. 이 놀라운 선집은 색인과 함께 학자에게 필수적인 도구일 뿐만 아니라, 듀이의 사상을 다시 한번 미국 문화의 중심에 놓는 데 기여했다.

이 책의 몇몇 장은 풀브라이트Fulbright 학자로 프랑스에서 보낸 1년 동안 준비하고 발표한 것이다. 리옹II 대학교에서 미국학을 가르칠 기회를 제공해 준 주최자들에게 감사드린다. 인근 리옹III 대학교 철학과는 고맙게도 강의할 기회를 주었다. 현재 책의 서문 아이디어는 그때의 강의에서 처음 구상되었다.

프랑스에서 보낸 1년 중에서도, 듀이와 퍼스의 대가인 제라르 델달Gérard Deledalle이 창립한 페르피냥 대학교 커뮤니케이션 및 교육학 연구소에서의 시간이 가장 큰 자극이 되었다. 영감과 지적 자극, 따뜻한 환대를 베풀어 준 델달 교수와 그의 동료들, 특히 조엘 레토레Joelle

Rethoré, 토니 자피Tony Jappy, 미셸 발라Michel Balat, 장–피에르 카민케르 Jean-Pierre Kaminker, 베르너 부르즐라프Werner Burzlaff에게 감사의 마음을 전한다.

5장은 『철학과 교육 연구Studies in Philosophy and Education』(13(1994~95): 325-41)에 조금 다른 형태로 발표한 바 있다. 이 글은 클루어 학술 출판 사Kluwer Academic Publishers의 허가를 받아 수록했다. 존 듀이의 사진은 존 듀이 문서, 특수 자료/모리스 도서관, 서던 일리노이 대학교의 허 가를 받아 사용했다.

참고 자료를 추적하고 찾기 어려운 자료에 접근할 수 있도록 도와 준 시에나 대학교 도서관의 션 말로니Sean Maloney와 존 밸리John Vallely 에게 감사드린다. 또한 비서 업무를 도와준 수 큐블러Sue Kuebler와 최 종 원고 준비에 세심한 주의를 기울여 준 엘렌 존슨Ellen Johnson에게도 고마움을 전한다.

시에나 대학교는 이 책과 관련된 연구를 위해 두 차례에 걸쳐 여름 학기 연구 지원금을 제공해 주었다. 연구를 꾸준히 격려하고 지원해 준 두 학장, 톰 벌저Tom Bulger와 로이스 달리Lois Daly에게 감사의 말씀을 전한다. 또한 시에나 대학교 전 학술 담당 부총장이었던 더글라스 아 스토르피Douglas Astolfi 박사에게도 감사드린다. 그의 주도로 교수 연구 와 저술을 지원하는 새로운 프로그램들이 시행되었다.

뉴욕주 라우든빌, 메인주 파이브 아일랜드
레이먼드 D. 보이스버트

차
례

———

Contents

8장 결론

JOHN DEWEY

서 론

Rethinking Our Time

미국 철학의 탄생과 르네상스

1830년대에 미국을 방문한 사람은 미국을 지적 황무지로 여겼을지도 모른다. 미국의 주요 지식인 가운데 한 명인 랄프 에머슨 Ralph Waldo Emerson(1803~1882)도 이를 인정한 듯 보인다. 그는 1836년에 발표한 한 논문, 「이 나라의 예술 분야에는 왜 천재가 없는가there is no genius in the Arts in this country」에서 이 문제를 제기했다(Allen, 285). 1831년과 1832년에 미국의 몇몇 지역을 체류했던, 지금은 꽤 유명한 어느 방문객도 이 나라의 철학적 호기심이 거의 전무하다는 점을 지적했다. 토크빌Alexis de Tocqueville(1805~1859)은 "문명화된 세계 가운데 미국만큼 철학에 관심을 두지 않는 나라는 없을 것"이라고 말했다(De Tocqueville, 143).

한 세대 안에 신생국은 문학 분야에서 몇몇 천재를 배출하면서 에머슨의 질문에 응답하기 시작했다. 1823년에 에머슨 자신의 에세이 『자연Nature』을 시작으로, 1840년에는 포Edgar Allan Poe의 단편집 『그로테스크하고 아라베스크한 이야기Tales of the Grotesque and Arabesque』가 나왔다. 1850년대는 호손Nathaniel Hawthorne의 『주홍 글씨The Scarlet Letter』를 위시로, 멜빌Herman Melville의 『모비 딕Moby-Dick』(1851), 소로Henry David Thoreau의 『월든Walden』(1854), 휘트먼Walter Whitman의 『풀잎Leaves of Grass』(1855)이 연이어 출간되었다.

철학적 영감을 듣기까지는 조금 더 시간이 걸렸다. 독립선언 이전부터 종교와 정치 문제로 준철학적 성찰과 글쓰기가 이루어졌으나, 철학적 질문 전반을 능숙하게 다룰 수 있는 인물들의 등장은 에머슨과 호손 세대 이후였다. 찰스 샌더스 퍼스Charles Sanders Peirce(1839), 윌리엄 제임스William James(1842), 조시아 로이스Josiah Royce(1855), 존 듀이John Dewey(1859), 그리고 조지 허버트 미드George Herbert Mead(1862)가 태어난 이 세대는 19세기 중반의 문예부흥기와 일치한다. 이들의 저작은 1860~1870년대 이후에 등장하기 시작했고, 세계적인 인정을 받은 것은 새로운 세기가 시작되면서였다.

1900년대 미국 철학의 부상을 알리듯, 새 세기의 시작과 함께 미국인이 유럽의 권위 있는 강연에 초청되기 시작했다. 조시아 로이스는 1899~1900년에 애버딘 대학교에서 『세계와 개인The World and the

Individual』으로 기포드 강연을 했고,[1] 로이스보다 국제적인 명성을 더 얻었던 윌리엄 제임스가 그 뒤를 이었다.

이 두 번의 초청은 미국 철학의 중요한 전환점을 나타냈다. 그때까지 미국은 적어도 지적으로는 식민지 상태에 머물러 있었다. 새로운 사상은 유럽에서 발생했고, 대서양을 건너 열렬한 환호를 받는 형식이었다. 제임스는 1901년 스코틀랜드 청중을 대상으로 연설하며 이를 상당 부분 인정했다. "우리는 유럽 학자의 책뿐만 아니라 직접 그들의 강의를 듣는 경험이 매우 익숙합니다. 유럽인이 이야기하고 우리가 듣는 것은 자연스러운 것으로 여겨졌습니다."

그는 유럽 강연에 초청된 선구자였지만 이러한 상황에 주눅 들기도 했다. "거꾸로 유럽인이 듣고 우리가 말하는 관례는 아직 익숙하지 않습니다. 이런 모험을 처음으로 시도하는 사람으로서, 주세넘은 행동에 대해 사과해야 할 것 같은 감정이 듭니다." 그럼에도 제임스는 새로운 상황을 확실히 기뻐하며, 사상의 흐름이 대서양을 넘어 양방향으로 이어지길 희망했다. "이곳 애버딘에서 시작된, 서쪽에서 동쪽으로 흐르기 시작한 사상의 흐름이 이후에도 계속되길 바랍니다"(James,

---

1 **역주:** 기포드 강연은 1887년 스코틀랜드의 법학대학 상원의원인 애덤 기포드 경Adam Gifford, Lord Gifford에 의해 설립되었다. 기포드 경은 에딘버러, 글래스고, 세인트 앤드루스, 애버딘 대학에 유산을 남겼는데, 이는 자연 신학 연구를 가장 폭넓은 의미에서 촉진하고 확산하는 강연을 후원하기 위한 목적이었다(https://giffordlectures.org/about/). 기포드 강연의 취지를 반영한 로이스의 이 책은 "인간 지식에 대한 관념론적 이론, 자연철학의 개요, 자아에 대한 교리, 인간 개체의 기원과 운명, 세계의 도덕적 질서에 대한 요약적 고찰, 악의 문제에 대한 연구, 그리고 자연 종교의 이익이라는 관점에서 이 모든 관점에 대한 평가"를 다루고 있다. 그러나 주제의 포괄성 때문에 출간 과정에서 상당한 수정과 재작성이 이루어졌다고 한다(Josiah Royce(1900), The world and the individual, New York: Macmillan, p. vi).

1985, 11−12).

　제임스와 그의 젊은 동료 듀이의 저작은 사상의 흐름이 대서양뿐만 아니라 태평양을 가로질러 양방향으로 확산되도록 촉진했다. 제임스의 기포드 강연이 있은 지 28년이 지난 후, 듀이는 에든버러 대학교에서 일련의 강연을 할 기회를 얻었고, 이는 훗날 『확실성에 대한 탐구The Quest for Certainty』로 알려지게 되었다. 이 시기에 듀이의 명성은 제임스를 능가했다. 듀이는 이미 1919년에 도쿄 제국 대학으로부터 초청을 받았다. 그는 1919년부터 1920년까지 연구 휴가를, 그리고 1920년부터 1921년까지는 '중국 초청을 받은 최초의 주요 서양 학자'로서 중국에서 시간을 보냈다(Rockefeller, 358). 중국의 초청자들은 듀이에게 '제2의 공자'라고 칭하며 명예 학위를 수여했다(Dykhuizen, 197).

　드 토크빌이 100년 후 미국을 다시 방문했다면, 그는 변화된 지적 환경에 놀랐을 것이다. 토크빌이 여행한 지 거의 정확히 한 세기가 지난 1930년, 토크빌 고국의 가장 저명한 대학은 듀이에게 명예박사 학위를 수여하며 이러한 변화된 환경을 인정했다. 듀이는 소르본 대학에서 명예 학위를 받기 전날인 11월 6일, 파리 철학자들로 구성된 청중 앞에서 「도덕의 세 가지 독립적 요소Three Independent Factors in Morals」라는 논문을 발표했다. 레옹 로뱅Leon Robin, 마르셀 모스Marcel Mauss, 장 발Jean Wahl, 자비에르 레옹Xavier Leon 등 프랑스의 철학자들은 이 미국 철학자에게 찬사를 보내며 그의 영향을 인정함으로써("당신의 철학은 프랑스 사상가들의 주목을 받을 만한 가치가 있습니다"(LW 5:497)), 1830년대에 내려졌던 미국의 지적 빈곤에 대한 평가는 마침내 종결될 수 있었다.[2]

그 다음 해, 1931년 말이 되자 듀이를 제외하고는 미국의 주요 철학자들이 모두 세상을 떠났다. 국제무대에서 세계는 곧 또 다른 전쟁에 휘말려 들어갔다. 제2차 세계대전은 역설적인 전환이라는 의미로 미국 철학에 중요한 의미를 지닌다. 미국은 전쟁 중에 경제적, 군사적 세계 강국으로 부상했다. 그러나 철학 분야에서는 재식민화가 진행되었다. 미국 대학들이 최신의 유럽 사상을 받아들이기 위해 노력하자, 고전적 미국 철학자들은 빠르게 주변화되었다.

대륙에서는 실증주의와 실존주의가, 영국에서는 분석철학이 수입되었다. 듀이가 1952년에 사망할 때쯤, 미국은 19세기에 태어난 자국의 사상가들을 잊어가고 있었다.[3] 미국 철학은 계속 번영했지만, 로이스, 제임스, 듀이 같은 사람들의 철학적 관심을 불러일으켰던 개념들과는 적대적인 방향으로 전개되었다. 루돌프 카르납Rudolf Carnap, 모리츠 슐릭Moritz Schlick, 장폴 사르트르Jean-Paul Sartre, 버트런드 러셀Bertrand Russell, 소지 무어George E. Moore, 마르틴 하이데거Martin Heidegger, 존 오스틴John L. Austin 같은 이름이 대학 강의 계획서에 오르기 시작했다. 그들의 등장은 미국의 철학과 상호작용할 수 있는 환영할 만한 자극이 될

---

2 마르셀 모스의 다음과 같은 언급을 참조하라. "게다가 미국 철학자들 중에서 그[듀이]는 뒤르켐이 가장 높이 평가했던 인물이다. 강의의 상당 부분을 듀이 교수에게 헌정했던 뒤르켐의 마지막 위대한 철학 강의에 참석하지 못했던 것은 나에게 큰 아쉬움으로 남아 있다"(LW 5:500-501).

3 조지 레이먼드 가이거George Raymond Geiger는 듀이 탄생 100주년을 기념하며 듀이에 관한 책을 썼지만, 듀이의 영향력이 약화되고 있다는 점을 지적해야 했다. "듀이에 대해 글을 쓰기에는 참으로 기이한 시기다. 그의 철학의 거의 모든 근본적인 부분이 거부된 것처럼 보이는 시기이기 때문이다"(Geiger, 3). 듀이의 정치철학을 다룬 로버트 웨스트브룩Robert Westbrook의 권위 있는 연구도 최근에 동일한 주제를 반영했다. "그가 사망할 당시, 철학자, 교육자, 그리고 민주주의자로서의 듀이의 영향력은 거의 최저점에 다다랐다"(Westbrook, 537).

수도 있었다. 그러나 그들을 받아들인 학자들은 종종 미국 영토의 철저한 재식민화를 추구하는 제국주의자의 역할을 맡았다.

그러나 1970년대에 이르러 상황은 다시 변하기 시작했다. 1969년, 조 앤 보이드스턴Jo Ann Boydston의 편집하에, 서던 일리노이 대학교 출판부는 듀이의 저서 37권 중 첫 번째 책을 출간했다. 현재 완료된 이 전집은 '미국 저자의 전집 중 가장 훌륭한 판본'으로 평가받고 있다 (Westbrook, 555). 이 출판물은 연구자들에게 큰 도움이 되었을 뿐만 아니라, 그의 사상에 대한 새로운 관심을 불러일으키는 촉매제가 되었다.

듀이 전집이 출간된 직후, 1973년 몇몇 학자들이 미국 고전 사상의 보존과 부흥을 위해 미국 철학 진흥 학회를 설립했다. 그들의 작업은 미국 고전 사상가들에 대한 관심이 급증하던 한 인물에 의해 큰 힘을 얻게 되었다. 그가 바로 로티Richard Rorty였다. 로티는 미국 고전 사상가들을 경시하던 철학계 주류의 일원으로 여겨졌기에 그의 영향력은 꽤나 컸다. 1979년 미국 철학 협회 동부 지부 회장 취임 연설에서, 같은 해에 출간된 『철학과 자연의 거울Philosophy and the Mirror of Nature』과 1982년의 『실용주의의 결과Consequences of Pragmatism』와 더불어, 미국 고전 철학 일반, 특히 존 듀이의 사상을 논의의 중심으로 다시 세우는 데 기여했다.

로티는 회장 취임 연설에서 제임스와 듀이를 언급하며 "현재 이 두 철학자는 무시되고 있다"고 주장했다(Rorty, 1982, 160). 그러나 로티와 듀이 전집, 그리고 미국 철학 진흥 협회의 노력 덕분에 이들이 더 이상 외면 받는 일은 없게 되었다. 1980년대와 1990년대에는 듀이에 관한 방대한 출판물이 쏟아져 나왔다.[4]

이 책은 이러한 부흥에서 특별한 역할을 하고자 한다. 요즘에는 거의 사용되지 않는 용어를 되살려, 나는 이 책을 '입문서'로 규정하고자 한다. 이 책의 목표는 듀이의 철학에 대한 간결하면서도 폭넓은 접근을 제공하는 데 있다. 선택된 주제들은 듀이의 입장을 포괄적으로 개괄하는 데 중심이 되는 것들이다. 이 책의 설명이 듀이의 복잡한 이론적 구성을 왜곡하지 않으면서도 명확하게 전달하기를 바란다. 이 책은 그 목표와 제한된 분량으로 인해 비판적이라기보다는 설명적이다. 듀이의 사상을 지지하는 공감적 해석을 제공하는 것이 주요 의도다.[5] 오늘날의 독자들이 듀이의 작품에 끌려 단순한 반복적 학습이 아니라, 새로운 해석으로 나아가게 된다면 이 작은 책의 목적은 달성된

---

4   참고 문헌의 저자들, 특히 웨스트브룩Westbrook, 록펠러Rockefeller, 알렉산더Alexander, 보이스버트Boisvert, 웨스트West, 히크먼Hickman, 구인락Gouinlock, 라이언Ryan, 타일스Tiles, 캠벨Campbell 그리고 슈스터먼Shusterman의 저작을 참조할 것.

5   듀이에 대한 주요 비판은 그의 입장이 정당한 희망과 지나치게 낙관적인 유토피아주의 사이의 경계를 종종 넘나들었다는 점이다. 이러한 유토피아주의는 인간 조건에 내재된 결함을 제대로 인식하지 못했다는 지적을 받는다. 듀이의 저명한 지지자인 존 맥더멋John McDermott조차 이를 직접적으로 비판하며 다음과 같이 말한다. "불행히도 그는 악, 악마적 요소, 그리고 대중으로서의 인간이 다른 인간에게 끔찍한 범죄를 저지를 수 있는 능력에 대한 학설이 미흡했다"(LW 11:xxxii). 비슷한 맥락에서 앨런 라이언 Alan Ryan도 "듀이가 끝내 수용하지 못한 것은 거친 권력의 역할이었다"(Ryan, 295)고 지적한다. 이러한 비판에 대해서 필자는 「필연성의 응보: 듀이 실용주의에 도전하는 비극」이라는 글에서 논하고 있다. 이 글은 데이비드 시플David Seiple의 편저, 『민주주의와 지성의 미학: 듀이적 재구성에 관한 새로운 에세이들Democracy and the Aesthetics of Intelligence: New Essays in Deweyan Reconstrnction』(Albany: SUNY Press, 1997)에서 찾아볼 수 있다. 듀이에 대한 대부분의 비판은 인간 본성의 악으로 기울어지는 경향을 간과한 점을 중심으로 이루어진다. 그 결과, 비판자들은 듀이가 지성만으로 인간 문제를 해결할 수 있다는 지나치게 낙관적인 희망을 표출했으며, 인격 형성에서 교육의 역할을 과대평가하고, 인간의 자기 이익과 이기심에 대한 경향을 너무 쉽게 간과했다고 주장한다. 이와 관련하여 듀이를 비판한 학자들의 작업은 참고문헌에서 확인할 수 있다. 특히 라인홀드 니버 Reinhold Niebuhr, 어니스트 겔너Ernest Gellner, 존 패트릭 디긴스John Patrick Diggins의 저작은 참고할 만하다.

것일 게다.

듀이의 전통 재건

　　듀이는 무엇보다도 생산적이고 건설적인 철학자가 되고
자 했다. 그는 자연과 문화 사이의 연속성을 강조하며 경험을 포괄적
으로 이해하고자 했다. 20세기에 민주주의적 열망을 부흥시키고 철
학적 기반을 제공하기 위해 누구보다도 많이 노력했다. 자기 자신을
존재 자체의 무시간적 목소리로 생각하는 철학자들과는 달리, 듀이
는 자신의 시대를 벗어나지 않고, 자신의 시대를 위한 글을 썼다.[6] 그
가 영감을 받은 원천들은 폭넓었다. 그것들은 동시대의 것은 물론, 근
대와 전근대적인 것들도 포함되었다(여기서 '근대'라는 용어는 모호
하다. 일반적으로 이 말은 대체로 '동시대'라는 말로 사용된다. 그러
나 지식의 역사 맥락에서는 1600년에서 1900년까지의 특정 기간을
지칭한다. 이 맥락에서 사용될 때는 대문자 'M'을 사용하여[7] 나타낼
것이다). 듀이는 자신의 시대를 적절하게 나타내기 위해 다양한 영감

6　어윈 에드먼Irwin Edman은 듀이에게 깊은 영향을 받은 사상가로서 특유의 명료함으로
　듀이적 감정에 공명했다. "'어느 하늘 아래에서 태어났든, 그 하늘은 같은 하늘이었을
　테니 같은 철학을 가졌어야 했을 것이다.' 산타야나의 이 문장만큼 철학적 정신의 야
　망과 환상, 자연과 삶에 대한 감각을 살피려는 열망을 더 잘 표현한 것은 없을 것이다.
　시간, 장소, 기질의 편견이 사라지고, 우리가 말하는 사고들이 곧 자연 그 자체의 생각
　이 될 수 있게 하는 그런 솔직함과 정확성을 갖춘 열망 말이다. 그러나 나는 그러한 환
　상을 갖고 있지 않다. 나는 내가 뉴욕의 혼란 속에서, 그리고 흔히 학문적 고독이라고
　불리는 사회 속에서 (…) 지금 그리고 여기서 말하고 있음을 알고 있다"(Edman, 17).
7　**역주:** 이 책에서는 해당되는 이 시기를 '근대'로 나타낼 것이다.

의 원천을 포용하는 화해적 태도를 보였다. 그래서 결론에서 설명하겠지만 듀이를 수식하는 레테르는 '근대'도 아니고, '포스트모던'도 아니다. 오히려 브뤼노 라투르의 기술어를 빌려 말하면 듀이는 '다시간적polytemporal' 태도를 지녔다.

당연히 창의적인 사상가로서 듀이는 이러한 원천들을 무비판적으로 받아들이지 않았다. 그가 한 일은 자신의 신조에 따라 전통적인 철학자들이 남긴 유효한 기여 가운데 과장된 주장, 편향된 강조, 잘못된 편견, 낡은 형식을 걸러내는 것이었다. 칸트에 대한 비판은 예외일 수 있겠지만, 듀이는 대체로 전면적인 비난을 거의 하지 않았다. 그는 결연히 현재에 대해 말하고자 했다. 이를 건설적이고 생산적인 방식으로 수행하기 위해 과거의 최선의 것들을 활용해야 한다고 보았다.

그러나 듀이가 철학의 역사를 통합하는 방식은 무작위석이지 않았다. 그는 '철학의 재구성'의 필요를 명시적으로 언급했는데, 이는 그의 가장 인기 있는 책 가운데 하나의 제목이기도 하다. 이 재구성은 특정한 관점에서 수행되어야 했다. 전통 가운데 몇몇 요소는 새로운 틀에 통합되어야 하고, 다른 요소들은 제외되어야 했다. 따라서 듀이가 자신과 관계가 없다고 여긴 사조들에 대한 간략한 개요를 제공하는 것이 적절한 출발점이 될 것이다. 이를 분석했을 때 여러 형태로 반복해서 등장하는 세 가지 사조를 식별할 수 있다. 그것은 플로티노스적 유혹, 갈릴레오적 정화, 그리고 비신체적Asomatic 태도[8]이다.

---

8 **역주**: 'asomatic'의 접두사 'a'는 결여의 의미로 '무'로 번역하기도 한다. 이를테면, '무도 덕적amoral'의 '무'가 여기에 해당한다. 그러나 이 책에서 'asomatic'은 '비신체적'으로 번역할 것이다. 물론, 이러한 번역어는 'non-somatic'의 '비-신체적'과 혼동될 여지가 있지만, 우리 언어에서 '무신체적'은 생경하고, '탈신체적'은 신체를 초월하는 의미를 분명

플로티노스적 유혹

고대 그리스 철학은 성 아우구스티누스St. Augustine(354~430)의 왜곡된 렌즈를 통해 서구에 전달되었다고 할 수 있다. 이러한 렌즈는 아우구스티누스에게 결정적인 영향을 끼쳤던 플로티노스Plotinus(205~270)에 의해 다듬어지고 형성되었다. 플라톤Plato은 『티마이오스Timaeus』에서 존재를 설명하기 위해 데미우르고스, 이데아, 물질이라는 세 가지 궁극적 원리를 제시하였지만, 플로티노스는 그의 최고 원리인 "일자一者"로부터 모든 존재가 유출된다고 설명했다. 플라톤에게 "선善"의 이데아가 태양의 빛처럼 모든 곳에 스며들고 가장 중요한 관심 사항이었다면, 플로티노스에게 삶의 이상은 여기, 지금의 다원적이고 물질적인 세계로부터 벗어나는 것이었다. 새로운 목표는 모든 것의 근원인 일자로 돌아가려는 것이었다.

존재의 복잡성의 기저의 것이자 동시에 삶의 궁극적인 목표로서의 통일성이라는 이상은 서양 사상에 지배적인 영향을 미쳤다. 다양한 방식으로 재현된 하나의 구상은 기저의 실재에 도달하기 위해 다원성을 극복하려는 시도였다. 단일하고 반박할 수 없는 관념을 추구하는 데카르트적 사고cogitation부터 로크John Locke의 단순 감각 자료, 돌턴John Dalton의 원자론, 언어학에서의 원언어Ursprache 탐구, 그리고 무솔리니가 국가의 통일을 상징하기 위해 채용한 로마적 상징, 파스케스Jasces9로 구체화된 통일성을 상찬하는 20세기 저술에 이르기까지

히 드러내지만 이후 이 책의 모든 맥락에서 적합하지는 않기 때문에, 상대적으로 직관적으로 이해하기 쉬운 '비신체적'을 'asomatic'의 번역어로 삼고자 한다.

9 **역주:** 파스케스는 로마 집정관의 권위를 상징하는, 집정관의 경호원들이 들고 다닌 도끼이다. 이 도끼는 나뭇가지로 묶여 있는데, 이렇게 묶인 파스케스는 단결과 통합을

철학자는 절대적인 이상으로서가 아니라 적어도 규제적인 이상으로서 통일성에 매료되었다.

플로티노스적 유혹은 통일성을 토대이자 목표로 주장하는 것인데, 듀이는 이러한 유혹에 결코 굴하지 않았다. 듀이는 파리 철학자들을 대상으로 한 연설에서 도덕성은 도덕 철학자들이 궁극적으로 선택한 단일 지도 원리, 자연적 욕망의 달성, 의무의 요구, 또는 공감과 반감의 변증법 중 어느 하나로 환원될 수 없다고 특유의 방식으로 주장했다. 듀이가 말했듯이, 도덕에는 '독립적인 세 가지 요소'가 있으며, 이는 하나의 궁극적 원리를 위한 세 가지 경쟁자가 아니다.

최근, 이 듀이적 '군집' 접근 방식은 미국 고전 철학의 영향에서 완전히 비켜 선 것처럼 보이는 한 철학자에 의해 부활되었다. 마사 누스바움Martha Nussbaum은 그리스 비극에 대해 섬세하게 읽으면시, 비극 작가들이 환원할 수 없는 다양한 헌신이 인간 삶의 불가피한 요소라는 점을 깨달았을 때 그들의 입장을 지지하게 되었다. 그에 반해 철학자들은 '실제로' 단 하나의 목표나 목적이 옳은 것이라고 주장하면서 이러한 조건의 불가피성을 종종 부정하려고 했다. 즉, "기껏해야 하나만이 진실일 수 있다. 다른 것은 거짓으로 간주되어 더 이상 관련이 없다"(Nussbaum, 30)는 것이다. 그러나 듀이는 그리스 신학의 중심 요소를 받아들이면서 비극 작가들과 같은 입장을 취했을 것으로 내게 보인다. 듀이는 "신들이 인간에게 상충되거나 심지어 모순되는 요구를 부과한다"(Nussbaum, 30)[10]는 생각을 받아들일 것 같다.

상징한다. 무솔리니는 이 고대 로마의 상징을 통해 파시스트 국가를 상징하고자 했다.
10 "그리스 다신교는 놀랍게도 칸트적 도덕성의 특정 요소를 어떤 유일신 교리보다도 더

듀이 철학의 기저에는 항상 유사한 군집이 있으며, 이 군집을 구성하는 요소들은 우리가 항상적인 균형 상태를 유지하려고 노력해야 할 대상이다. 플로티노스적 유혹에 굴복하는 사람은 이러한 군집의 궁극성을 거부하고 더 깊은 통일성을 추구한다. 듀이는 환원 불가능한 다수의 본질을 인정하며 조화를 추구한다. 그는 반反플로티노스적 입장을 취한다. 듀이에게 다원주의는 끝까지 유지되는 원칙이다.

갈릴레오적 정화

중세 이후 철학, 즉 '근대' 철학은 과학의 위대한 진보와 연계되어 발전했다. 과학의 영향력이 너무 강력해서, 오르테가 이 가세트는 근대 철학을 '사시'라고 했다. 하나의 눈은 경험을, 다른 눈은 과학의 발견을 주시한다는 것이다(Ortega y Gasset, 34). 듀이는 한결같이 과학을 지지하고 그 성과를 폄하하는 어떤 철학적 견해도 거부했다. 그럼에도, 그는 갈릴레오가 부각시킨 방법론적 절차는 따르지 않았다.

아리스토텔레스적 과학을 넘어설 수 있게 해준 갈릴레오의 천재성은 일상적인 경험이 제공하는 서투르고 혼란스러운 상황을 이상화된 상황으로 대체하려는 의지에 있었다. 갈릴레오의 진보는 이상적인 조건이 일반적인 조건을 대신할 때 그 상황에서 움직이는 물체의 가속도를 고려하는 심오한 상상력의 도약에 의존했다.

알렉상드르 쿠아레Alexandre Koyré가 말했듯이, 갈릴레오의 성공은 "존재하는 것을 존재하지 않는 것, 결코 존재하지 않는 것에 비추어,

---

잘 표현한다. 즉, 그것은 각 윤리적 의무의 최상의 구속력을, 말하자면 신성함을, 어떤 상황에서도, 심지어 신들 간에 충돌이 발생하는 상황에서도 주장한다"(Nussbaum, 49).

심지어 결코 존재할 수 없었던 것에 비추어 설명할 수 있는 그의 능력"에 기반했다(Koyré, 155). 갈릴레오를 대변하는 대화편의 살비아티는 상식적인 심플리시오에게 이 절차를 설명하려고 한다. "이제 공은 얼마나 오랫동안, 얼마나 빨리 굴러갈까요? 모든 외부의, 그리고 우연한 방해를 제거하기 위해 완벽하게 둥근 공과 아주 매끄러운 표면을 이야기했던 것을 기억해 두세요. 마찬가지로 나는 공기의 저항으로 인한 방해와 다른 우연한 장애물도 모두 제거하고자 합니다"(Koyré, 167).

이러한 과학적 질문에 대한 접근 방식의 대담한 전환이 없었다면, 깃털의 낙하는 대포알의 낙하와 동일하다는 중력에 대한 이해에 도달하지 못했을 것이다. 갈릴레오적 정화는 일상적인 경험에서 벗어나 대체적인 맥락을 도입하는 것으로, 과학의 진보에 필수적이었다. 그러나 그리스 사상에서 불분명하게 혼재되어 있었음에도, 철학과 과학은 르네상스 이후 서로 관련이 있지만, 전혀 다른 학문이 되었다. 철학은 좋은 삶을 추구하는 데 불가분하게 관련되어 있다. 따라서 철학은 과학자들이 발견한 것을 환영하고 배워야 한다. 그러나 이는 철학과 과학이 구별할 수 없는 활동으로 융합된다는 것을 의미하지는 않는다.

과학은 예측과 통제를 목적으로 사물의 기본 구조를 설명하는 데 집중한다. 갈릴레오적 정화는 과학적 발전에 필수적이었다. 그러나 철학은 일상적인 경험에서 시작하고 끝나기 때문에 이러한 정화와는 맞지 않다. 그럼에도 많은 근대 철학자들은 자신의 분야에서 갈릴레오적 정화의 필요성을 당연하게 여겼다. 일상적인 경험의 복잡한 혼란에 만족하지 못한 그들은 철학의 토대를 보다 순수한 출발점에서 찾고자 했다.

르네 데카르트Rene Descartes(1596~1650) 역시 일종의 갈릴레오적 정화를 시도했다. 그는 철학하기 전에 다음 세 가지를 중단해야 한다고 주장했다.

1) 자신의 감각에 대한 증거,
2) 그가 학교에 다니면서 배운 지적 전통,
3) 여행 중에 얻은 직접적인 경험.

이러한 정화 과정을 거친 후에야 데카르트는 "나는 생각한다, 그러므로 존재한다"는 명확한 첫 번째 원칙에 도달할 수 있었다. 데카르트의『방법서설Discours de la méthode』과『성찰Meditationes de prima philosophia』은 성찰을 위한 적절한 출발점으로서 직접적인 현전을 거부한다. 그 책들은 엄격하고 자기 의식적인 정화, 철학적 사유가 시작될 수 있는 이상적인 상황의 투사에서 시작한다.

프랜시스 베이컨Francis Bacon(1561~1626)의 정화 과정은 우리의 자연적, 문화적 유산, 소위 네 가지 '우상'으로부터 자유로운 세계를 갈망하는 데서 드러난다. 이러한 이상화된 세계에서만 우리는 실재를 직접 대면할 수 있다. 그러나 그렇게 함으로써 우리는 우리가 아닌, 아마도 절대 될 수 없는 어떤 것으로 변한다. 즉, 언어에 한계가 없고, 고유한 관점들을 초월하고, 유전된 사상 체계에 의존하지 않으며, 편견 없는 개인으로 변한다. 로크와 루소가 인간을 가상의 원시 상태로 투사했을 때, 그것은 갈릴레오식 전략을 17세기와 18세기에 확장한 것이다. 최근에는 존 롤스John Rawls의 '원초적 상황'의 발명이 갈릴레오적 정화의 지속적인 영향력을 보여준다.

듀이는 청교도의 후손이지만 현대 철학의 순수성에 대한 집착을 이어가지 않는다. 철학적 분석은 항상 중간에서 시작된다. 현재의 상황은 극복해야 할 것이 아니라, 고려해야 할 문제와 쟁점을 설정하고, 대안을 제시할 수 있는 실제 조건을 제공하는 것이다. 일상 경험의 맥락 또한 철학이 좋은 삶을 실현하는 데 영향을 미치기 위해 돌아가야 하는 지점이다.

듀이가 취한 입장은 이상적인 언어의 유혹을 거부한 영미철학자들의 입장과 유사하다. 이상적인 언어는 혼란스러운 문구, 모호성 그리고 애매함을 제거한 언어로, 갈릴레오적 정화 의도가 언어로 나타난 것이다. 이 점에서 듀이의 자연주의는 『논리철학 논고』의 비트겐슈타인보다는 『철학적 탐구』의 비트겐슈타인과 더 많은 공통점을 가지고 있다.[11]

듀이를 따르기 위해서는 일상적 존재를 경시할 필요가 없다. 철학은 인간적 삶의 구체적이고 복잡하며, 실로 엉망진창인 조건 속에 있다. 철학적 성찰이 성공하기 위해서는 이 조건에 항상 경각심을 가져야 한다. 인위적이고 비현실적인 출발점에서 반성을 시작해서는 안 된다. 철학은 '사시'가 될 필요가 없다. 그것은 과학을 환영하고 격려하며 옹호할 필요가 있다. 동시에, 철학은 자신의 출발점을 포용해야

---

11 스티븐 툴민Stephen Toulmin은 듀이와 비트겐슈타인 간의 연관성을 듀이의 『확실성에 대한 탐구Quest for Certainty』가 포함된 저작집 4권의 서문에서 언급했다. 다음 참조, Toulmin, xii-xiii.

하나, 물리학에서 성공적일지라도 철학 고유의 목적에 적대적이라면, 그러한 출발점을 전용하려고 해서는 안 된다.

비신체적 태도

플로티노스는 신체를 경시하여 자신의 초상화를 그리는 것도 거부했다고 한다. 그로부터 약 1,400년 후에 데카르트는 정신과 신체의 분리를 근대 사상의 기초로 삼았다. 철학은 '합리적'이어야 했고, 합리성은 신체와 대립되는 정신으로 정의되었다. 감정과 같은 인간 삶의 일상적인 차원은 명석한 사고를 흐리는 일차원적인 것으로 간주되었기 때문에 억제되었다. 비신체적인 이상은 『순수 이성 비판Critique of Pure Reason』을 쓴 임마누엘 칸트Immanuel Kant(1724~1804)의 사상에서 절정에 달했다. 이성의 순수성은 철학자들에게 지배적인 이상이 되었다. 인간은 '생각하는 존재'(데카르트) 또는 '이성적 본질'(칸트)로 정의되었으며, 신체는 서툴고 불편하며 번거로운 부속물로 해석되었다. 그러나 이러한 입장은 철학에서 항상 지배적인 위치를 차지한 것은 아니었다. 예를 들면, 그리스 전통에는 피타고라스와 같은 일부 명백한 이원론자들도 있었으나, 아리스토텔레스와 비극 작가들은 정신적인 것과 신체적인 것이 불가분으로 연결되어 있는 방식을 강조하는 경향이 있었다.[12]

---

12 그리스 비극 작가들에 만연한 생리적 이미지를 논의한 후, 루스 파델Ruth Padel은 그리스 이원론에 대해 다음과 같이 언급한다. "내가 내장을 말할 때, 그것은 모든 감정과 사고의 장치를 의미한다. 시인들은 이러한 단어들을 장기, 혈관, 액체, 호흡으로 유동적으로 다루었다. 그러나 이는 비극 작가들이 우리가 설정하는 마음과 몸 사이의 구분을 '흐릿하게' 만들었다거나, 이 단어들이 모호했다거나, 그리스 사상에서 심리적인 것이 신체적인 것과 '겹쳤다'고 말하려는 것이 아니다. 이러한 흐림이나 겹침이라는

듀이는 현대의 이분법적인 인간 이해를 받아들이지 않았다. 그의 가장 큰 적은 이원론이었다. 그는 모든 형태의 이원론을 뿌리 뽑으려 했다. 예를 들면, 교육이란 단순히 정보를 정신에 전달하는 것이 아니다. 아이들은 손을 사용하고 다양한 실험을 통해 활동적이지 않을 경우 최상의 학습 효과를 얻을 수 없다. 교사들도 자신을 하나의 정신에서 다른 정신으로 정보를 전달하는 기계로 생각하면 효과적으로 가르칠 수 없다. 그들 역시 신체적으로 활동적이어야 했고, 비신체적인 존재가 아닌, '인간' 학생들을 자극하기 위해 돌아다녀야 했다.

지식은 비신체적인 '이성'에서 유래하는 것이 아니라, 신체화된 '지성'에서 나온다. 좋은 삶은 내적인 정화를 이루기 위해 신체로부터 탈주하거나 철회하는 삶이 아니다. 여기서 다시 누스바움의 분석은 듀이의 주제와 일치한다. 아리스토텔레스주의자로서 그녀는 (이 책에서 보여주겠지만 듀이 또한 여러 가지 방식으로 아리스토텔레스적 관점을 갖고 있다) "예리한 과학적 지성"을 위해 정념을 차단하지 않을 것이다. 그렇게 한다면 "실천과 관련된 많은 것을 놓치고, 우리 삶의 많은 가치로부터 단절되어 비인간적으로 될 것"이라고 주장한다(Nussbaum, 310). 여기에 듀이는 전적으로 동의할 것이다. 인간의 체화된 경험은 단순히 자료를 정신적인 컴퓨터에 입력하는 것이 아니다. 그것은 우리가 얽혀 있는 환경에 대한 완전한 인간적 반응을 포함한다.

비평적 은유는 그리스인들이 두 가지 다른 것이 뒤섞이고, 두 가지 의미가 혼재되는 것으로 인식했음을 암시한다. 만약 그 구분과 의미가 우리의 것이고 그들의 것이 아니라면, 그들에게는 흐리거나 모호할 수 있는 두 가지가 없었다는 말이다. 따라서 심장, 영혼, 마음, 정신과 같은 우리 단어의 의미론적 장을 투영하거나, '겹침'이라는 용어로 말하는 것은 유용하지 않다"(Padel, 39).

듀이의 저작은 우리에게 플로티노스적 유혹, 갈릴레오적 정화, 그리고 비신체적 태도와는 다른 방식으로 철학을 재구성하도록 장려한다. 플로티노스적 유혹은 다원주의를 환상으로 간주하고, 통일성을 최고의 목표로 삼을 것을 요구한다. 듀이는 다원주의를 환원불가능한 것으로 받아들이며, 통일이 아닌 조화를 인간의 이상으로 설정한다. 갈릴레오적 정화는 인위적인 입장을 적절한 출발점으로 제안한다. 그러나 듀이에게 철학적 반성은 복잡하고 모호한 실제 현재에서 일어나야 한다. 비신체적 태도는 정신과 신체를 분리한다. 듀이의 철학은 지성을 갖춘 체화된 인간을 위한 철학이다.

우리는 이러한 전통과의 근본적인 차이를 인식함으로써 듀이의 철학적 재구성을 이해할 수 있다. 듀이의 재구성은 인간 경험, 지식, 사회적/도덕적 문제, 교육, 예술, 정치, 종교 등 모든 철학의 중요 분야를 아우른다. 다음 장들은 이러한 분야에서 듀이의 사상을 탐구하고자 한다.

나는 이러한 탐구 속에서 듀이 사상의 의미와 목적을 강조하고자 했다. 듀이가 사용한 몇 가지 안타까운 철학적 기술어의 오용으로 인해 그가 말하고자 한 의미가 논란에 휘말리기도 했다. 이를 의식한 듀이는 후기 저서에 이러한 낱말들을 피하려고 했다. 예를 들면, 그는 『논리학: 탐구 이론Logic: The Theory of Inquiry』의 서문에서 자신의 가장 유명한 낱말인 '프래그머티즘pragmatism'이 텍스트에서 누락된 이유를 이렇게 설명했다.

'프래그머티즘'이라는 낱말은 이 텍스트에는 나오지 않는다. 이 낱말은 오해를 불러일으킬 수 있기 때문이다. 어쨌든, 이 낱말에 대한 많은 오해와 다소

헛된 논란이 발생했기 때문에 그것을 사용하지 않는 것이 바람직하다고 생각했다. (LW 12:4)

듀이의 실질적인 입장은 영향을 받지 않았다. 듀이는 자신의 실제 입장을 효과적으로 전하기 위해서, 대중이 인식하는 바로 그 용어들을 사용하지 않으려 했다.

듀이의 예를 따라, 나 또한 이 책에서 '프래그머티즘', '도구주의', '과학적 방법', '문제 상황' 같은 낱말을 거의 사용하지 않았다. 이러한 낱말과 표현은 듀이의 의도와는 다른 의미론적 풍경 속에 쉽게 통합되는 경향이 있다. 여기서 나는 오해의 소지가 적은 언어로 듀이 철학의 실제와 의미를 이끌어 내고자 한다.

용어의 남용이 초래한 '헛된' 논쟁에서 벗어나 나는 듀이가 다시 읽히기를 바란다. 그것은 철학자의 글을 읽는 가장 중요한 이유, 즉 우리 시대를 지배하는 문제에 빛을 비추기 때문이다. 듀이처럼 우리 역시 새로운 세기로 접어들었다. 그와 마찬가지로, 우리는 기술적으로 발전한 대규모의 다민족 사회에서 민주적 열망을 어떻게 실현할지 고민한다. 우리는 학교의 부적절함을 걱정하며, 대기업, 거대 정부, 그리고 공공 이익 간의 긴장을 해소할 방법을 모색한다. 과학적 발견을 좋은 삶에 대한 일상의 탐구와 통합하는 문제, 예술과 일상생활 간의 단절을 극복하는 문제, 지나치게 합리화된 세속주의와 폐쇄적인 종교성 간의 대립을 조정하는 문제는 듀이 시대와 마찬가지로 오늘날에도 여전히 현실적인 과제이다.[13]

오늘날 듀이에 대한 관심이 다시 높아지는 것은 대체로 그의 관심사가 우리 시대의 관심사와 맞닿아 있기 때문이다. 듀이만큼 자신의 시대에 대해 포괄적인 방식으로 이야기한 철학자는 드물다. 이 책이 그와 같은 포괄적인 특징을 느끼게 하고 듀이 원전을 짧게 접할 수 있게 한다면 그것만으로도 이 책의 목적은 충분히 달성한 셈이다.

---

13 앨런 라이언Alan Ryan은 듀이가 다시 주목받는 이유를 설명하며, "1990년대는 놀랍게 도 1890년대와 매우 유사하게 전개되고 있다"고 주장한다(Ryan, 24).

JOHN
DEWEY

생활세계 | 1장

Rethinking
Our Time

1장

생활세계

The Life World

살아있는 경험

존 듀이의 동시대 인물이자 저명한 영국 철학자 버트런드 러셀Bertrand Russell(1872~1970)은 그의 가장 대중적인 저서 중 하나에서 '감각 자료'(감각에 의해 포착되는 것)와 '감각', 즉 우리가 감각 자료를 경험하고 있다는 의식을 구분하며 시작한다(Russell, 12). 러셀에게 철학은 탁자와 같은 기본 경험의 섬세한 기술에서 시작된다. "우리 눈에 그것은 직사각형이고, 갈색이며, 빛나고, 만지면 매끄럽고 차갑고 단단하다. 그것을 두드리면 나무 소리가 난다"(Russell, 9). 이러한 절차는 감각 자료에서 시작하여 영국 경험론 전통에서 표준 관행이 되었다. 철학자들은 경험의 기본 구성 요소를 식별하는 것으로 시작해야 했다. 다음 과제는 이러한 기초 단위에서 관념의 출현을 설명하는 것이다. 마지막으로, 그렇게 생성된 관념이 외부 세계와 어떻게 연결되는지를 설명해야 했다.

러셀보다 한 해 먼저 태어난 문학가는 새로운 종류의 소설을 쓰며 경험의 본질에 대한 다른 관점을 제시했다. 마르셀 프루스트Marcel Proust(1871~1922)가 티스푼에 적신 작은 마들렌을 회상할 때, 그의 기술은 탁자에 대한 러셀의 반응을 일으킨 감각 인상에 대한 차가운 나열과는 전혀 달랐다. 프루스트는 먼저 자신의 경험을 제공한 맥락을, 이를 테면 추운 날, 불쾌한 기분, 지루함, 평소 마시지 않는 차를 어머니가 뜻밖에 권한 것을 나타냈다.

> 그리고 곧, 기계적으로, 지루한 하루를 보내고 우울한 내일을 전망하며, 나는 케이크의 조각을 적신 차 한 숟가락을 입술로 가져갔다. 따뜻한 액체와 함께 부스러기가 내 입천장에 닿자마자 온몸에 전율이 흘렀고, 나는 일어나고 있는 놀라운 변화를 바라보며 멈춰 섰다. (Proust, 54-55)

결국 프루스트는 차에 적신 마들렌의 경험이 일요일 미사 이후 그에게 작은 마들렌 조각을 주곤 했던 레오니 고모에 대한 기억을 불러일으켰다는 것을 깨닫는다. 이로부터 20세기의 문학적 걸작 중 하나인 일련의 기억이 일어났다.

경험의 본질을 이해하는 것은 철학적 입장을 파악하는 데 있어 결코 사소한 문제가 아니다. 존 스미스John Smith는 "프래그머티스트에 의한 경험의 재구성"이 "그들의 가장 중요한 공헌"이라고 정확하게 지적했다(Smith, 1992, 17). 러셀의 감각 자료로서의 경험과 프루스트의 역사적, 맥락적으로 조건 지어진 경험 간의 대조는 우리가 듀이의 출발점을 이해하는 데 도움이 될 것이다. 듀이의 저작에서 '경험'은 포괄적이고 다면적인, 즉 인간이 주변 환경을 파악하고 반응하며 상호 작용하는 전적인 인간적인 방식을 나타내기 위한 것이다. 듀이에게 '경험'은 인간의 세계 내 존재 방식을 식별하기 때문에, 듀이의 경험 이해는 오히려 동료 철학자인 러셀보다 소설가인 프루스트의 이해에 더 가깝다.

그러나 듀이는 자신의 '경험'을 풍부히게 묘사한 뒤 "나는 집을 내려놓고 내 마음을 살펴본다"(Proust, 55)라고 하며 내면으로 물러나는 프루스트를 따를 수 없다. 러셀과 프루스트는 모두 처음에는 주변 환경에 묶여 있지만, 곧 이러한 사실을 잊어버린다. 러셀은 생활세계를 일련의 '객관적' 자료로 변환하는데, 이 자료는 우리가 그 세계를 일상적으로 사용하고 즐기는 것과는 거의 관련이 없다. 프루스트는 지금 여기에 몰입하는 것으로부터 거리를 둔다. 그의 도피는 과거에 대한 '주관적' 재창조로 향한다.

듀이의 '경험적 자연주의'(LW 1:4)는 프루스트의 다면적인 감성과 러셀의 지금 여기에 대한 관심을 결합한다. 철학자는 결국 평범한 인간이다. 그들은 냉철하고 객관적인 자료 축적자도 아니고, 과거와 분리된 주관적인 향락자도 아니다. 경험의 중요성을 강조하는 전통적 경험론은 철학을 긍정적인 방향으로 이끌었다. 그러나 러셀과 같은 전통의 대표자들은 실제로 평범한 인간 경험에서 시작하지 않는다. 그들이 기본적인 '주어진 것(所與)'으로 제시하는 것은 실제로 이전 갈릴레오적 정화의 결과이다. 그러한 결과는 '주어진 것'이 아니라 '취한 것'으로 기술되어야 한다. 우리는 경험주의자들이 충분히 경험적이지 않았다고 말할 수 있다.

질적 차원, 감정과 기억, 명확한 관심사를 특징으로 하는 일상적인 인간 경험은 러셀이 주장하는 환원적 경험주의에서 왜곡된다. 이러한 환원은 온전한 인간 경험의 다양한 차원을 제거한다. 남는 것은 고립된 상태에서 작동하는 자유롭게 떠다니는 수용체로서의 감각뿐이다. 이러한 감각에 의해 파악된 지각 대상들은 원래의 맥락 속에서 원초적인 자료인 것처럼 잘못 해석된다.

이러한 절차는 언어학자가 처음에는 개별 문자가 있었고, 그 다음에 단어, 문법이 최종적으로 언어가 탄생했다고 주장하는 것과 비슷하다. 살아있는 언어의 실제 경험적 우선성은 분석과 추상화라는 이차 활동에서 나온 것을 선호하여 무시된다. 분석과 추상화는 언어 내에서 기본 단위를 분리하고 해석할 수 있다. 그러나 이러한 결과를 그 상황 속에서 원초적인 존재론적 자료로 간주하는 것은 잘못된 해석이다.

듀이는 『경험과 자연Experience and Nature』의 서문에서 이름을 밝히지 않는 한 철학자의 의자에 대한 기술을 인용한다. 이는 탁자에 대한 러셀의 기술과 유사하다. 이러한 기술은 일상적인 경험을 오해한 하나의 모델로서, 여기에는 두 가지 주요 결함이 있다.

1. 경험은 "경험 행위, 이 경우에는 보는 행위와 관련된 특성으로 환원된다."
2. "다른 한 가지는, 방금 인용한 간단한 진술에서도 단순히 경험된다고 주장되는 것과는 완전히 다른, 그 이상의 경험 대상에 대한 인식이 있다는 것을 인정해야만 한다." (LW 1:25)

프루스트의 마들렌 경험은 듀이가 경험에 대한 전통적인 경험론적 구성 방식을 비판하며 언급한 "완전히 다른, 그 이상"의 의미를 어느 정도 제공한다. 철학의 적절한 출발점은 완전하고 구체적인 인간 경험이어야 하며, 갈릴레오식 환원은 불필요하다. 프루스트의 경우처럼 인간 경험은 기억과 감정으로 가득 차 있다. 차에 적신 마들렌은 감각 자료로 설명될 수 없는, 듀이의 말을 빌리면 "완전히 다른" 의미의 연결체이다.

이 모든 것은 듀이 철학과 다른 전통 철학 간의 결정적인 차이를 식별하는 데 도움이 되기 때문에 중요하다. 서로 다른 출발점을 취하는 철학은 완전히 발전된 형태에서 극적으로 달라질 것이다. 듀이는 인위적으로 정화된 상황을 상정하는 대신, 비록 철학이 일상적인 살아있는 경험을 넘어서야 한다 하더라도, 그것이 시작해야 하는 곳은 일상적이고 살아있는 경험이어야 한다는 사실을 그대로 받아들인다.

『경험과 자연』의 초판은 갈릴레오적 정화를 따르는 자기 파괴적인 성격을 나타내기 위해 강한 언어를 사용했다. "총체적인 경험의 명백하고 즉각적인 사실"을 후속적인 추상적 정화의 산물로 대체하려는 철학자들은 "이로 인해 철학 자체가 자살한다는 사실을 염두에 두지 않는다"(LW 1:366-67). 역사에 따르면, 철학자들은 "행해지고, 고통 받고, 상상되는 일을 추론과 그 결론으로 대체"하려는 유혹을 받는다. 그들은 "매우 단순화된 전제로 시작하는 경향이 있다." 이 순간, 그들은 내가 갈릴레오적 정화라고 부른 것을 매우 의식적으로 진행한다. 철학자들은 "사물에 대한 절대적인 확실성과 삶의 질서를 확보하는 절대적인 안전성을 지식의 목표로 삼았다." 이러한 목표를 염두에 두고, 그들은 "추구하는 것을 제공할 만큼 충분히 단순한" 초기 자료와 원리를 선택했다(LW 1:373). 이러한 절차는 자기강화적일 수 있지만, 실제 살아있는 경험을 다루는 데 있어 경험적이지도 생산적이지도 않다.

듀이는 자신이 비판하는 철학자들과 달리 절대적인 확실성을 달성하려는 사전 약속으로 시작하지 않는다. 인간의 지식은 잠정적이고 불완전하며 확률적이다. 우리는 우리의 선택이 절대적으로 적절하다는 절대적인 확신을 가지고 행동하는 경우는 거의 없다. 이것은 절망의 원인도 아니고 인위적인 형태의 안전을 추구하는 원인도 아니다. 철학자는 인간의 조건을 온전하게 고려해야 한다. 경험은 우리에게 그 조건의 충만함을 열어줄 수 있는 것이다.

갈릴레오적 정화도 비신체적 태도도 받아들이지 않는 듀이 철학은, 그 이전의 찰스 S. 퍼스와 마찬가지로,[1] 인간이 실제로 존재하는 지금 여기의 살아있는 경험에서 시작한다. 철학에서 진정한 경험적 방법은 "효과적인 판단과 행동을 목적으로 하는 단순화보다는 복잡

---

1   다음 퍼스의 에세이를 참조할 것. C. S. Peirce, "Some Questions Concerning Certain Faculties Claimed for Man," in *Collected Papers of Charles Sanders Peirce*, vol. 5, ed. Charles Hartshorne and Paul Weiss (Cambridge, Mass.: Harvard University Press, 1934).

하게 얽힌 사물에서 시작해야 한다고 주의를 준다"(LW 1:387). 제대로 시작하려면, 철학자는 다시 한번 삶을 살고, 즐기고, 겪고, 고통 받고, 상상하고, 희망하고, 투쟁하고, 사랑하고, 미래를 계획하는 일상적인 인간이 되어야 한다. 이 수준에서 '경험experience'은 환경, 기억, 물리적 상황에 대한 반응, 관심사, 한계, 구상된 프로젝트를 함께 엮어낸다. '객관적' 조건과 '주관적' 감정의 대립은 이러한 체계에서 설 자리가 없다. 일상적인 경험은 '주체'와 '객체'의 대립을 전제로 하지 않는 여러 가닥으로 엮여 있다.

듀이에 따르면, '경험'이라는 용어는 주관적인 것과 객관적인 것 사이의 명확한 경계를 흐리게 하는 '생명' 또는 '역사'와 유사한 것으로 생각되어야 한다. '생명'은 유기체와 환경의 상호 침투를 요구한다. 반성적 분석은 외부 조건(호흡하는 공기, 섭취하는 음식)과 내부 소신(호흡하는 폐, 소화하는 위)을 분리할 수 있지만, 그러한 분리는 추상적 분석의 산물이지 실제 생활의 구체적 조건이 아니다. 마찬가지로, '역사'는 행동, 승리, 비극인 동시에, 그러한 행위들에 대한 다시 말하기이자 해석이다(LW 1:19). 이 두 차원은 마치 알파벳이 구어와 분리될 수 있는 것처럼 반성적 추상으로 분리될 수 있다. 알파벳의 글자가 원래 주어진 것이고, 그 뒤에 종합적으로 조합된 것으로 생각해서는 안된다. 원래의 맥락은 일상 사람들의 경험에 의해 가장 잘 나타난다. 이 맥락은 생명과 역사와 유사한 경우처럼 분화되지 않은, 다층적인 상호 침투의 하나이다.

참된 경험적 방법은 듀이가 주장하듯이, "경험의 포괄적 완전성에 정당성을 부여할 수 있는 유일한 방법이다. 오직 이것만이 통합된 통일성을 철학적 사상의 출발점으로 삼는다"(LW 1:19). 철학적 활동은 살아있는 경험에서 시작하여 응용과 검증을 위해 다시 그곳으로 돌아가야 하는 일종의 순환 과정이다. 듀이는 철학 연구가 제공하는 특별한 서비스는 철학 그 자체의 연구가 아니라, "철학을 통해 살아있는 경험을 연구하는 것"이라고 주장한다(LW 1:40).

프루스트의 사례가 보여주듯이, 삶의 경험은 다차원적이고 복잡하며, 기억, 감정, 질적 판단으로 가득 차 있다. 듀이는『경험과 자연』의 첫 장에서 "경험"이 어떻게 이해되어야 하는지에 대한 예를 문학에서 찾았다. 그는 의자에 대한 경험주의적 기술을 거부하고 다음과 같은 대안을 제시했다.

> 따라서 나는 그러한 진술을 신뢰하기보다는 오디세우스의 개가 주인에게 돌아왔을 때의 행동을 철학자가 경험을 이해하는 유형의 예로 삼겠다. 생리학자는 그의 특별한 목적을 위해 오셀로가 손수건을 인식하는 것을 특정 조건의 빛 아래에서 색깔의 단순한 요소와 특정 각도 조건에서 본 형태로 환원할수 있다. 그러나 실제 경험은 역사와 예언으로 가득 차 있었고, 사랑, 질투, 악행으로 가득 차 있었으며, 과거의 인간관계를 완성하고 비극적 운명으로 치달았다. (LW 1:368)

갈릴레오적 정화는 생리학자의 설명을 패러다임으로 받아들이기 위한 전제 조건이다. 포괄적인 경험적 방법은 먼저 단순화한 다음 그 단순화 결과를 원래 자료로 다시 읽는 오류를 피해야 한다. 일상적인 경험은 존중받아야 하며, 그것은 극복해야 할 환상이 아니다. "비경험철학에 대해 제기될 수 있는 가장 심각한 비난은 일상 경험의 것들에 먹구름을 드리웠다는 것이다. 그들은 그것을 바로잡는 데 만족하지 않았다. 그들은 그것을 전반적으로 불신했다"(LW 1:40).

철학자들이 일상적 삶의 밀고 당기기에서 벗어나, 일상생활의 경험을 폄하하는 난해한 논쟁에 관여한다는 대중의 인식은 크게 틀리지 않을 수 있다. 듀이는 철학을 이 과도하게 전문화된 영역으로부터 재배치하기를 원한다. 그는 철학을 소크라테스의 뿌리로 되돌리고자 하며, 그 노력이 일반 시민과 전문 사상가 모두가 공유하는 관심사와 질문을 중심으로 돌아가기를 원한다. "나는 여기서 쓴 것이 구체적인 인간 경험과 그것의 가능성에 대한 존중을 만들고 증진하는 결과를 가져온다면 이에 만족할 것이다"(LW 1:40–41).

지성주의 오류

듀이는 단편적인 경험주의를 받아들이는 사람들이 범하는 오류를 '지성주의 오류'라고 부른다. 듀이에게 '지성주의intellectualism'는 "모든 경험은 하나의 앎knowing의 방식이고, 모든 주제와 모든 자연은 원칙적으로 축소되고 변형되어야 하며, 과학의 정제된 대상이 나타낸 특성과 같은 용어로 정의"하려는 견해로 정의된다(LW 1:28).

두 가지 출발점이 가능하다. 올바른 길은 일상적인 경험을 포용하는 것이다. 다른 하나는 '모든 경험을 앎의 한 가지 방식'이라고 생각하는 것이다. 이것은 앎, 즉 지적 탐구의 결과로 일상 경험의 소여를 대체하려고 하는 것이다. 예를 들면, 특별한 탐구의 결과로 우리가 알게 되는 '소금이 염화나트륨이라는 사실'이 모든 차원에서의 소금에 대한 일상적인 경험을 대체해서는 안 된다. 경험은 언제나 앎보다 넓다. 자연의 풍부한 복잡성이 단일 유형의 탐구가 자연에 대해 말하는 내용으로 환원될 때 지성주의 오류는 발생했다.

듀이가 '지성주의'라는 용어를 사용하는 것은 비합리주의를 옹호하기 위해서가 아니다. 그는 지성의 작업을 폄하하려는 것이 아니라, 살아있는 경험의 우선성을 인식하지 못하는 태도를 지적하려는 것이다. 그 태도는 필연적으로 선택적이고 종종 배제적인 인식의 세련된 결과물로 일상 경험의 풍부함을 대체하고자 한다. 이런 식으로 대체함으로써 그 태도는 우리의 경험을 확장하고 풍부하게 할 기회를 잃어버린다. 실제로 이는 철학의 영역을 좁힌다. 듀이가 위의 인용문에서 말한 것처럼, '자연'은 전문 과학이 제공하는 용어로만 간주되도록 '변형'된다.

이로 인해 역사적으로 '지성주의'가 야기한 가장 두드러진 결과인 철학과 과학의 인위적인 대립이 나타난다. 두 학문이 동일한 출발점을 공유하고 동일한 목표를 지향한다고 가정하면, 그 결과의 차이는 생활세계에 대한 상보적이지 않는, 상충되는 주장으로 해석될 수밖에 없다. 철학자들이 사랑하는 포괄적인 진술을 빌려 말하면, 그것은 '외양'과 '실재'의 대립이라고 할 수 있다.

이러한 잘못된 딜레마의 고전적인 사례는 물리학자 아서 에딩턴 Arthur Eddington의 '두 개의 탁자two tables' 논의에서 기술되었다. 하나는 일상적인 경험의 상식적인 탁자이다. 그것은 매끄럽고 단단하며 색깔이 있고 날카로운 모서리가 있다. 다른 하나는 물리학자가 설명한 탁자다. 그것은 대부분 빈 공간으로, 끊임없이 움직이며, 작은 질량을 가지고 있고 명확한 경계가 없다. 에딩턴은 세련된 인지 과정의 결과, 이 경우의 물리학이 더 실질적인 존재적 위상을 가져야 한다고 가정 하면서 두 관점이 경쟁자라고 결론지었다. 둘 중 하나를 선택하라는 강요를 받았을 때 그는 주저하지 않고 이렇게 말했다. "현대 물리학은 섬세한 검증과 무자비한 논리를 통해 두 번째 과학적 탁자가, 그 탁자 가 어디에 있든지 간에, 실제로 '거기에' 있는 유일한 것임을 나는 확신 했다"(Eddington, xii).

에딩턴이 말한 '무자비한 논리remorseless logic'는 그가 생각한 물리학 의 논리가 아니었다. 그것은 오히려 철학의 논리였다. 특히 그것은 '논리'라기보다는 갈릴레오적 정화와 플로티노스적 유혹에 대한 선 험적인 철학적 신념이었다. 현실에 대한 단 하나의 관점만이 결정적 일 수 있다고 가정하고, 주어진 살아있는 경험보다 특정 탐구의 결과 를 단일한 관점으로 선택하는 이러한 사전의 헌신은 필연적으로 에 딩턴이 설명한 것과 같은 입장으로 이어진다. 즉, 서로 다른 관점들은 현실에 대한 하나의 참된 기술을 위한 경쟁자라는 것이다.

지성주의에 대한 최선의 대응은 전통 철학의 세 번째 잘못된 전제 인 '비신체적 태도'를 거부하는 것에서 시작된다. 인간은 기본적으로 비신체적 사고자가 아니다. 그들은 다양한 종류의 상호작용에 참여 하는 신체적 개체이다. 특수한 방법론을 사용하고 특정 목적을 위해 실행되는 반성적 사고는 원래의 연쇄적 상호작용의 다양한 차원을 분리할 수 있다. 이러한 분리된 요소들이 분석, 이해 또는 통제를 위해 선택되었다는 점을 염두에 두면 어떠한 오류도 범하지 않을 것이다. 이러한 절차는 '지성주의'가 아니라, 행위 속의 체화된 지성을 반영한다. 인지적 반성의 산물이 존재론적 우선성을 가진다고 가정할 때에만 행위 속의 지성은 지성주의로 전락한다. 오직 그때에만 에딩턴의 두 탁자는 서로 대립하는 것처럼 보인다.

상호작용의 우선성

듀이는 경험적 방법이 이전 사상가들이 제시한 것과는 매우 다른 세계를 드러낼 것이라고 생각한다. 플로티노스적 유혹이 나타난 한 가지 방식은 분리된 자족적인 단위를 현실의 궁극적인 실재 요소로 여기는 것이었다. 데카르트는 '실체substance'를 "다른 어떤 것에 의존하지 않고 존재하는 것"으로 정의했다(Descartes, 1985, 210). 가장 실재적인 것은 독립적인 통일체라고 생각되었다. 더 자족적이고 자율적인 존재일수록 완전한 실재의 이상에 가까운 것으로 여겨졌다. 순수한 감각 자료부터 분할되지 않는 원자, 로크와 루소의 자연 상태를 채운 자율적인 개인에 이르기까지 독립적인 단위들이 철학 및 과학 문헌에 점점 많아지기 시작했다.

철학이 싹튼 토양이 갈릴레오적 정화와 플로티노스적 유혹의 철학적 영향을 받은 만큼, 고립된 단위에 대한 그와 같은 강조는 이해할 수 있다. 그러나 듀이가 기술한 보다 온전한 인간적 경험주의를 고려하면, 정원은 고립된 개체들을 발견될 수 있는 공간이 아니라 상호 연결

망으로 간주할 수 있다.

작물은 지렁이가 공기를 통하게 하는 토양에 뿌리를 내린다. 곤충은 식물에 수분을 돕는 매개체 역할을 한다. 비가 내리고, 태양으로부터 에너지를 받는다. 이러한 상호 연결은 실재하지만 전통적인 철학자들은 이를 적절히 인식하지 못했다. 윌리엄 제임스는 예외적인 인물이었다. 그는 경험에 대한 기술에서 접속사와 전치사의 중요성을 강조함으로써 이미 길을 준비했다. "우리는 파란색의 느낌, 차가움의 느낌을 말하듯이 '그리고'의 느낌, '만약'의 느낌, '그러나'의 느낌, '의한'의 느낌을 말해야 한다"(James, 1950, 245-46).

제임스를 따른 듀이는 진정으로 포괄적인 경험적 방법은 고립된 독립적인 개체를 발견하지 못한다고 제안한다. 일상적인 경험은 다양한 형태의 상호 관계의 형식 속에서 개체를 드러낸다. 데카르트 자신도 곧 깨달았듯이, 오직 신만이 그의 실체 정의에 부합할 수 있었다 (Descartes, 1985, 210). 그러나 플로티노스적 유혹이 너무나 강력해서, 궁극적으로 고립된 단위에 대한 믿음은 수세기 동안 철학적 성찰을 이끄는 직접적인 이상이 되었다.

듀이는 플로티노스적 유혹에 빠지지 않았다. 왜냐하면 그는 갈릴레오적 정화와 연계된 헌신을 하지 않았기 때문이다. 그는 인간의 경험을 외면하고 인위적으로 단순화된 고립된 개체의 세계에서 시작해야 할 필요성을 느끼지 않는다. 듀이는 단순히 살아있는 경험이 파악하는 것, 즉 상호작용하는 개체들의 우선성을 그대로 인정한다. 그의 입장은 상호 연결의 실재와 중요성을 이해한다는 점에서 생태학적이다. 우리가 직접 경험하는 것은 상호 침투, 결합, 상호 영향을 미치는 영역이다. 러셀의 감각 자료가 경험의 원초적 자료가 아니었던 것과 마찬가지로, 고립된 실체는 경험의 원초적 자료가 아니다. 그런 것들은 특정 목적을 위해 강조된 경험의 측면이다. 그것들은 추상적 정신 과정의 정제된 산물이다. 그러한 것들은 문제되지 않는다. 문제는 그것들이 실존적 우선성을 가지며 우리의 일상적, 일반적인 경험에 대한 경쟁자가 된다고 주장할 때 발생한다. 이때 지성주의 오류가 발생한다.

철학의 임무 중 하나는 삶의 경험에 대한 지도나 차트를 제공하는 것이다. 이것은 '형이상학metaphysics'으로 알려진 철학의 한 분야의 작업이다. 듀이가 표현했듯이 그 임무는 "비판 영역의 기반 지도를 제공하기 위한 것"이다(LW 1:309). 듀이가 말하는 '비판criticism'은 평가의 과정을 의미한다. 그러한 평가, 즉 '비판'이 예술, 정치 조직, 과학, 사회적 관계 등에서 충실히 일어나기 위해서는 기반 지도가 최대한 섬세하게 제시되어야 한다.

전통적인 철학자들은 '존재being'를 형이상학에 차트로 나타내고 기술된 것으로 설명했다. 듀이는 대안적인 표현을 사용한다. 그는 "원초적 자료"(LW 1:20) 또는 "일상적인 일차 경험의 사건"(LW 1:36)이라고 말한다. 갈릴레오적 정화를 따르는 과학은 목표를 달성하기 위해 "일상적인 일차 경험의 사건"을 축소시켜나간다. 그러한 축소가 없다면 실험실은 무용지물이 될 것이다. 그러나 "경험의 자연 발생적 기능에 내재된 선을 명확히 하고, 해방시키며, 확장하는 것"(LW 1:305)을 주된 관심사로 삼는 철학은 항상 "일상적인 일차 경험"의 환경 내에서 작동해야 한다.

듀이의 입장이 갖는 참신함과 급진성은, 직접 경험된 이 원초적 자료가 상호작용하는 존재들로 가장 잘 표현될 수 있다는 점을 명확히 인식하지 않는 경우 간과될 것이다. 듀이를 올바르게 이해하는 데 있어 이 점의 중요성은 아무리 강조해도 지나치지 않다. 상호 연결성과 상호 의존성이 원칙이다. 고립된 개체들은 정신적 구성물로, 그것들은 선택적 강조의 산물이다.

시간성과 가능성

헤겔 이전까지 근대 철학은 시간성을 무시할 만한 영역으로 밀쳐 버렸다. 20세기 두 사상가, 베르그송과 하이데거는 헤겔의 영향을 받아 시간성을 그들의 철학의 중심으로 삼았다. 듀이 역시 이 사상가들과 함께 시간성을 중요한 위치에 되돌린다. 그는 사물들의 상호연관성을 강조하는 헤겔주의의 강조를 통해 여기에 도달했다. 상호작용하는 개체들의 세계에서는 시간이 중요한 역할을 한다. 이러한 세계는 '사물', '주체', '객체'와 같은 정적인 용어들이 직접적인 경험의 충만함을 포착하지 못하는 세계이다. 사실, 이들 용어의 탁월성은 제임스가 강조한 전치사—접속사 차원과 상호 관계가 발생하는 시간적 차원을 모두 최소화하는 데서 비롯된다.

듀이는 정적인 의미를 가진 용어 대신 '사건affair'이라는 단어를 선호한다.[2] 그는 "자연은 '사건들'의 '사건'이다"라고 주장한다. "자연이

---

2 **역주:** 듀이의 자연주의 형이상학에서 'affair'보다 더 자주 언급되는 것은 'event'이다. 듀

끊임없는 시작과 끝의 장면이라는 인식은 철학적 깨달음의 원천으로 나타난다"(LW 1:83).

철학적 깨달음은 구체적인 현존으로서의 시간성을 인식하는 데서 비롯된다. 이는 칸트가 말한 "모든 현상의 형식적 선험 조건"으로서의 시간과는 다르다(Kant, 77). 사실, 시간성을 자연 과정의 밀고 당김과 별개의 자율적인 현실보다는 경험의 질로서 말하는 것이 더 낫다. "공허한 시간은 존재하지 않는다. 실체로서의 시간도 존재하지 않는다. 존재하는 것은 행위하고 변화하는 것들이며, 이들 행위의 지속적인 성질은 시간적이다"(LW 10:214). 생명 활동, 즉 상호작용하는 실체들이 있는 곳에는 '사건', 문자 그대로 '형성 과정'에 있다. '사건'은 항상 과정 속에 있고, 이 과정들은 시간적인 것으로 성장, 변화, 발달로 이어진다.

시간성에 대한 적절한 이해는 비신체적 태도가 극복될 때에만 생길 수 있다. 인간 삶의 신체적 특성에 대한 인식을 통해 시간이 경험의 통합적 성격임을 이해할 수 있다. 이분법적인 인간 본성을 전제로 하는 철학은 신체가 시간 속에 '갇혀' 있다고 불평할 수 있다. 그런 다음 그들은 마음을 위한 영원한 진리의 비시간적 영역으로 도피할 수 있다. 듀이의 경험적 자연주의는 시간으로부터 도피하고자 하지 않는다. 오히려 그는 시간성을 성장의 기회로 환영한다.

개인의 삶이라는 '사건'은 시간성에 잠겨 있기 때문에 그것이 완성

이의 형이상학에서 이 둘은 모두 사건을 의미한다. 다만, 그 용어를 구분하기 위해서 'affair'는 '사건'으로, 'event'는 따옴표 없이 사건으로 옮길 것이다. 듀이에게 '존재하는 것은 모두 하나의 사건'으로, 정신도 물질도 사건이다. 그에게 모든 존재는 사건으로 상호작용의 관계 속에 있다(LW 1:63-64).

된 자아라고 주장할 수 있는 고정된 종착점이 없다. 생명력 있는 시간성은 우리의 삶이라는 '사건'이 결코 완료되지 않는다는 것을 의미한다. 항상 더 많은 발달이 있고, 더 많은 것을 배울 수 있으며, 오래된 습관이 바뀌고, 새로운 습관이 배양될 수 있다. 듀이에게 이와 같은 끊임없는 발달과 인식의 과정은 '성장growth'[3]이라는 용어로 요약된다. 모든 개체는 진행 중인 개체이므로, 그것이 몰입하는 관계에 의해 지속적으로 영향을 받고 변화된다. 우리가 수행하는 다양한 프로젝트, 맺는 관계, 겪는 투쟁은 우리 존재를 형성하는 데 도움을 준다. 과정과 변화를 진지하게 받아들일 때, 인간이라는 '사건'은 계속 성장하는 자아로 이해될 수 있다.

> 모든 사건은 그 자체로 다른 것들로 변해가며, 후속 사건이 현재 존재의 성격이나 본질의 필수적인 부분이 된다. '사건'은 화학적 변화, 생명의 발생, 언어, 마음 또는 인간 역사를 구성하는 에피소드와 관계하는지 여부가 항상 문제로 다뤄진다. (LW 1:92)

'사건'은 결코 고정되거나 완성되거나 완료되지 않는다. 그것들은 진정한 우연성과 지속적인 과정을 특징으로 하는 세계를 형성한다. '사건'의 세계는 다양한 가능성에 열려 있는 실제성의 세계이다.

'사물', '주체' 그리고 '객체'는 완전하고 완성된 실체를 의미할 수

---

3 듀이가 '성장'이라는 개념을 사용하는 방식에 대해서는 『민주주의와 교육Democracy and Education(MW 9)』 제4장 "성장으로서의 교육"과 제5장 "준비, 전개, 형식적 훈련"을 참조할 것이다. 또한, 듀이가 교육 백과사전 및 사전Encyclopaedia and Dictionary of Education에 기고한 글을 MW 13:402에서 확인할 수 있다.

있지만, '사건'은 제작 과정을 나타낸다. 제작 과정은 시간성의 중요한 결과인 '가능성'을 전제로 한다. 시간성을 진지하게 받아들이는 곳에서는 가능성이 존재의 중심 범주로 격상된다. 사실, 가능성은 듀이 철학의 모든 측면에서 중심적인 역할을 하는 주제이다. 가능성은 인식과 평가뿐만 아니라 그로 인해 수행되는 프로젝트를 위해 필수불가결한 조건이다. 현재 실재하지 않더라도 존재할 수 있는 가능성은 '관념'과 '이상' 사이의 간극을 연결한다.

> 사고를 행위 측면에서 조작적으로 정의하는 관점에서 볼 때, 이상과 가능성은 같은 관념이다. 관념idea과 이상ideal은 알파벳 문자가 닮은 것보다 더 많은 공통점을 가진다. 모든 곳에서 지적 내용으로서의 관념은 존재하는 것이 미래에 어떻게 될지에 대한 투영이다. (LW 4:239)

듀이가 비신체적 태도를 거부하기 때문에, 그가 사고와 행동, 지식과 가치를 엄격히 분리하지 않는 것은 놀라운 일이 아니다. 신체를 초월한 정신적 관찰자는 자신의 역할을 영원한 이상에 대한 초연한 관조로 간주할 수 있다. 그러나 듀이에게 있어 그러한 해석은 신체를 가진 지성이 실제로 어떻게 작동하는지를 왜곡한다. 관념과 이상은 예측적이고 예상적인 기능을 한다. 둘 다 가능성을 포함한다.

지식은 무언가에 대한 인식이다. 이는 이어서 그 대상의 다양한 가능성에 대한 감수성을 의미한다. 무언가를 안다는 것은 특정 조건에서 그것에 무슨 일이 일어날 수 있는지, 어떤 행동을 예상할 수 있는지, 어떤 결과가 따라올지를 인식하는 것이다. 메이플 시럽 가공업체는 다양한 환경 조건에서 수액에 무슨 일이 일어날지 알고 있다. 그들은 조기 해빙이 무엇을 의미하는지, 평소보다 따뜻한 밤이 수액의 흐름에 어떤 영향을 미칠지 알고 있다. 우리의 지식이 확장될수록 다양한 상황에서 실현될 가능성을 예측할 수 있는 능력도 함께 확장된다. 우리의 지식은 새로운 상황이 자연 과정을 더 많이 드러내면서 성장한다. 지식은 단번에 '진짜 현실'에 직접적으로 다가가는 일이 아니다. 얇은 시간의 조건 속에 있다. 지식은 우리와 우리가 이해하려는 것이 무엇이든 처해 있는 다양한 상황 속에서 실현될 수 있는 가능성에 더 민감해짐에 따라 함께 성장한다.

이상이라는 개념은 현재와 전혀 다른 가능한 조건들의 투영을 포함한다. 이는 이미 획득한 선을 유지하고 새로운 선을 확보할 조건들의 투영이다. 모든 도덕적, 사회적, 정치적 개혁은 관념으로부터 시작된다. 관념은, 만약 실현된다면 우리의 실존적 상황을 개선할 수 있는 변형된 상황에 대한 암시이다. 이미 존재하는 것은 그 사실만으로 이상의 영역에서 제외된다. 후자는 변화의 가능성과 공존한다.

책임

'사건', '시간성' 그리고 '가능성'을 중심에 둔 기반 지도는 저자가 책임의 부담을 회피하기 어려운 것이다. 이러한 지도는 다양한 가능성이 항상 실현될 수 있음을 인정한다. 목적으로 성취해야 할 가능성과 배제해야 할 가능성을 결정하기 위해서는 먼저 신중한 반성이 필요하다. 이러한 반성은 바람직한 가능성을 현실로 변화시키기 위한 일관된 노력으로 보완될 필요가 있다. 사건의 세계는 활동, 과정, 그리고 우연성이 서로 얽혀 있는 세계이다. 진보는 낙관론자가 주장하듯이 불가피한 것도 아니고, 비관론자가 주장하듯이 절망적인 것도 아니다. 가능성이 항상 존재하는 세계에서는 지적인 참여자가 자신의 행위 결과를 신중하게 평가해야 한다. 이는 참여자로서의 자기 지위를 포기할 수 없는 세계이다.

일부 철학자들은 다른 길을 택했다. 기존 상황에 대한 체념 및/또는 그로부터의 철수가 주된 탈주 수단이었다. 예를 들면, 에피쿠로스 Epicurus(기원전 341~270)는 영혼의 평화와 관련된 행복을 추구하기 위해 활동적인 삶에서 물러나 평온함을 성취하려는 목표를 설파했다. 데카르트는 헬레니즘 영향을 받은 근대 철학의 흐름의 일환으로 유사한 처방을 제시했다.

> 나의 세 번째 격률은 언제나 운명보다 나 자신을 정복하려고 노력하고, 세상의 질서보다는 내 욕망을 바꾸려고 하며, 일반적으로 우리의 생각 이외에는 우리의 능력 안에 있는 것은 아무 것도 없다고 믿는 데 익숙해지려는 것이었다. 즉, 우리 외부의 것에 대해 최선을 다한 후에 성공을 가져오지 못하는 모든 것은 우리의 관점에서 절대적으로 불가능한 것으로 간주해야 한다는 것이다. (Descartes, 1980, 14)

이러한 종류의 체념은 듀이에게 전혀 낯선 것이다. 사건의 세계는 과정, 활동 그리고 가능성의 세계이다. 이러한 세계는 책임을 회피해야 하는 곳이 아니다. 듀이에 관한 래리 히크먼Larry Hickman의 책은 적절하게 '책임 있는 기술Responsible Technology'이라는 적절한 제목의 에필로그로 끝난다. 그는 듀이 탄생 100주년 기념행사에서 "듀이의 철학적 작업을 잘 나타내는 낱말 하나를 선택해야 한다면, 그것은 '책임'일 것"이라는 에드윈 버트Edwin A. Burtt의 발언을 긍정하며 인용하였다(Hickman, 196).[4] 버트와 히크먼이 이 낱말에 초점을 맞춘 것은 옳다. 듀이에게 인간은 지속적이고, 얽혀 있으며, 우연적인 사건 세계의 참여자들이다. 그들은 번영하는 사회정치적 삶에 적합한 가능성의 실현을 장려하는 방식으로 행동해야 한다. 이러한 삶은 다른 방식으로는 실현될 수 없다.

듀이의 철학은 일상적이고 평범한 경험에 뿌리를 두고 있기 때문에 듀이에게 사회정치적 관심은 항상 중요하다. 그는 사서전에서 이러한 문제가 다른 사람들의 종교적 관심사에 비견될 만큼 중요하다고 인정했다(LW 5:154). 우리는 이제 이러한 도덕적, 사회적 문제에 대한 듀이의 종교적 헌신이 자의적인 선택이 아니라는 것을 이해할 수 있다. 경험적 자연주의의 전체적 방향은 책임 있는 참여의 도전으로 합당하게 귀결된다. 즉, 이미 가지고 있는 선을 보존하고 새로운 선을 확보하기 위해 노력하면서 우리 주변 세계의 에너지를 조정하는 데에 참여하라는 요청이다.

이로써 듀이는 자신의 젊은 동료들인 마르틴 하이데거Martin Heidegger(1889~1976), 루트비히 비트겐슈타인Ludwig Wittgenstein(1889~1951), 알프

---

4 버트의 에세이에 대한 정보는 참고문헌을 확인할 것.

레드 노스 화이트헤드Alfred North Whitehead(1861~1947)와 단번에 차별화된다. 이들 사상가는 모두 강한 신념을 갖고 있었고 사회적 선에 깊은 관심을 가졌다. 그러나 그들 중 누구도 자신들의 전체적인 관점과 일치하는 세부적인 사회정치 철학을 명확히 제시하지 않았다. 반면에 듀이는 정치 철학에 관해 많은 글을 썼다. 이러한 저술은 특정 형태의 민주주의를 지지하며 "어떤 의미에서 모든 철학은 도덕의 한 갈래"라는 그의 믿음과 완전히 일치했다(LW 1:387).[5]

철학 평가하기

경험적 자연주의의 전체적인 방향을 고려할 때, 성공적인 철학에 대한 듀이의 기준이 살아있는 경험의 사회적, 문화적 영역에서 발견된다는 것은 놀라운 일이 아니다. 선을 확보하고 확장하는 도전이 철학의 진정한 시험이다. 그것은 논리적 엄밀성, 확실한 자명한 기초, 과학적 발견을 해석하는 데 있어서의 성공, 또는 존재의 주요 원인을 식별하는 방식을 주로 평가해서는 안 된다. 활기찬 철학의 참된 표시는 인간적 삶을 향상시키는 방향으로 우리를 얼마나 잘 안내하는가에 있다. 우리가 철학을 평가할 때, 번영하는 삶의 조건을 제공하는 역할이 가장 중요하다.

---

5 "우리의 지속적이고 불가피한 관심은 번영과 역경, 성공과 실패, 성취와 좌절, 선과 악과 관련이 있다. 우리는 살아가야 할 생명을 지닌 생명체이며, 불확실한 환경 속에 놓여 있기 때문에, 우리는 행복과 불행, 즉 가치에 미치는 영향을 기준으로 관찰하고 판단하도록 구성되어 있다"(LW 1:33).

철학이 일상적인 생활 경험과 그 문제에 다시 적용될 때 그것을 더 의미 있고, 더 명확하게 만들고, 그것들을 다루는 방식을 더 유익하게 만드는 결론으로 끝나는가? 아니면 그것이 일상적인 경험의 사물들을 이전보다 더 불투명하게 만드는가? … 철학이 일상생활에 적용될 때 그것은 물리학의 결과가 주는 일상적 상황의 풍요와 능력의 증가를 제공하는가? 아니면 이러한 일상적인 사물들이 그저 있는 그대로의 신비로 남게 되고, 철학적 개념들은 자신의 기술적 영역에 고립되어 존재하게 되는가? (LW 1:18)

전문 철학은 듀이의 기준에서 부합하지 않는다. 그중 많은 부분이 이 인용문에서 폄하된 동떨어진 기술적 영역에 존재한다. 그것은 일상생활과 거리가 멀 뿐만 아니라, 지나치게 일상생활과 대립되는 것으로 간주된다. 듀이가 표현한 것처럼 "일상적인 경험의 사물들"은 "이전보다 더 불투명하게" 된다. 소크라테스는 듀이에게 훌륭한 모델의 철학자로, 좋은 삶을 사는 것에 완전히 몰두한 사람이다. 궁극적으로 철학은 삶에서 좋은 것을 확보하고 확장하려는 탐구이다. 그 임무는 우리의 '일상적인 생활 경험'을 '더 의미 있게' 만들고, 그것을 다루는 방식을 '더 유익하게' 만드는 것이다.

확실성에 대한 근대의 헛된 탐구는 그 세계와 '실제 현실' 사이의 인위적인 이분화를 초래했다. 이렇게 설정된 경쟁은 "교양 있는 상식이 철학을 의심스럽게 보는" 이유이다(LW 1:187). 또한 이는 철학자들이 경험적 자유주의가 포괄하는 것, 즉 중요한 실질적인 문제를 다루는 책임을 포기하게 만든다.

니콜라스 레셔Nicholas Rescher는 철학이 고등교육 세계에서 확립된 학문 분야로서의 자기 지위를 상실할 경우 어떤 일이 벌어질지를 사색한 바 있다. 한 가지 중요한 변화는 출판 영역에서 발생할 것이다. 그는 다음과 같이 말한다. "교과서는 사라질 것이다. 학술지 세계도 붕괴할 것이다. 모든 논문 선집이 지구상에서 흔적도 없이 사라질 것이다." 그 대신, 새로운 형태의 철학적 글쓰기가 등장할 것이다. 그것은 더 이상 동료 연구자나 "미래의 연구 동료 연구자로 간주되는 대학원생"을 대상으로 하는 글쓰기가 아닐 것이다. 그는 이어 말한다. "그것은 더 이상 전문 기술적 내용에 대한 지식이나 난해한 주제에 대한 관심을 전제할 수도 없을 것이다. 기본적인 문제들을 다루되, 이를 명확하고 흥미롭게, 그리고 일반 독자들이 접근할 수 있는 방식으로 써야 할 것이다." 레셔는 현재 철학계의 분위기와 크게 동떨어진 이러한 전망에 겁먹지 않았다. 오히려 그는 이렇게 덧붙인다. "얼마나 큰 변화인가! 그리고 곰곰이 생각해 보면… 그렇게까지 나빠 보이지 않는다"(Rescher, 355). 그러나 만약 듀이식의 경험적 자연주의가 미국 철학에서 지속적으로 영향력을 행사했다면, 이러한 경고는 애초에 불필요했을지 모른다.

JOHN
DEWEY

2장

사
고
하
기

Rethinking
Our Time

반인식론

움베르토 에코Umberto Eco에 따르면, 탐정 소설은 문학 장르 중 가장 철학적인 장르이다(Eco, 1984, 53-54). 범죄는 사회적 균형을 깨트리기 때문에 질문, 반성, 추론을 유발한다. 에코의 의견에 한 가지 보충 추론으로서, 탐정 문학의 발전이 철학적 관점의 변화와 병행

---

1 **역주**: 해당 역어의 원어는 'Thinking'이다. 본문에서 보이스버트가 잘 보여주었듯, 듀이에게 '사고하기'는 단순한 '정신적 활동'이 아니라, '인간의 활동'이기에 이를 동사로 표현하였다. 이러한 보이스버트의 문제의식은 5장 제목을 '교육Education'이 아닌 '교육

한다고 덧붙이고 싶다. 추리 소설에 등장한 최초의 탐정인 에드가 앨런 포의 C. 어거스트 뒤팽Auguste Dupin은 비신체적 태도에 익숙했다. 뒤팽에게 반성은 어두운 방에 틀어박혀야 가장 잘 이루어질 수 있는 것이었다. 뒤팽은 심지를 밝히지 않으며 말했다, "만약 그것이 반성을 요구하는 문제라면, 우리는 어둠 속에서 더 나은 목적으로 그것을 조사할 것이다"(Poe, 226). 뒤팽의 세계에서 사고는 내적인 과정, 즉 신체와 그로 인한 방해로부터 격리된 상태에서 가장 잘 수행될 수 있는 것이다.

에코의 소설 『장미의 이름The Name of the Rose』에서는 다른 유형의 탐정이 등장한다. 윌리엄 수사는 단순한 추론 기계가 아니다. 범죄는 모든 사실을 종합하고 조용한 곳에 틀어박혀서 해결책을 추론하는 것만으로는 해결되지 않는다. 우선, 너무 많은 사실들이 존재한다. 중요한 사실들은 그 중요성을 나타내는 표식을 가지고 있지 않다. 어떤 사실이 관련 있고 어떤 사실이 주변적인지를 결정하는 것이 탐정의 첫 번째 임무이다. 그러나 이는 다수의 자료를 구성하는 데 도움이 되는 잠정적인 가설 없이는 충분히 수행될 수 없다. 풍부한 상상력이 투영된 가설과 자료 수집은 상호보완적이다. 이들은 서로 독립적으로 진행될 수 없다.

하기Educating'로, 6장의 제목 또한 '제작하기Making'로 제시한 데 반영되어 있다. 듀이에게 존재는 동사적이고 형용사적인 성격을 가지며, 그에게 인식 또한 참과 거짓에 대한 보편적 앎이라는 명사로 환원되지 않는다. 오히려 듀이는 진위에 대한 보편적 지식을 가정하는 전통적 인식론이 '확실성'에 기초한 것으로, 삶의 위험으로부터 도주하려는 인식론적 산물에 불과하다고 보았다. 나딩스가 듀이의 지식론을 논하면서, 듀이가 명사로서의 '지식Knowledge'보다 동사로서의 '앎Knowing'을 선호했다고 지적한 것도 이러한 맥락에서 이해할 수 있다(Noddings(2006), 박찬영 역(2010), 『나딩스의 교육철학』, 서울:

윌리엄 수사는 잠정적으로 여러 가지 가설을 제시하고 그 결과를 추적한다. 방해받지 않는 사고를 위해 어두운 방으로 물러나는 것으로는 충분하지 않다. 여러 가능성을 상상하는 것이 목표에 도달하는 유일한 방법이다. 이러한 절차는 철학, 지식, 진리에 대한 교과서적 개념을 가지고 있는 윌리엄 수사의 젊은 조수 아드소에게 좌절감을 준다. 그의 말에 따르면, 스승의 방법은

> 제일 원리에 따라 추론하는 철학자의 방법과는 상당히 이질적인 것으로 보였다. 그 결과 그의 지성은 신적 지성의 방식을 가정하는 것처럼 보인다. 나는 윌리엄이 답을 모를 때, 매우 다른 여러 가지 가능성을 스스로에게 떠올려 보았다는 것을 알게 되었다. … 나는 윌리엄이, 사물과 지성 사이의 조정에 불과한 진리 자체에는 전혀 관심이 없다는 인상을 받았다. 오히려 그는 얼마나 많은 가능성이 존재할 수 있는지를 상상하며 즐거워했다. (Eco, 1983, 367-68)

아드소가 존재할 것이라 가정한 요소, 신과 같은 비신체적 지성, 마음과 대상과의 직접적인 접촉으로부터 얻어지는 지식, 그리고 상상력과는 별개로 작용하는 이성은 듀이의 사고 설명에서 배제하려는 요소들이다. 듀이에게 사고는 단순히 정신적인 활동이 아니라 인간의 활동이다. 상상력은 가능성을 투영하는 데 중요한 역할을 한다. 실험 형식에 신체를 사용하는 참여는 문제 상황을 해결하는 데 결정적이다.

경험적 자연주의는 뒤팽으로부터 멀어지고 윌리엄 수사 쪽으로 이

아카데미프레스, 43-45쪽).

동하는 경향이 있다. 이는 사고와 앎의 과정에 대한 전통적인 믿음을 수정한다. 듀이는 이 재구성된 해석을 "경험적 관념론an empirical theory of ideas"이라고 부른다. 그는 "지성사에서 몇 안 되는 뛰어난 업적 중 하나"라고 칭송하며 그 중요성을 나타낸다(LW 4:92). 이는 지식에 대한 근대적 접근 방식을 약화시키기 때문에 중요한 위업이다. 이 접근 방식은 듀이가 거의 항상 경멸적으로 사용하는 '인식론epistemology'이라는 용어에 요약되어 있다.

인식론은 특정한 시간과 장소, 즉 유럽의 근대 시기(1600~1900년)에 번창했다. 이 시기에 인식론은 점점 더 중심적인 철학 분야로 간주되었다. 철학과 인식론은 매우 밀접하게 얽혀 있어서 1912년까지도 버트런드 러셀은 인식론적 문제를 다룬 책을 쓰고, 그 책에『철학의 제문제The Problems of Philosophy』라는 제목을 붙일 수 있었다.

인식론의 뿌리는 근대성을 지배해 온 마음과 몸, 주체와 객체의 이원론에서 찾을 수 있다. 이 이원론적 틀 안에서 '주체'의 내면성은 '외부' 세계로 언급되는 것과 별개의, 고유한 생명을 가지게 되었다.[2] 이러한 이분법적 맥락은 듀이가 인식론과 관련하여 몇 가지 정의적 특징을 설명한다.

1. 예를 들면 인식론은 외부 세계에 대한 지식이 가능한지 여부와

2　"인식론이라는 학문 분야는 옳든 그르든, 한쪽에는 개인적이고 사적인, 오직 사적인 마음의 고립된 섬이 있고, 반대편에는 물리적으로나 우주적으로 거기에, 오직 거기에 존재하는 대상의 세계가 있다고 가정한다. 그러고 나서는, 마음이 자기 자신을 벗어나 저 너머의 세계를 어떻게 알 수 있는지, 혹은 저 너머의 세계가 어떻게 '의식' 속으로 스며들 수 있는지에 대해 고민하게 된다"(MW 6:18).

같은 특정한 인위적인 질문을 제기한다.

2. 인식론은 문제를 해결하기 위한 좁은 선택지를 제시한다. 이러한 입장들은 일반적으로 양자택일의 형태를 취하며, 관념론이나 실재론, 이성주의나 경험주의, 절대주의나 상대주의의 딜레마로 나타났다.

3. 인식론은 일상 경험에 대한 끝없는 혼란을 초래한다.[3]

'인식론'에 대한 듀이의 반대는 지식과 관련된 질문을 진지하게 다루지 않으려는 것이 아니다. 오히려 그것은 그러한 질문을 다루는 근대 이전의 방식을 회복하려는 시도이다. 듀이는 "그리스 사상에서는 논리학 및 심리학과 구별되는 인식론이 존재했다고 말하기 어렵다"고 말한다(MW 6:440). 플라톤과 마찬가지로 듀이도 사고와 앎의 문제를 다루지만, 항상 핵심적인 관심사는 사회적, 도덕적 문제라는 더 넓은 맥락에서 접근한다.

또한, 경험적 자연주의는 듀이가 사고와 앎을 인식론에서 탐구되는 방식과는 다르게 다룰 수 있게 해 준다. 그의 수정된 해석은 상호작용하는 실체들의 존재론, 지성주의의 거부, 시간성의 광범위한 중요성, 가능성의 중심적 역할과 같은 이전 장에서 논의된 경험적 자연주

---

3 "물론 문자 그대로, '인식론'은 단지 지식의 이론을 의미할 뿐이다. 따라서 이 용어는 기술적 논리학의 동의어로 사용될 **수도 있었을 것이다.** 이는 지식을 있는 그대로 받아들이고 그것에 대해 다른 자연적 기능이나 사건에 대해 기술할 때와 같은 유형의 설명을 시도하는 이론이다. 그러나 과거에 있었을 법한 일에 대한 단순한 언급은 현재의 상황을 강조할 뿐이다. 인식론에 해당하는 것들은 모두 지식이 자연적 기능이나 사건이 아니라 신비라고 가정한다. … 따라서 인식론의 주요 문제는 다음과 같다. 전반적으로 지식은, 전체적인 지식이 어떻게 가능한가?"(MW 3:119).

의의 중심 개념의 산물이다.

듀이의 새로운 태도에 대한 한 가지 문제는 그가 이를 '도구주의'와 '실용주의'라는 오해의 소지가 있는 이름으로 명명했다는 것이다.[4] '도구주의'는 듀이가 사물의 진리에 관심이 없다는 것을 시사하는 것처럼 보이고, '실용주의'는 "효과가 있으면 진리다"라는 단순한 의미로 생각되는 경우가 많았다. 듀이는 이러한 용어들이 가지는 바람직하지 않은 의미와 자신의 사용을 분리하려고 했지만, 일반적으로 성공하지 못했다. 그가 제시한 가장 정확한 명칭은 '조작 중의 지성 intelligence in operation'이라는 표현이었다(LW 4:163).[5] 이 '조작 중의 지성'이 어떤 특징이 있고, 그것이 철학과 어떤 관계가 있는지가 이 장에서 다룰 주제이다.

---

4 "심지어 실용주의와 도구주의 같은 새로운 운동조차도 이미 사상 자체를 대체하는 신화를 축적하고 있다. 아마도 불운한 이름 자체가 이런 신화의 창조를 요청하고 확산을 장려하는 것 같다"(LW 3:145).

5 **역주:** 과거 김준섭은 'intelligence in opertation'을 '실험적 활동의 지성'으로 번역했다(김준섭 역, 『확실성의 탐구』, 서울:백록, 1992, 196쪽). 맥락을 고려한 좋은 번역으로 여겨지지만, 여기서는 축자역으로 '조작 중의 지성'으로 번역한다. 듀이에게 '조작 중의 지성'은 방법의 다른 이름이고(LW 4: 163), 이는 인간 본성의 인지적, 정서적 표현에 의해 구성되는 포괄적인 의미를 갖는다. "애정, 욕망, 목적, 선택은 인간이 인간인 한 지속될 것이다. 따라서 인간이 인간인 한, 가치에 대한 관념, 판단, 신념 또한 존재할 것이다. 이러한 것들의 존재를 정당화하려는 시도만큼 더 어리석은 일은 없을 것이다. 그것들은 아무튼 존재할 것이기 때문이다. 불가피한 것은 그 존재를 증명할 필요가 없다. 그러나 이러한 우리의 본성의 표현들은 방향성을 필요로 하며, 그러한 방향성은 오직 지식에 의해서만 가능하다. 이들 표현이 지식에 의해 영향받을 때, 그 자체로 방향성 있는 활동 속에서 조작 속의 지성을 구성한다"(LW 4: 238).

코페르니쿠스적 혁명

    지식의 문제에 관하여, 자신들의 사고 전환이 코페르니쿠스만큼 중요한 위업을 달성했다고 믿었던 철학자가 두 명 있었다. 둘은 모두 폴란드 천문학자의 이름을 언급했다. 그러나 철학사에서 이 두 코페르니쿠스적 혁명만큼 대조적인 사례는 없었다. 첫 번째는 임마누엘 칸트의『순수 이성 비판』(1781)에서 명시되어 있고, 두 번째는 듀이의『확실성에 대한 탐구』(1929)에서 찾아볼 수 있다.

    칸트는 근대적, 포스트 데카르트적 가정에 뿌리를 둔 철학자였다. 그의 주요 관심사는 인식론적인 것이었다. 그는 듀이의 제목처럼 데카르트적인 확실성을 계속 탐구했다. 칸트는 필요하고 절대적인 진리를 추구하는 정도를 나타내기 위해 그리스어 단어, 명증성apodicticity[6]을

---

6 **역주:** 아리스토텔레스는『분석론 전서』에서, 통념에 기반한 변증적 논증과 달리, 명증적 논증은 연역처럼 논리적으로 반드시 참이거나 필연적이며, 따라서 반박이 불가능한 확실성을 지닌다고 간주했다. 나아가 칸트는 판단을 양量, 질質, 관계關係, 양상樣相으로 나누는데, 양상 범주에는 미정적, 확정적, 필연적 판단이 속한다. 여기서 미정적 판단Problematische Urteil, 즉 개연적 판단은 긍정 또는 부정이 가능하며, 확실성을 갖지 않는다. 확정적 판단Assertorische Urteil, 즉 실연적 판단은 긍정 또는 부정이 현실적으로 성립하는 판단이다. 필연적 판단Apodiktische Urteil, 즉 명증적 판단은 긍정 또는 부정이 필연적으로 참인 판단이다. 명증적 명제는 '공간은 3차원을 갖는다'와 같은 기하학의 명제로 대표되며, 이러한 명증적 확실성은 수학에서 그 전형을 찾을 수 있다. 이런 의미에서 명증성은 필연적이며 선험적인 것이다. 나아가, 명증적 확실성은 도덕 형이상학에서도 일부 적용될 수 있다. 칸트가 판단의 양상 범주를 확정적과 필연적 판단으로 구분한 것과 마찬가지로, 도덕 명령 역시 실용적 명령(영리함의 권고)과 정언 명령(도덕적 명령)으로 나눌 수 있으며, 이들 간에는 일정한 유사성이 있다. 필연적 판단이 논리적으로 반박 불가능한 필연성을 갖듯이, 정언 명령Kategorischer Imperativ도 도덕적 필연성을 지닌다. 그리고 확정적 판단이 현실적으로 성립하는 판단이듯이, 실용적 명령 pragmatische Imperative은 현실적 유용성을 고려한 권고의 성격을 가진다. 이와 같이 논리학에서의 명증적 확실성과 도덕 형이상학에서의 도덕적 필연성은 직접적으로 동일하다고 볼 수는 없지만, 칸트 철학 내에서 일정한 연관성을 갖는다고 할 수 있다.

도입하기까지 했다. 그의 코페르니쿠스적 혁명은 인식이 대상의 경험에 의존하는 한 명증성은 불가능하다는 흄의 강력한 의식에서 비롯되었다. 아주 적절하게, 칸트는 이것이 뉴턴 과학과 유클리드 기하학의 기초에 어떤 의미를 갖는지 고민했다. 후자를 구제하기 위해, 그는 경험주의자들이 받아들이는 후천적 지식 외에도 선험적 지식 조건도 있어야 한다고 가정했다. 경험에 결코 의존하지 않는 이러한 조건이, 칸트가 흄의 회의주의의 골치 아픈 문제를 해결하는 데 필요하다고 믿었던 것이다.

이 철학적 개혁은 대상 중심의 인식론을 주체 중심의 인식론으로 전환시키는 것이었다. 칸트는 이것을 매우 중대한 변화의 표시로 보았기 때문에 기꺼이 이를 코페르니쿠스가 일으킨 방향 재설정과 비교할 수 있었다. "우리는 대상이 우리의 지식에 적응해야 한다고 가정하면, 형이상학의 과제에서 더 성공할 수 있을지 시험해봐야 한다. … 그러면 우리는 코페르니쿠스의 주요 가설에 정확히 따르는 것이다"(Kant, 22). 철학에서 코페르니쿠스가 천문학에서 시도한 것만큼 대담하고 직관에 반하는 전환을 시도함으로써, 칸트는 명증성의 기초를 확고히 세우고자 했다.

듀이의 관점에서 보면, 칸트의 철학에서 확실성을 되찾으려는 시도는 (1) 잘못되었고, (2) 사실상 코페르니쿠스적 전략이 아니라 프톨레마이오스적 전략이다. 일상 경험의 세계에 완전히 얽혀 있는 사람으로서 듀이는 인간 경험의 불안정하고 잠정적인 성격을 무시하거나 완전히 부정하려는 철학적 전략을 경계한다. 듀이의 책 제목 '확실성에 대한 탐구'는 근대 철학을 지배한 뚜렷하지만 잘못된 추진력을 강조한다. 이 탐구는, 칸트의 경우와 같이, 명증성의 기초로 필요했던 인위적이고 검증할 수 없는 장치의 구성으로 이어졌다. 듀이는 이 탐구의 결과뿐만 아니라 그것을 낳은 동기까지도 의문시한다.

일상 경험에 뿌리를 둔 철학자는 우연성, 책임, 실패의 가능성이 결합된 실존적 패키지를 받아들인다. 우리 조건의 취약성과 오류 가능성에서 비롯되는 위험은 그 조건의 불가피한 동반자이다. 그러나 근대성은 인간 조건에서 벗어나 확실성을 추구하려는 갈릴레오적 정화의 시도에 의해 지배되었다. 듀이는 그의 첫 장 제목에서 말했듯이, 이 탐구는 "위험에서 벗어나기 위한" 욕망에 의해 동기가 부여되었다.

> 확실성을 향한 탐구는 보장이 된 평화, 즉 위험과 행동이 드리우는 두려움의 그림자에 영향을 받지 않는 대상에 대한 탐구이다. 사람들이 싫어하는 것은 불확실성 그 자체가 아니라, 불확실성이 우리를 해악의 위험에 빠뜨린다는 사실이다. (LW 4:7)

듀이는 도피의 철학자가 아니다. 철학자들이 쉬운 탈출구를 찾는 대신 존재를 원래의 어려움으로 되돌리는 과제를 스스로 설정해야 한다고 주장한 젊은 하이데거처럼(Caputo, 1), 듀이는 모든 도피적 철학을 거부한다. 이전 장에서 보았듯이, 철학자들은 또한 살아있는 경험에 몰두해 있는 평범한 인간들이다. 그들의 과제는 이 세계에서 참된 선을 확보하고 확장하는 것과 관련이 있기 때문에, 그들은 명증성이라는 오만한 목표를 달성하기 위해 투영해야 하는 인위적 구성이 아니라, 이 세계에 뿌리를 내려야 한다.

듀이는 그것의 잘못을 주장하는 것 외에도, 칸트의 혁명이 사실상 프톨레마이오스적 혁명이라고 논박했다. 칸트의 입장에서, 인간 인식은 모든 것이 그 주위를 도는 고정된 중심으로 재설정된다(LW 4:229). 칸트는 그의 의도와 달리 비시간적이고 탈맥락적인 선험적 조건을 제시함으로써 실제로 철학을 후퇴시켰다.

그러나 칸트의 분석에는 듀이의 코페르니쿠스적 혁명에 여전히 중요한 한 가지 차원이 있다. 이것은 인간 지성이 단순히 수동적이지 않고 능동적이라는 칸트의 강조점이다. 아리스토텔레스는 스콜라 철학에서 '능동적' 또는 '행위자' 지성으로 알려지게 된 것을 처음으로 제안했다. 이것은 인간 지성이 단순히 자료를 수용하는 것이 아니라, 독창적이고 건설적인 방식으로 자료에 작용한다는 아리스토텔레스 전통의 방식이었다. 영국 경험주의 내에서 중세의 행위자 지성은 그 활동이 단순히 주어진 경험의 배열과 결합으로 정의될 때까지 약화되었다.

칸트가 참된 능동적, 창조적 지성 능력을 재도입한 것은 절실히 필요한 교정이었다. 그러나 불행하게도, 칸트의 반응은 과잉 반응이었다. 그는 자연적 맥락에서 지나치게 고립된 인간 지성에 지나치게 많은 권한을 부여했다. 그럼에도, "수용성이 자발성과 결합될 때만 지식을 가능하게 한다"는 칸트의 주장(Kant, 130)을 듀이의 상호작용적, 체화적 맥락 속에 설정하면, 이는 후자의 코페르니쿠스적 혁명의 윤곽을 나타낸다. 이 혁명의 핵심은 상호작용이라는 듀이의 중심 주제와 관련이 있다.

> 새로운 중심은 고정되고 완성된 것이 아니라 의도적인 조작의 매개를 통한 새롭고, 다른 결과로 방향을 가질 수 있는 자연의 과정 내에서 일어나는 무한

한 상호작용이다. 지구나 태양이 단일하고 보편적이며 필연적인 참조 틀의 절대적 중심이 아닌 것처럼, 자아도 세계도, 영혼도 자연도(고립된 채 완성된 것이라는 의미에서) 중심이 아니다. (LW 4:232)

상호작용에 대한 강조 외에도, 이 인용문은 의도적 조작의 매개를 통해 인간 삶의 체화된 본질을 인정하고 있다. 지식은 단순한 반성에서 비롯되지 않는다. 앎은 행위와 분리될 수 없다. 사건-재료를 보다 완전히 이해하기 위해서는, 사건-재료의 여러 차원이 잘 드러날 수 있게 하는 작업이 수행되어야 한다.

결국, 우리는 코페르니쿠스의 이름을 딴 듀이의 혁명이 천문학자의 혁명보다 더 급진적이었다는 것을 인정해야 한다. 일반적으로 이해되는 바와 같이, 코페르니쿠스는 하나의 중심을 다른 중심으로 대체했다. 경험적 자연주의는 절대적인 어떤 중심도 허용하지 않는다. 이는 상황의 구성 요소들이 서로 영향을 미친다는 것을 인정한다.

관람자인가 탐구자인가?

상호작용하고 상호 영향을 미치는 사건의 세계는 근대성을 지배했던 앎에 대한 은유인 '시각'과 잘 맞지 않는다. '인식론'의 헤게모니는 지식과 시각의 연합을 수반한다.[7] '주체'는 외부 세계에 존

---

7   "세계상이 중세의 세계상에서 현대의 세계상으로 단순히 변화하는 것이 아니라, 세계가 전적으로 하나의 '상(像)'이 된다는 사실이야말로 근대 시대의 본질을 드러낸다"(Heidegger, 130). Burnyeat와 Jonas도 참조하라.

재하는 '객체'를 지각하는 인지적 과제를 가지고 있었다. 이 체계에 대한 모범적인 인식자는 단순히 수신된 자료를 나열하는 분리된 '관람자'였다.

> 앎의 이론은 흔히들 시각 행위에서 일어난다고 알려져 있는 것을 따라 모델로 삼았다. 대상은 눈에 빛을 굴절시키고 보이게 된다. 그것은 눈과 광학 장치를 가진 사람에게 차이를 만들지만, 보이는 것에는 아무런 차이가 없다. 실제 대상은 위엄 있는 고독 속에 고정되어 있어, 그것을 바라보는 어떤 마음에도 왕과 같은 존재이다. 앎의 관람자 이론은 필연적인 결과이다. (LW 4:19)

전통적인 체계에 따르면 이상적인 인식자는 유리창 너머에서 무심하게 바라보는 사람으로 상상되었다. 그런 다음 최소한의 주관적 간섭으로 대상의 자료를 가져올 수 있다. 앎에 문제가 있다면, 그 잘못은 왜곡된 광학 장치에 있다고 생각되었다. 그것은 닦고 개선되어야 했다. 이를 위해 프랜시스 베이컨은 표준 왜곡 요인으로 네 가지 '우상'을 식별했다. 이 우상은 자료의 직접적이고 올바른 파악하기 전에 먼저 제거해야 할 것이었다(Bacon, 격언 39-65).

이 관람자 관점에 따르면 앎의 과정은 아이들의 '숨은 그림 찾기' 놀이와 같다. 인식해야 할 인공물, 동물, 식물, 사람은 이미 그림 속에 있다. 자료에 아무런 변화도 필요하지 않다. 적절한 자료에 초점이 맞춰질 때까지 관람자 측에 더욱 집중적인 노력이 필요하다. 이러한 앎의 상황은 이원론적이다. 즉, 관람자-인식자라는 주체가 있고, 알려져야 할 객체가 있다. 관람자-인식자의 주요 과제는 아드소가 말한 것처럼 '사물과 지성 사이'의 조정이라는 특정 결과를 얻을 때까지 정보를 수집하는 것이다.

　듀이의 철학은 이 패러다임을 크게 변화시켰다. 상호작용이 지배하는 생활세계에서, 이전의 '주체'와 '객체'라는 오래된 용어 사용은 더 이상 적용되지 않는다. '주체'는 더 이상 내적 의식을 지닌 인간이 아니며, 세계와의 주요 관계가 관람자 역할인 존재도 아니다. 관람자 역할을 하는 내면의 의식을 가진 인간이 아니다. 프랑스 철학자들이 '주체의 죽음'을 대중화하기 훨씬 전에, 듀이는 사고하는 자아가 아니라 세계의 사건들을 '주체'로 식별했다. 이런 것들은 탐구해야 할 사건-재료[8]이다.[9] '객체'는 이러한 탐구가 목표로 하는 것이다.[10] 인간은 특정 목표를 염두에 두고 사건-재료를 탐구하는 '탐구자'이다.[11]

8　**역주:** 일반적으로 subject matter는 주제, 소재, 재료로 번역된다. 그러나 듀이는 의도적으로 주객의 이원론을 거부할 뿐만 아니라, 세계의 모든 사건을 주체subject로 간주하며 'subject-matter' 개념을 제시했기 때문에, 이를 단순히 개념적 '주제'로 번역할 수는 없다. 듀이의 문제의식을 반영하여, 여기서는 'subject'를 '사건'으로 옮기며, 'subject-matter'를 '사건-재료'로 번역한다.

9　"철학적 사유의 역사에서 '주체'와 '객체'라는 단어의 의미가 역전되었다는 것은 잘 알려진 사실이다. 우리가 '객체'라고 부르는 것은 그리스 용어로는 **주체**였다. 그것들은 지식의 사건-재료의 지위로 받아들여진 존재였다. 그것들의 논리적 형식은 자연에 존재한다고 여겨지는 기본적 구분, 즉 변화하는 것과 영원한 것 사이의 구분에 의해 결정되었다. 변화하는 것은 너무나 불안정해서 정확하고 완전한 의미에서 지식의 주체가 될 수 없다. 감각과 의견과 구별되는 지식은 고정적이며, 진리는 변하지 않는다. 따라서 주체들(우리의 "감각"에서는 "객체") 또한 변하지 않는 것이어야 한다"(LW 12:88-89).

10　이러한 용어상의 역전에 대한 더 자세한 논의는 나의 저서를 참조할 것. 『듀이의 형이상학Dewey's Metaphysics』, 72-90.

11　"탐구 과정 중에 있는 재료는 탐구의 결과물로서의 그것과는 다른 논리적 의미를 지닌다. 그것의 초기 상태와 자격에서 일반적으로 사건-재료로 불릴 것이다. … **객체**라는 이름은 탐구에 의해 안정된 형태로 생성되고 배열되었을 때에 한해서 사건-재료로 지칭하는 데 사용될 것이다. 예상적 관점에서 보면, 객체는 탐구의 목표이다"(LW 12:122).

근대 인식론이 구상한 이원론적 앎의 상황 대신에, 이제 우리는 탐구자, 사건-재료 그리고 목표라는 삼차원적 패러다임을 갖게 되었다. 문제에 대한 접근 방식에서 과학자들은 이 점에서 모범적이다. 그들은 자신을 단순한 관람자로 생각하지 않는다. 그들은 자신이 몰입해 있는 맥락 내의 사건-재료에 대해 더 많은 정보를 찾는 데 관심 있는 개인이다. 듀이는 탐구 중인 자료를 '객체' 대신 사건-재료라고 함으로써 궁극적으로 결정적인 하나의 의미에 매달리는 플로티노스적 유혹을 피한다. 사건-재료는 탐구의 '목적'에 따라 다양한 관점에서 탐구될 수 있다. 특정 결과 집합의 우선성은 탐구의 목적에 따라 판단될 수 있다. 그것은 외관 뒤에 숨겨진 단일한 '참된 실재' 구조에 대한 직접적인 직관이 아니다.

예를 들면, 이원론적 모델에 따르면, '객체'인 물을 이해하려는 인간 '주체'는 H_2O의 화학적 조성이 확인되면 자신 H_2O의 작업을 완료했다고 말할 수 있다. 데카르트는 자신의 저서 『방법서설』에서 "모든 문제에 대한 진리는 오직 하나뿐이므로, 이 진리를 발견하는 사람은 알 수 있는 모든 것을 안다"라고 말했다(Descartes, 121). 듀이 모델에서는 사건-재료가 일차원적인 "객체"와 혼동될 가능성은 적다. 사건-재료라는 용어는 사건의 다면적인 특성에 대한 존중과, 다양한 관점에서 그것들을 조사할 수 있는 가능성에 대한 존중 모두를 장려한다.

물이 객체가 아니라 사건-재료로 이해될 때, 몇 가지 새로운 강조점이 도입된다. 이원론적 관점은 플로티노스적 유혹을 강화시키는 반면, 삼차원적 이해는 다양한 탐구를 허용한다. 예를 들면, 어떤 공동체는 특정 출처의 물이 음용 가능한지 여부를 탐구할 수 있다. 그들은 물속의 미네랄 함량을 확인하고 싶을 수도 있다. 또 다른 사람들은 인류 공동체의 역사에서 물의 역할을 탐구하고 싶어 할 수도 있다. 어떤 사람들은 종교적 관습에서 물의 상징적 사용을 연구하고자 할 수 있으며, 다른 사람들은 물이 농작물의 건강한 성장에 미치는 역할에 관심이 있을 수 있다. 물과 같은 우리 주위의 사건-재료는 한 번 제대로 살펴보면 일차원적인 객체가 아니다. 이들은 다양한 가능성을 지닌 사건-재료로서, 그 중 많은 가능성은 탐구자의 활동이 그것들을 드러낼 때까지 잠재적으로 남아 있다.

탐구자, 사건-재료, 목표라는 관점에서 앎의 상황을 구체화하는 것에는 또 다른 이점이 있다. 이는 비신체적 태도를 취하고 싶은 유혹을 최소화한다. 듀이에게 지식을 얻는 모범적인 사례는 어둠 속에서 반성하는 뒤팽의 이미지가 아니라, 사건 재료를 조직하고 그것에 변화를 도입하는 실험자의 모습이다. 관람자는 물을 인지하고 오랫동안 물에 대해 생각해 보았지만, 불을 끄는 능력을 인식하지 못할 수 있다. 그리고 이 능력을 인식했다 하더라도, 어떤 화재는 물을 뿌리면 실제로 악화될 수 있다는 것을 탐구자가 자동적으로 알게 되는 것은 아니다.

전통적인 인식론은 "그림을 그리는 작가보다는 완성된 그림을 보는 관람자"를 모델로 생각하는 경향이 있었다. 이 이원론적 모델은 "철학을 전공하는 학생에게 매우 익숙한 인식론적 질문을 초래했고, 이 질문은 근대 철학을 특히 일상적인 이해와, 그리고 과학의 결과 및 과정과 멀어지게 만들었다."

'인식론'은 또한, 상상력이 풍부한 구성이 환상적이고 주관적이라고 생각되는 예술가와, 현실을 있는 그대로 객관적으로 관찰하는 임무를 맡은 과학자 사이에 날카로운 쐐기를 박는 데 도움이 되었다. 듀이의 삼차원적 모델은 이러한 뚜렷한 대비를 흐리게 한다. 사고와 앎은 다양한 재료를 실험하는 예술가나 과학자의 활동을 고려함으로써 가장 잘 이해될 수 있다.

> 만약 앎이 가설에 의한 실험이나 어떤 가능성의 상상에 의한 발명처럼 능동적이고 조작적인 것으로 간주된다면, 그 첫 번째 효과는 지금 철학을 혼란스럽게 하는 모든 인식론적 수수께끼로부터 해방시키는 것이라고 해도 과언이 아니다. (MW 12:150)[12]

경험적 자연주의는 사건–재료subject-matter에 작용함으로써 더 완전한 이해에 도달한다고 본다. 만약 눈과 시각이 '인식론'의 중심적인 은유를 제공했다면, 듀이의 조작 중의 지성에 대해 이 같은 역할을 하는 것은 손과 조작이다.

인식론은 존재의 이원론적 주체/객체 설명에 대한 사전의 약속으로 앎의 그 가능성에 대한 인위적인 문제를 다루었다. 듀이는 그의 저서의 제목 중 하나가 나타내듯이 '사고하는 방법'을 설명하고자 했다 (MW 6). 인간의 일상적인 경험은 사고와 행위 사이에 확고한 분리가 없는 경험이다. 탐구는 참여적이고 적극적인 인간 행동의 형식이다. 듀이에 따르면, 이전 견해와의 실질적인 차이는 '경험적empirical'인 경험

---

12 "자연 에너지를 조작하고 배열하는 행위를 포함하여, 앎의 실행은 유용한 기술의 절차로 동화되어 왔지만, 지식은 여전히 대부분의 사상가들에 의해 궁극적 실재를 직접적으로 파악하는 것으로 간주되고 있다"(LW 1:268).

개념과 '실험적'인 경험 개념 사이에 있다. 그러나 여기서는 '경험적'이라는 말 대신에, 경험주의적empiricist이라고 말했어야 했다(LW 4:65).

전통적 경험주의자들에게 탐구는 객관적 세계로부터 자료를 받는 관람자 주체를 모델로 한 탐구이다. 반면 탐구에 '실험적'이라고 한 것은 앎이 행동을 수반하는 과정의 결과라는 과학에서 두드러진 관행을 강조한다. 탐구 제재를 조작하고 다양한 형태의 조합과 상호작용을 적용해야만 다양한 조건에 잠재적으로 있던 객체의 특성과 속성이 나타날 수 있다. 물과 관계하는 다양한 상호작용을 고려하지 않고 고립된 상태에서 물을 탐구하면 물이 불을 끄는 중요한 속성이 드러나지 않을 수 있다. 이와 같이 제재의 특성과 속성을 얻기 위해서는 어떤 활동, 조건의 변화, 실험이 필요하다.

시간적, 공간적 상황성과 함께 탐구의 '능동적이고 조작적인' 성격을 인정하는 듀이 관점의 중요성은 다음 세 가지로 요약될 수 있다.

1. 지식을 단일하고 특권적인 관점으로 환원하려는 플로티노스적 유혹을 방지한다.
2. 실험의 중요성이 확인된다.
3. 탐구는 존재와의 직접적인 대면이 아니라 인식의 지속적인 성장을 목표로 한다고 할 수 있다.

돈 키호테는 근대 유럽의 새로운 인식론에서 볼 때 한심할 정도로 희극적인 인물로 여겨졌다. 그는 모든 곳에서 다양한 의미를 보았지만, 근대의 정신은 단일하고 진정한 의미를 찾으려고 했다. 그의 의식은 근대 이전의 의식이었고, 따라서 근대의 새로운 토양에서는 부적절하고 소외된 것이었다.

듀이 철학이 준비한 포스트모던의 토양은 돈 키호테를 재조명하는데에 도움을 준다. 세계의 사건-재료는 다양한 의미의 가능성을 제공한다. 그것들은 여러 목표에 비추어 검토될 수 있다. 근대 인식론의 힘에 의해 패배했던 돈 키호테는 포스트듀이 시대에 새롭게 평가받을 수 있을 것이다.

탐구의 특징

삼차원적 요소를 포함한 탐구는 다음과 같은 특성을 가진다.

1. 의심, 불확실성, 혼란은 단순히 '주관적'인 것이 아니다. 그것은 문제 속에 있는 혹은 문제가 될 만한 상황 자체이다.
2. 탐구는 작동 중인, 즉 탐구자들의 조작 혹은 어떤 활동 형식 중인 신체적 지성을 포함한다.
3. 탐구 절차는 반환원주의적이다.
4. 책임은 탐구와 함께 인간에게 자연스럽게 따라오는 것이다.

문제 상황

이미 살펴본 바와 같이, 경험적 자연주의는 비시간적이고 비문맥적인 출발점을 가진 갈릴레오적 정화를 거부한다. 질적으로 충만한 일상 경험의 세계는 듀이가 '보증된 주장'[13]이라고 부르는 것을 찾기 시작하는 지성의 방법이 작동하는 매트릭스이다. 생활세계는 복잡한 사건과 상황으로 구성되어 있다. 그 세계 내에서 특정 측면은 불안정하거나 긴장 상태로 나타난다. 선행적으로 설정된 의미만으로는 이러한 문제를 해결할 수 없다. 해결은 불안정한 요소를 새롭게 안정화된 상황에 잘 맞는 구성 요소로 변형함으로써 이루어질 수 있다.

'문제적' 측면은 부모가 자녀의 독서 습관에 대해 걱정하는 것, 의사가 환자의 증상에 대해 당혹스러워하는 것, 농부가 점점 더 산성화되는 토양에 대해 걱정하는 것, 또는 고생물학자가 화석 기록에서 누락된 연결 고리에 대해 질문하는 것과 같은 다양한 상황이 될 수 있다. 어떤 특정한 걱정이든, 그 상황이 문제적이라는 것을 인식하는 것이 중요하다. 이러한 관점은 이전 장에서 논의한 내용을 상기하면 잘 이해할 수 있을 것이다.

자연 세계는 그 완전하고 구체적인 의미에서 겹쳐지고 교차하는 사건들의 영역이다. 추상적이고 인위적으로 분리된 요소를 구체적인 실제 사건으로 대체한 이전의 경험주의적 틀에서는 "우리는 의심스럽고 혼란스러우며, 결정되지 않은 상태"라고 주장할 수 있었다 (LW 4:185). 이것은 코페르니쿠스 이전의 관점을 나타낸다. 사건의 존재론, 즉 상호작용하는 존재들로서의 존재는 고립된 주체들을 '여기'

---

13 "앞서 말한 내용은 왜 '보증된 주장warranted assertion'이라는 용어가 **믿음**과 **지식**이라는 용어보다 선호되는지를 설명하는 데 도움이 된다. 이 용어는 후자의 용어들이 가지는 모호성에서 자유롭고, 주장을 보증하는 탐구를 참조하는 것을 포함한다"(LW 12:15).

에, 외부 세계의 객체들을 '저기'에 구분하는 인위적인 분류로 되돌아갈 수 없다. 이러한 분리가 지배하는 세계에서만, 불확실성, 불확정성, 의심은 소위 '주체'와 동일시될 수 있다.

듀이는 질문과 탐구가 생기는 상황을 나타내기 위해 여러 용어를 사용한다. "교란된, 문제 있는, 모호한, 혼란스러운, 상충하는 경향이 가득한, 불명확한" 등이 그것이다. 그가 사용하는 용어가 무엇이든, 그것과 상관없이, 상황 자체가 탐구를 일으킨다고 정확하게 기술할 수 있다고 신중하게 언급한다.

> 상황 자체가 이러한 특성을 가진다. 우리가 의심하는 것은 상황 자체가 본질적으로 의심스러운 것이기 때문이다. 존재적인 상황에 의해 유발되지 않고 관계가 없는 개인적인 의심 상태는 병리적이며, 극단적인 경우에는 의심이 광적으로 된다. 따라서 교란되고 혼란스러우며 모호한 상황은 개인적인 마음의 상태를 조작하여 정리되고 정돈될 수 없다. (LW 12:109-10)

듀이의 존재론에서는 고립된 존재가 없다. 구체적인 참된 의심은 데카르트의 인위적인 절대적 의심이 아니라 상호작용에서 지속적으로 발생한다. 특정 조건이 우리의 주변에 존재하고, 이들은 우리의 반응을 유도한다. 우리의 존재와 상관없이 단순히 발생하는 사건들은 무의미하다. 우리가 상황에 개입된 존재로서 자신의 지위를 인식할 때만이, 불안정하고 불확정적인 상황의 전체적 중요성을 제대로 파악할 수 있다.

체화된 지성

의심, 불확실성, 혼란이 단순히 내부적이고 주관적인 현상이 아니기 때문에, 탐구의 과정도 단순히 정신적이거나 내부적일 수 없다. 이미 살펴본 바와 같이, 탐구는 일정한 작업, 즉 개인의 능동적 참여를 포함하며, 이는 기존 조건을 변경하여 새로운 수준의 조화로운 통합을 이루는 것을 목표로 한다. 예를 들면, 자녀의 독서 습관을 걱정하는 부모는 자녀의 교사와 상담하거나, 소리 내어 읽는 시간을 마련하거나, 가족의 TV 시청 습관을 수정할 수 있다. 의사는 다양한 검사를 수행하고, 데이터베이스를 확인하며, 동료들에게 조언을 구하고, 환자에게 약을 처방할 수 있다. 농부는 전문가와 상담하거나, 토양을 개량하는 다양한 방법을 실험하거나, 대체 작물을 심을 수 있다. 고생물학자는 화석 기록을 재검토하고, 불일치가 일어나는 이유를 탐색하며, 특정한 기대를 유도하는 이론을 질문할 수 있다.

각 경우에서 불확정적인 상황은 신체적 지능, 즉 사려 깊은 조작을 통해 결정성으로 나아간다. 실험은 무작위적이지 않다. 그것은 바람직한 결과를 예측하는 가설적 기대에 의해 안내된다. 지성이란 "직접적이면서 상징적인 관념을 통해 제공되는 모든 안내를 포함하는, 조건 수정 속에 실제로 이루어지는 조작"을 의미한다(LW 4:160).

이 과정은 듀이의 오해받기 쉬운 '도구주의'의 범위를 정의한다. 듀이가 자신의 입장에 대해 불행하게도 잘못된 이름을 붙였다. 도구주의는 자연 세계가 단순히 '원료'로서, 좁고 신속한 인간의 의도에 맞게 구부릴 수 있는 '도구'로 가치를 두는 것처럼 보이게 만들었다는 의미에서 듀이는 베이컨으로 보일 수 있다. 듀이 자신의 설명이 이러한 해석을 어느 정도 지지했을 수 있다. 그는 인간이 단순히 존재의 광경을 수동적으로 관찰하는 것으로 보는 관점에 반응하고 있었기 때문이다. 그러나 그는 즉각적으로 느껴지는 사물의 본질적인 감상을 완강히 부정할 정도로 지나치게 반응하지 않았다. 실제로, 즉각적이고 일상적인 경험의 세계는 모든 반성이 시작되어야 하는 장소이다.

'도구주의'는 관념의 기능을 식별하기 위해 붙여진 이름이다. 관념은 가설적 기대치로서 탐구에서 매개 기능을 수행하도록 설계되었다. 그것의 역할은 불확정적인 상황을 새로운 수준의 확정성으로 끌어올리는 데 도움을 주기 위한 것이었다. 이 매개 역할 덕분에 조작 중의 지성의 방법은 '도구적'인 특성을 갖게 된다. 관념은 듀이가 좋아하는 용어로 말하면 '예측적proleptic'이다(LW 12:122). 그것은 예상되는 결과를 포함한다. 따라서 이는 문제 상황을 해결하기 위한 잠정적인 제안을 제공한다. 그것의 매개적, '도구적' 지위는 관념의 생성만으로 불확정적인 상황이 결정적으로 되는 것이 아니라는 데서 나온다. 관념은 상황을 확정적이거나 해결된 상태로 만들기 위해 활동을 유도해야 한다. 관념은 그 자체로 목적이 아니다. 그것은 새로운 균형 상태를 만들어 내는 순환과정의 중요한 부분을 형성한다.

이러한 의미에서 모든 반성적 지식은 도구적이다. 시작과 끝은 일상적인 경험의 일부분이다. 그러나 지식이 없는 우리의 일상적인 경험의 것들은 단편적이고, 우연적이며, 목적에 의해 규제되지 않고, 좌절과 장벽으로 가득 차게 된다. 앞에서 사용한 언어로 표현하면, 그것들은 문제적이고, 장애물이 되며, 사고에 대한 도전이다. 반성적 지식은 유일한 규제 수단이다. 그것의 도구적

가치가 독특한 이유이다. (LW 4:174-75)[14]

도구주의에 대한 이러한 이해는 다양한 탐구의 본질적인 가치를 부정하지 않는다. 탐구는 그 자체로 목적으로서 수행될 수 있다. 특정 문제 상황의 해결이 반드시 다른 목적을 위한 도구일 필요는 없다. 예를 들면 아버지는 자녀가 글을 읽을 수 있기를 원하고, 의사는 환자를 건강하게 회복시키기를 원한다. 이러한 목적은 그 자체로 자족적이다. 그것들은 부모나 의사를 위한 추가적인 목적에 종속될 필요가 없다.

그러나 이러한 불안정한 상황을 해결하는 과정은 필연적으로 도구적 단계를 포함할 것이다. 지성이란 "직접적이면서 상징적인 관념을 통해 제공되는 모든 안내를 포함하는, 조건 수정 속에 실제로 이루어지는 조작"을 의미한다(LW 4:160). 지성의 방법은 "실재적인 것the real의 전환적 재배치와 재조정"을 나타낸다. 그것은 불확정적이고 도구적이며, 그래서 상대적으로 비정형적이고 우연적인 존재 경험과 상대적으로 해결되고 정의된 경험 사이에 위치한다(LW 4:236).

반환원주의

'도구주의'를 잘 이해할 경우 듀이가 도구주의로 환원주의 문제를

---

14 "코페르니쿠스적 전환의 의미는 현실에 대한 배타적 이해를 얻기 위해 지식에 의존할 필요가 없다는 것이다. 우리가 경험하는 세계는 실제 세계이다. 그러나 그것은 초기 국면에 알려지거나 이해되거나 지적으로 일관되고 확실한 세계는 아니다. 앎은 경험된 대상들에게 사건의 진행 과정에 의존하는 관계가 확실하게 경험되는 형식을 부여하는 조작으로 이루어진다. 그것은 현실의 과도기적 방향 전환과 재배열을 나타낸다. 그것은 매개적이고 도구적이며, 그것은 상대적으로 우연한 존재 경험과 안정되고 정의된 경험 사이에 위치한다"(LW 4:235-36).

피할 수 있었음을 알 수 있다. 환원주의는 실재에 대한 하나의 근본적인 기술이 있으며, 다른 기술들이 '참된 실재'를 반영하려면 그 근본적인 기술로 번역되거나 '환원'되어야 한다는 견해이다. 에딩턴의 두 개의 테이블 예시는 환원의 고전적인 사례를 제공한다. 상식의 기술은 '실제로' 거기에 존재하는 것에 대한 객관적인 기술을 제공하고자 한다면 물리학의 언어로 재번역되어야 한다. 그러나 경험적 자연주의는 하나의 최종적인 실재 기술을 이상으로 삼는 이원적인 관람자의 입장을 수용하지 않는다. 그 결과, 경험적 자연주의는 통일성에 대한 플로티니노스적 유혹에 굴복하지 않는다.

'인식론'에서 '조작 중의 지성'으로의 전환은 에딩턴과 같은 경쟁하는 실재를 가정하는 인식론의 경향성을 최소화한다. 제재에 대해서는 많은 목표를 염두에 두고 다양한 방식으로 접근할 수 있다. 듀이가 지적하는 것처럼, "어떤 탐구도 지식의 명예로운 호칭을 독점할 수 없다. 기술자, 예술가, 역사학자, 사업가는 그들이 다루는 제재에서 발생하는 문제를 해결할 수 있는 방법을 사용하는 정도에 따라 지식을 얻는다"(LW 4:176).

불확실한 상황에 직면한 인간은 자신의 관심사에 특화된 관념과 실험을 사용하여 문제를 해결하려고 해야 한다. 그들은 물리학과 같은 특정한 특권의 과학 절차를 따를 필요는 없다. '조작 중의 지성'은 특정 탐구 분야에 과도한 우위를 부여하는 편견을 극복하는 데 도움을 준다.

모든 경험의 자료는 동등하게 실재적이다. 즉, 모든 것은 존재적이다. 각 자료는 자신의 특별한 특성과 그 고유한 문제를 기준으로 다루어져야 할 권리가 있다. 철학적 용어를 빌려 말하면, 각 유형의 제재는 그것이 제기하는 질문과 그에 답해야 할 필요한 작용에 따라 자신의 고유한 범주를 가질 자격이 있다. (LW 4:172)

모든 인간 관심 영역에 적용 가능한 단일한 방법론은 없다. 탐구는 공통적으로 식별된 일반적인 특성, 즉 삼차원적 구조를 가지고 있고, 참된 문제 상황에서 시작하며, 조작과 실험 과정을 통해 해결에 이를 수 있다. 그러나 이 패턴은 해결되어야 할 문제 상황의 유형에 맞게 조정되어야 하는 구체적인 방법론에 큰 자율성을 허용한다. 모든 방법론이 최종적이고 기초적인 다른 언어로 환원될 필요는 없다.

하나의 지배적인 탐구 및 정확성 기준을 강요하여 플로티노스적 유혹에 따르는 것은, 우리의 세계처럼 풍부하고 다양한 세계에서는 큰 의미가 없다.

실제로, 화가는 물리학자만큼 색에 대해 알 수 있으며, 시인은 기상학자만큼 별, 비, 구름을 알 수 있다. 정치인, 교육자, 극작가는 전문 심리학자만큼 인간 본성을 알 수 있으며, 농부는 식물학자와 광물학자만큼 토양과 식물을 알 수 있다. (LW 4:176)

많은 종류의 불확정적 상황이 있으며, 각 상황은 새로운 균형을 이루기 위해 특별한 기준을 필요로 한다. 경험적 자연주의는 지식이 여러 분야에서 꽃을 피운다는 관대한 태도를 포함한다. "문제 상황이 해결되는 독특한 작업의 수만큼 많은 지식의 개념이 존재한다"(LW

4:176–77).

책임

경험적 자연주의의 관대함과 관념의 도구적 성격은 듀이의 사상에서 핵심적인 책임의 부담을 피할 수 없음을 의미한다. 탐구자는 일상 경험의 세계에서 쉽게 물러설 수 없으며, 자신의 관심사가 단순히 '지적'이거나 '이론적'이라고 주장하며 책임을 회피할 수도 없다. 듀이는 "전통적 의미의 내재적 합리성에서 인간 행동에 의해 실현될 수 있는 이해를 향한 변화는 인간에게 책임을 부여한다"고 말한다(LW 4:172).

참여적인 지성은 사고가 항상 일상 경험으로 돌아오는 순환과정의 일부로 식별된다. 구체적인 지성은 조건의 수정을 수반하며, 이러한 수정이 좋든 나쁘든 결과를 가져올 수 있기 때문에 탐구자는 책임의 그물망에 얽히게 된다.

유토피아는 어원에서 유추할 수 있듯이 "어디에도 없는 곳"이다. 우리 존재하는 곳 어디에서나 한계, 약점, 악을 발견한다. 모든 상황은 개선될 수 있다. 모든 인간 존재를 관통하는 한 가지 문제적 차원은 선의 확보, 향상 및 증가를 위한 도전이다. 반성의 회로는 일상적인, 즉 우리가 사는 세계의 행복과 고통의 맥락으로 돌아가는 것을 요구한다. 책임은 "모든 종류의 선-탁월성-을 경험적 존재에서 확립하는 수단으로서 지식과 실천을 고려하는 '실용주의적 도구주의'"에 통합된다(LW 4:30).

철학의 역할

'선을 확립하는 것'은 철학의 더 큰 임무를 밝혀주기도 한다. 생활세계는 단순한 사실도 중립적 맥락도 아니며, 선험적으로 결정되고 보편적으로 고정된 가치 영역도 아니다. 그것은 직접적인 만족, 노력, (적절한 하이데거 용어를 차용하자면) 무감각한 '일상성', 좌절 및 성취가 결합된 세계이다. 우리가 시간적 존재로서 우리를 둘러싼 조건을 결정하는 데 어느 정도 발언권을 갖는 시도이기 때문에, 살아 있는 경험은 본질적으로 불가피하게 도덕적이다.

> 우리의 끊임없는 관심은 번영과 역경, 성공과 실패, 성취와 좌절, 선과 악에 관한 것이다. 우리 모두는 불확실한 환경에 처해서, 살아야 할 생명체이기 때문에, 기쁠 때나 슬플 때나 가치에 영향을 미치는 것을 주목하고 판단하도록 만들어져 있다. (LW 1:33)

철학의 자리는 이 같은 기쁨과 고통의 매트릭스 안에 있다. 이전 장에서 보았듯이, 철학은 종종 도피의 수단, 삶의 복잡한 문제에서 벗어나 위안을 찾는 길로 작용해 왔다. 이는 거대한 지적 방관자의 잘못된 길이다. 듀이의 코페르니쿠스적 혁명은 방향 전환이 뚜렷하여 도피주의의 경향이 최소화된다. 사고, 행위, 책임은 지속적이며 얽혀 있다.

근대 철학 프로젝트는 이원론에 뿌리를 두고 인식론을 강조하며 듀이가 극복하고자 했던 도피 유형을 장려했다. 철학은 개념 분석, 가능성의 초월적 조건 명시, 진리 조건의 개발 혹은 지적인 '대화'를 단순히 촉진하는 등의 자급자족 활동으로 자리매김할 수 있었다. 이러한 활동은 심지어 특정 사람들만 아는 난해한 언어로 수행될 수 있다. 듀이는 일상 존재의 세계를 회피하는 것을 용납하지 않았다.

'조작 중의 지성'은 책임을 수반하며 위험을 피하려는 자세를 취하지 않는다. 철학은 이러한 책임의 모든 부담을 기꺼이 감수하는 분야이다.

이 점을 강조하기 위해, 듀이는 철학의 어원적 정의인 '지혜에 대한 사랑'을 현대의 초연한 관람자적 합리성과 연관된 의미에서 벗어나 재해석한다. 형이상학이라는 기술적 학문은 철학이 작동하는 기본 지도를 제공한다. 그러나 이러한 기본 지도는 지혜의 전제일 뿐이다. "지혜에 대한 사랑은 선에 대해 헌신하며 삶의 행위에 대한 그 함의를 찾는 데 관여한다"(LW 1:50).

플라톤에게는 모든 존재를 가득 채우는 태양과 같은 최고 이데아가 '선의 이데아'였다. 듀이는 자신이 '가장 좋아하는 철학적 읽을거리'가 플라톤의 저서였다고 했다(LW 5:154). 선에 대한 포괄적인 관심에 비추어 볼 때, 듀이는 플라톤의 추종자였다. 경험적 자연주의에서 선에 대한 관심은 철학적 작업의 중심적이고 지배적인 목표이다.

인간은 "형이상학적이거나 냉정하게 과학적이라기보다는 본래 주목하고 기술하는 철학적 존재이다"(LW 1:50). 주목하고 기술하는 것은 본래 철학적인 성향과 반대되는 것이 아니다. 형이상학은 존재의 일반적 특성을 인식하는 '기본 지도'를 제공하며, 이는 선을 확장하고자 하는 인간 프로젝트를 최적으로 이룰 수 있는 기반을 제공한다. 과학은 자연의 구조와 관계를 밝혀냄으로써 인간이 자연의 힘을 더 잘 활용하여 행복을 증진할 수 있도록 하는 도구를 제공한다. 철학의 도전은 "목표를 추구하는 우리의 판단과 이를 달성하기 위한 수단에 대한 지식의 상호작용"에 관한 것이다(LW 4:30).

'지식과 실천'을 조화시키는 목표는 "지식만이 가능하게 하는 능동적인 대상 조절을 통해 경험에서 보다 확실하고, 자유롭고, 널리 공유되는 가치 구현을 이루는 것"이다(LW 4:30). 철학의 결실은 내재적 선의 광범위한 확산이다. 듀이가 동료애와 의사소통을 자연적인 내적 선이라고 믿었다면, 철학의 하나의 과제는 이러한 선이 현재 존재하는 정도로 보존되도록 하고, 현재 제한된 범위를 넘어 확장되도록 하는 것이다.

철학의 중심에 있는, 선을 보존하고 확장시키려는 이 활동을 가리키는 이름이 있다. 듀이는 그것을 '비판'이라고 부르는데, 어원적 의미로는 평가나 감정을 의미한다. 삶의 경험은 우리가 이를 인도하려는 노력을 하든 하지 않든 계속된다. 다시 말해, 그것은 비철학적이거나 충분히 철학적일 수 있다.

> 일부 상황은 최소한의 규제만으로, 혹은 예측이나 준비 및 의도 없이 발생한다. 반면 다른 상황은 부분적으로 지성적인 행동이 먼저 이루어졌기 때문에 발생한다. 우리는 두 가지 상황을 모두 겪으며, 그것을 즐기거나 고통스럽게 받아들인다. 첫 번째 상황은 알지 못하고 이해하지도 못하며, 행운이나 신의 섭리의 결과로 여긴다. 두 번째 경우는 경험하는 동안 의미를 지니며, 이는 경험된 단절과 고립으로 인한 단편적인 성질을 대신하여 분명한 연속성을 제공하는 조작 결과를 제시한다. (LW 4:194)

'비판'은 '행운이나 신의 섭리의 결과'에 대한 인간 의존성을 최소화하려는 활동을 식별한다. 존재에는 일정 부분 주어진 것이 있으며, 즉 "우리가 맞서 싸울 수 없는 성질"이 있다(MW 11:50). 그러나 존재는 단단히 고정되고 불변하는 것은 아니다. 우리의 노력은 존재를 향상시키는 수정을 가져올 수 있다. 민주주의가 사회의 다양한 활동에 참여할 수 있는 자유를 증가시키는 것도 그러한 향상의 한 예이다. 이러한 결과는 모두 비판에서 시작된다. "비판은 분별 있는 판단과 신중한 평가를 의미하며, 분별의 사건-재료가 선과 가치에 관한 것일 때 비판이라고 적절히 명명된다"(LW 1:298).

'선과 가치'에 대한 초점이 비판을 철학의 궁극적인 활동으로 만든다. 삶의 경험을 구성하는 일들은 본질적으로 만족스럽고 충족감을 주는 측면을 포함한다. 지성에 의해 규정된 선은 일상 경험의 일부가 될 수 있다. 그러나 맥락적/시간적인 것으로 살아있는 경험은 변화, 불안정성 그리고 예기치 않은 결과가 특징이다. 이러한 맥락 내에서, 비판은 소크라테스의 명령에 따라 사는 것과 잘 사는 것을 구별해야 하는 존재의 적절하고 자연스러운 반응이다.

선의 소유와 즐거움은 무의식적으로 그리고 불가피하게 평가로 전이된다. 처음의 미성숙한 경험은 단순히 즐기는 데 만족한다. 그러나 경험이 조금 진행되면 반성을 강요받게 된다. 어떤 것들을 경험할 때는 달콤하지만 이후에는 쓸쓸하게 여겨지는 것을 아는 데는 많은 시간이 걸리지 않는다. 원시적인 순수함은 지속되지 않는다. 즐거움은 더 이상 자료가 되지 않고 문제로 변한다. 문제로서 그것은 가치 대상의 조건과 결과에 대한 지성적 탐구를 의미한다.

즉, 비판이다. (LW 1:298)

인간 삶이 대처해야 할 과제는 적절한 선을 확보하고 확장하면서도 기만적인 선의 매력을 분별하고 극복하는 것이다. 이 도전은 '가치 대상의 조건과 결과에 대한 지성적 탐구'를 통해 다룰 수 있다. 결과를 검토하면 즉각적으로 경험되는 것이 인간 존재에 진정으로 가치 있는 것인지 여부를 결정할 수 있다. 조건을 연구하면 특정 선의 존재를 최적화하는 행동 방식을 선택하는 데 도움이 된다. 경험적 자연주의의 틀 내에서 철학의 주요 관심사는 "자연적으로 생성된 경험의 기능에서 내재하는 선을 명확히 하고, 자유롭게 하며, 확장하는 것"이다(LW 1:305). 이 활동이 바로 '비판'이며, 이는 듀이가 철학을 "본질적으로 비판적이고, 다양한 비판의 방식들 중에서 그 일반성으로 독특한 위치를 가지며, 말하자면 비판에 대한 비판"이라고 나타낸 이유를 잘 설명해 준다(LW 1:298).

JOHN DEWEY

민주주의 | **3장**

Rethinking Our Time

3장

민주주의

Democracy

윈스럽, 로크, 듀이

아르벨라Arbella호는 메이플라워Mayflower호만큼 유명하지는 않다. 메이플라워호가 아르벨라호보다 10년 먼저 신세계에 도착했기 때문이다. 그러나 새로 설립된 식민지에서 정치적 삶을 이끌어갈 이상에 관한 한, 아르벨라호의 중요성은 그 어떤 것과도 비교할 수 없다. 대서양을 항해하던 중, '뉴잉글랜드의 매사추세츠만 회사'의 초대 총독인 존 윈스럽John Winthrop은 유명한 설교를 했다. 이 설교에서 윈스럽은 곧 설립될 청교도 공동체의 공동생활에 대한 자신의 비전을 제시했다. 그는 차이, 협력, 정의라는 세 가지 상호 연결된 주제를 강조했다. 그가 사용한 주요 이미지는 '하나로 엮인 직물'과 '형제애'였다. 그러나 그의 담론에서는 이후 미국 정치 생활의 중심이 된 자유와 평등은 눈에 띄게 부족했다.

실제로 윈스럽은 불평등과 다양성을 강조하는 것으로 설교를 시작했다. 사람들 사이의 다양성과 차이는 인간이 받아들여야 할 불행한 사실이 아니라, 오히려 신의 무한한 위대함을 나타내는 것으로 보았다. 정치적으로 이러한 표현은 의미를 지닌다. 즉, "모든 사람이 서로를 필요로 하며, 그로 인해 모두가 형제애의 유대 안에서 더 가까이 연결될 수 있다"는 것이었다(Winthrop, 23). 이러한 상호 연결된 공동체는 구성원들의 특별한 헌신을 필요로 했다. 단순히 공공질서를 유지하기 위한 법적 의무의 형식적인 적용만으로는 부족했다. 주민들은 공동체의 복지를 적극적으로 보장하는 데 관심을 가져야 했다.

> 다음과 같이 우리는 하나의 몸처럼 이 일을 함께 해야 한다. … 우리는 타인의 필요를 채우기 위해 우리의 과잉을 줄일 준비가 되어 있어야 하며, 모든 겸손, 온유, 인내, 관대함 속에서 서로 밀접하게 교류해야 한다. (Winthrop, 26)

윈스럽이 공동선을 위한 개인적 희생을 강조한 것은 그가 공동체의 의미를 특별하게 이해했다는 것을 보여준다. 공동체는 단순히 지리적 경계와 법적 의무를 공유하는 개인들의 집합체가 아니다. 윈스럽의 식민지는 함께 협력하며 "서로 밀접하게 교류"하여 공동체의 실질적인 목표인 복지를 실현해야 했다.

우리가 일반적으로 이해하는 평등과 자유는 윈스럽의 비전에 포함되어 있지 않았다. 이는 그의 공동체 이상을 훼손할 수 있기 때문이다. 평등이 동질성을 의미하는 것으로 이해된다면, 이는 신의 창조를 부당하게 변경하려는 시도일 수 있으며, 인위적인 개입이 신의 섭리를 대체하는 것처럼 여겨질 수 있다. 자유는 왕의 제약을 벗어나는 것이었지만, 이는 새로운 식민지의 전제 조건이었다. 그러나 자유를 단순히 제약의 부재로 정의하면 공동체의 이익에 부합하지 않았다. 자유를 "관대함"으로 변형시키고, "타인의 필요 공급을 위한" 관대함을 실현하는 것이 새로운 공동체의 도전이었다. 이러한 도전에 답하는 것은, 너무 쉽게 방탕의 영역으로 빠질 수 있는 자유의 개념에 의해 방해받을 수 있었다.

약 60년 후, 존 로크는 윈스럽의 사상과는 수십 년이 아니라 수세기나 차이가 나는 정치적 비전을 제시했다. 「정부에 관한 두 번째 논고 The Second Treatise of Government」는 거의 전적으로 자유와 평등에 집중하고 있다. 이 텍스트에는 아르벨라호의 설교에서 중심이 되었던 실질적인 이상이 거의 보이지 않는다. 윈스럽은 형제애로 엮인 공동체를 이야기하며 서로의 필요를 채울 것을 강조했다. 반면, 로크는 개인의 재산과 그것의 보존을 강조했다. 윈스럽은 자연적인 다양성과 불평등을 수용했지만, 로크는 원래의 "완전한 평등 상태"를 주장했다 (Locke, 290). 윈스럽은 사회적 복지에 헌신하는 공동체를 기대했으나, 로크는 자연 상태에서의 순수한 자유를 돌아보며 인간에게 "재산을 보존할 권리"(Locke, 341)를 정당화했다.

두 사람의 입장 차이는 궁극적으로 그들의 목표 차이에서 기인한다. 윈스럽은 새로운 식민지에 대한 청사진을 제공해야 했다. 그는 종교를 중심으로 한 공동체를 만들고자 했으며, 그의 주요한 영감은 명백히 근대 이전의 텍스트인 성경이었다. 반면, 로크는 절대 군주제의 정당성을 무너뜨리고 다수의 지배와 제한된 정부를 위한 틀을 제공하고자 했다. 이를 위해 그는 자연 상태에서 독립적인 개인들 위에 현대적인 정치 이론을 구축했다.

로크로부터 약 두 세기 후, 또 다른 존이 이 책의 주제와 관련된 정치적 질문을 다루었다. 윈스럽과 로크처럼, 그의 사상 또한 그가 처한 역사적 맥락에서 비롯되었다. 듀이는 빠르게 변화하는 시대를 경험했다. 그는 남북전쟁 중에 태어나 대규모 이민이 이루어지던 시기에 성장했고, 미국의 도시화와 산업화를 목격했으며, 두 차례의 세계대전을 거쳐 핵 시대의 시작과 함께 생을 마감했다. 듀이의 작업 전반에서 변화에 대한 강조가 주요 주제로 자리 잡은 것은 이러한 배경을 고려할 때 놀라운 일이 아니다.

로크와 윈스럽의 사상과 관련하여 듀이의 입장은 다음과 같이 요약될 수 있다. 윈스럽과 로크를 가르는 간극은 처음 예상했던 것만큼 깊지 않을 수 있다. 경험적 자연주의는 로크의 민주적 열망을 윈스럽의 구체적인 공동체 이상과 조화시킬 수 있는 아이디어 네트워크를 제공한다. 듀이의 정치 이론을 재검토하면, 그의 작업이 근대 이전과 근대 정치 이론을 넘어 정치적 용어들의 근본적인 재번역을 포함하고 있음을 알 수 있다. '민주주의', '개인', '자유', '평등', '공적인 것'과 같은 용어는 새로운 철학적 틀 안에서 재구성되어 새로운 의미를 갖게 된다.

이번 장과 다음 장에서는 듀이의 정치 철학 재구성에서 핵심적으로 다루는 주제들을 탐구할 것이다. 본 장에서는 듀이가 이해한 민주주의, 자유, 평등에 초점을 맞출 것이다. 다음 장에서는 듀이가 특히 우려했던 문제, 즉 대규모로 다원적이고 기술적으로 고도화된 사회에서 국가의 방향을 실질적으로 이끌어갈 시민 사회의 형성과 자기 인식을 촉진할 수 있는 조건을 어떻게 마련할 것인지에 대해 탐구할 것이다. 월터 리프먼Walter Lippmann이 그러한 '공적인 것'을 '허상'이라고 비판한 것에 대해, 듀이는 이러한 '공적인 것'이 실제로 기능할 수 있는 조건을 제시하고자 했다.

공유되며 소통되는 경험

듀이가 미국에서 가장 유명한 철학자로 알려진 것은 아이러니하게도 그가 전형적인 미국적 특성과는 거의 관련이 없기 때문이다. 셰인Shane, 필립 말로우Philip Marlowe, 샘 스페이드Sam Spade는 이러한 고정관념을 형성한다. 이들은 공동체와 연계가 없는 뿌리 없는 개인, 의지를 이성보다 중시하고, 수단이 목적을 정당화하는 개인을 상상한다. 또한 인습적 도덕보다는 이익을 실천의 특징으로 하는 좁은 목적에 집착하는 매우 경쟁적인 개인을 묘사한다. 이 경쟁적이고 강인한 개인, 성찰보다는 행동을 중시하는 사람은 듀이의 '실용주의'가 비판하고 개혁하고자 했던 '실용적practical' 이상을 대표한다.[1] 듀이

---

1 찰스 샌더스 퍼스의 사상에 뿌리를 둔 '실용주의pragmatism'를 설명하며, 듀이는 다음

의 시각에서, 민주적 열망이 경험적 자연주의의 틀에 엮일 때, 미국 민주주의 생활의 전형적인 인물은 기존과 다른, 보다 윈스럽적인 모습으로 드러난다.

민주주의에 대한 듀이의 재구성은 그의 지식 철학의 재구성과 유사하다. 이 점에서 듀이는 근대 인식론을 비판한 또 다른 강력한 비판가인 칼 포퍼Karl Popper보다 한 걸음 더 나아간다. 포퍼는 근대 정치 이론, 즉 그가 찬양한 이론과 근대 인식론, 즉 그가 비판한 이론을 분리하려 했다. 포퍼는 근대 인식론이 결점이 있었지만, "역사에서 유례가 없는 지적 및 도덕적 혁명을 일으켰다"고 평가했다(Popper, 8). 이 결점 있는 인식론을 수반한 정치적 이점으로는 검열의 거부, 개인주의의 도입, 인간 존엄성의 인정, 보편적 교육 요구가 포함된다. 포퍼는 "나쁜 아이디어가 많은 좋은 아이디어를 자극한 사례"로 보았다 (Popper, 8).

듀이는 근대의 유산이 혼합되어 있다는 점에서는 포퍼에 동의한

과 같이 말한다. "따라서 퍼스의 이론은 개념의 의미를 특정한 목적의 달성, 더 나아가 개인적 목표에 한정하는 모든 개념의 의미 제한에 반대한다. 또한, 이 이론은 이성이나 사고가 금전적이거나 협소한 이익의 도구로 전락하는 것을 더욱 강하게 반대한다. 이 이론은 사고를 명확히 하기 위해 인간 행동과 어떤 목표의 성취의 필요성을 강조한다는 점에서 미국적 기원을 가지고 있다. 그러나 동시에, 행동을 목적 그 자체로 삼고, 목표를 지나치게 협소하고 '실용적'으로만 여기는 미국 생활의 그런 측면들을 반대한다"(LW 2:6-7).

역주: 첨언하면, 듀이에게 실용주의 혹은 프래그머티즘이 아닌, '실용적practical'은 전통적이고 단기적인 목표나 이익을 추구하는 태도를 의미한다. 이 용어는 현실적인 문제를 해결하려는 접근 방식을 강조하면서도, 그 과정에서 깊은 성찰이나 더 넓은 사회적, 윤리적 맥락을 고려하지 않는 경향이 있기 때문에 듀이에게 비판 대상이 된다. 이러한 문제의식은 대중, 혹은 리프먼식의 '유령 공중'에 대한 듀이의 비평, 「실용적 민주주의Practical Democracy」(LW 2)에서 잘 나타난다. 다음 4장 '공중'의 3절 '공중을 되살리기 위한 조건' 참조.

다. 그러나 듀이는 그와는 달리 인식론과 정치 이론 모두를 수정해야 한다고 시사한다. 실제로 **두** 이론은 모두 유사한 방식으로 왜곡되었다. 이러한 한계를 인식하지 못하면 근대의 바람직한 이상이 실천에서 좌절될 수 있다. 듀이는 1919년에 "민주적 삶의 실천은 막대한 장애를 겪어왔다. 지배적인 철학들이 무의식적으로 민주주의를 반대해왔다"라고 지적했다(MW 11:52). 이들 지배적인 철학들은 그 결과의 하나로서 셰인, 말로우, 스페이드의 고정관념을 형성하는 데 기여했다.

민주적 이상을 온전히 회복하려면, 그 열망을 경험적 자연주의를 구성하는 사고의 맥락 안에 적절하게 위치시킬 필요가 있다. 듀이가 지적한 '막대한 불리함'은 근대가 플로티노스적 유혹과 갈릴레오적 정화에 매료되어 '민주적 삶의 실천'에 제약을 가하면서 생겨났다. 이러한 경향은 처음에 고립된 궁극적 단순체를 설정한 후 그것을 기초로 선언하는 방식으로 나타났다. 우리는 듀이가 이 절차를 '지성주의' 오류라고 부른 것을 보았는데, 그 대표적인 사례들 중 하나가 '감각 자료'에 대한 경험주의자들의 집착이다.

정치철학에 적용해 보면, 이러한 태도는 자연 상태에서 고립된 개인이 존재한다고 가정한 사회계약론자들의 견해에서 잘 드러난다. 이러한 편견은 로크와 같은 정치 이론가들이 사회 이전의 원초적인 상황을, '맥락 없는 완성된 자아'가 존재하는 상태로 가정하게 만들었다. 이러한 자아들은 자율적인 존재로 간주되었고, 완전히 발달된 이성의 능력을 지닌 존재로 여겨졌다. 이성 덕분에 그들은 자신의 이익을 명확히 이해할 수 있었고, 그들이 처한 특별한 상황은 자유와 평등을 누릴 수 있는 기반이 되었다.

이렇게 평등과 자유를 갖춘, 사전에 완성된 자아의 존재를 인정하게 되면, 정치 담론은 필연적으로 특정 방향으로 흘러가게 된다. 이러한 맥락에서 사회정치적 결사체에 공식적으로 참여하는 행위는 원래의 자유와 평등에 대한 근본적인 포기로 간주된다. 따라서 정치 담론은 새로운 사회적 배열에서 본래의 자유를 어떻게 보호할 것인가에 초점을 맞추게 된다. 이 맥락에서 개인과 사회의 관계가 주요 관심사가 되며, 민주적 열망은 개인의 자율성을 최대한 확보하는 쪽으로 기울어진다. 최대한의 자율성을 가진 개인과 최소한의 권력을 가진 국가, 이 두 가지가 근대 민주주의 이상을 대표하게 된다.

듀이의 민주주의 이론은 근대 경험주의의 전제와는 무관하게, 정치 담론을 이러한 사회정치적 대안이 형성되는 환경 외부로 재배치한다. 앞의 두 장에서 본 바와 같이, 경험적 자연주의는 플로티노스적 유혹에 굴복하지 않으며 갈릴레오적 정화에도 현혹되지 않는다. 경험적 자연주의는 궁극적인 단순체를 경험에서 주어진 것이 아니라 추상화하는 지성이 만들어낸 산물로 간주한다. 삶의 경험에서 주어진 자료는 궁극적인 단순체가 아니다. 그것은 오히려 '상황', 즉 복잡하고 시간적으로 조건화된 사건들이며, 그 구성 요소들은 서로 밀접하게 연관되어 있다.

로크와 같은 이론가들은 인위적으로 고립된 단순체에 집착하면서 사회가 개인으로 구성된다고 보았다. 이러한 상식적인 주장은 겉보기에는 비판을 면할 수 있을 것처럼 보일 수 있다. 그러나 듀이의 관점에서 보면, 이는 오해를 불러일으킬 수 있는 불완전한 주장으로 비판받을 수 있다. 구체적인 것을 강조하는 경험적 자연주의는 사회를 상호작용하는 개인들로 구성된 것으로 본다. 18세기 기계론적 세계관은 사회를 '원자적'인 용어로, 즉 불가분의 자족적인 단위들로 구성된 것으로 이해하게 만들었다. 그러나 생물학에 영향을 받은 듀이는 사회를 '세포적'으로 이해한다. 사회는 더 작은 사회들로 이루어져 있으며, 그 궁극적인 구성 요소는 마치 세포처럼 그 자체로 복합적이며 주변 환경에 대해 개방적이다.

사회 계약 이론은 지배적인 철학적 편견에 따라 만들어진 일종의 우화로, 절대 권력을 제한하려는 구체적이고 바람직한 목적을 가지고 있었다. 자연 상태에서 묘사된 개인들은 18세기 개혁자들, 즉 교육 받고, 표현력이 뛰어나며, 명확한 이익을 가진 개혁자들과 놀라울 정도로 닮아 있었다. 듀이가 살던 19세기 후반과 20세기 초의 세계는 변화된 환경과 새로운 문제를 제시했다. 개혁자들은 이제 낡은 귀족 규칙과 관행에 의해 억압받던 신흥 상인 계급을 해방시키는 과제가 아니라, 가난한 노동자와 도시 빈민을 해방시키는 새로운 도전에 직면하게 되었다.[2] 이러한 변화 속에서, 18세기의 이론은 점점 더 불충분한 것으로 평가되었으며, 수정이 필요하다는 요구가 제기되었다.

민주적 이상이 실제로 구현되기 위해서는 인간 조건에 대한 적절한 이해와 조화를 이루어야 한다. 민주적인 이상이 18세기 경험주의

---

2 "그러나 금융 자본주의가 통제하는 기계 산업의 부상은 고려되지 않았다. 이는 새로운 경제 질서에 적합한 특정한 자연적 자질과 개인들에게 행동의 자유를 부여했다. 무엇보다도 산업 혁명은 재산을 획득하는 데 관련된 능력과 그 부를 추가적인 재산 획득을 위해 활용하는 능력이 발휘될 수 있는 여지를 주었다. 이러한 전문화된 획득 능력의 사용은 권력이 소수의 손에 집중되는 결과를 초래했으며, 이는 대중의 기회를 통제하고 그들이 자신의 자연적 능력을 실현하는 자유로운 활동을 제한했다"(LW 11:369-370).

가 아니라 20세기 경험적 자연주의의 관점에서 조명될 때, 두 가지 중요한 결과가 도출된다.

1. 민주적인 이상의 실현은 자연 상태에서 이미 완성된 자아로 존재하는 개인이라는 가정에 기반할 수 없다.
2. 민주적 원칙은 본질적으로 불가피하게 사회적인 맥락 속에서, 그리고 그 맥락에 의해 구현되어야 한다.

결과적으로 민주적인 삶에 대한 이해는 윈스럽의 "우리의 여유를 줄여 타인의 필요를 공급하라"는 권고와 완전히 일치하지 않을 수 있다. 그러나 민주적인 삶은 공동체 생활을 공유하는 사람들에게 우리의 행동이 미칠 다양한 영향을 주의 깊게 고려하는 것을 포함한다. 듀이는 민주주의를 "정부 형태 이상의 것"으로 설명하며, 그것을 "협력적인 삶의 방식이자 공동으로 소통된 경험 방식"으로 정의한다. 민주주의의 이러한 사회적 차원에 대한 강조는 민주 시민에게 특별한 책임을 부여한다는 것을 의미한다. 즉, 행동하기 전에 그것이 다른 사람들에게 미칠 영향을 깊이 생각해야 한다는 것이다.

> 각자가 자신의 행동을 타인의 행동과 연관 짓고, 타인의 행동을 고려하여 자신의 행동에 방향과 의미를 제시하도록 이해관계에 참여하는 개인들의 수를 공간적으로 확장하는 것은 사람들이 자신의 활동의 전체적인 의미를 인식하지 못하게 하는 계급, 인종, 국가 영토의 장벽을 허물어뜨리는 것과 같다. (MW 9:93)

듀이에게 민주주의는 공동체 생활의 이상적인 표현이다. 민주적 공동체를 수립하려면 사회성과 타인과의 협력하는 삶이 단순히 제한적인 조건이 아니라는 인식이 필요하다. 사회의 일원이 되는 것은 성장의 기회를 제공할 뿐만 아니라 제약의 조건도 만들어낸다. 억압에 대한 답은 연대로부터의 도피가 아니라, 연대의 유형을 구체적이고 경험적으로 개혁하여 그 안에서 최적의 성장 조건을 만들어내려는 노력에 있다. 이를 위해서는 고정된 무시간적인, 절대적인 공식이 없다. 특정 사회적 조건과 문제에 따라 어느 시점에서는 국가 권력을 제한할 필요가 있을 수 있으며, 다른 조건에서는 국가 권력을 확장해야 할 필요가 있을 수도 있다.

듀이가 위에서 인용된 것처럼, 민주주의는 "정부 형태 이상의 것"이다. 민주주의는 특정 헌법이나 법적 시스템과 동일시될 수 없다. 실제로 기존의 실천은 그것이 '민주적'이라는 이름을 붙이든 아니든, 민주적 이상과 항상 구별되어야 한다. 기존의 관행은 수단이며, 따라서 그것은 유연하고 민주적 이상을 기준으로 끊임없이 평가되어야 한다. 그렇다면 스스로를 민주적이라고 주장하는 관행들을 평가하는 기준은 무엇인가? 듀이는『공중과 그 문제들The Public and its Problems』에서 명확하게 설명하고 있다.

> 개인의 관점에서, 민주주의는 자신이 속한 집단의 활동을 형성하고 이끌어가는 과정에서 자신의 능력에 따라 책임 있는 역할을 수행하며, 집단이 지지하는 가치를 필요에 따라 공유하고 참여하는 것을 포함한다. 집단의 관점에서, 민주주의는 집단의 공통된 관심과 선에 조화를 이루며 집단 구성원의 잠재력

을 해방시킬 것을 요구한다. 모든 개인은 여러 집단의 구성원이므로, 다양한 집단이 서로 유연하고 완전하게 상호작용을 하지 않는다면, 이러한 요구는 충족될 수 없다. (LW 2:327-28)

민주적 열망이 등장한 직접적인 배경은 왕의 의지가 법이었던 고정된 계급 체제의 귀족 사회였다. 민주주의의 첫 번째 원칙은 그 어원이 암시하는 것처럼 개인이나 제한된 계급이 아니라, 인민에게 권력을 부여하는 수단을 제공하는 것이다. 그러나 여기서 말하는 문제의 인민은 언제나 여러 집단의 일원인 인민, 결사체 속의 인민이다.

이는 앞의 인용문에서 듀이가 강조한 것으로, 이러한 통찰은 사회가 민주적 이상에 가까워지는 정도를 평가할 수 있는 구체적인 기준을 제시한다.

1. 정책 방향 설정에서 '능력에 따라 책임 있는 역할'을 허용해야 한다.
2. 사회와 그 구성 집단이 구성원의 잠재력을 개발할 수 있도록 장려하고 이를 적극적으로 이끌어야 한다. 민주주의는 '집단 구성원의 잠재력 해방'을 요구한다.
3. 마지막으로, 사회를 구성하는 다양한 집단이 다면적이고 유연한 관계를 가질 때, '다양한 집단이 유연하게 상호작용할 때', 사회는 민주적 이상에 더 가까워진다. 집단 간의 경계가 더욱 개방적일수록, 다시 말해 모든 개인의 참여를 더 환영하고 다양한 집단이 더 다채롭고 유연한 관계를 유지할수록 사회는 민주적 이상을 실현하는 데 더욱 가까워진다.

듀이의 철학적 틀에 따르면, 현재의 구조에 안주하는 것은 불가능하지는 않더라도 어려운 일이다. 이는 특정 헌법과 실천 방식을 민주주의의 최종적이고 완전한 구현으로 동일시할 수 없기 때문이다. 현재의 조건이 무엇이든, 그것은 다음 세 가지 관점에서 검토되어야 한다. (1) 정책 수립에 대한 참여가 충분히 광범위한가, (2) 잠재적 재능이 개발될 조건이 마련되어 있는가, (3) 사회 집단 간의 관계가 유동적인가. 완전한 의미에서 민주주의는 "결코 사실이 아니며 결코 그렇게 될 수 없을 것이다." 지침이 되는 이상 없이는 우리는 민주적 삶의 보다 더 완전한 꽃을 피우지 못하게 하는 "제한적이고 방해적인 요소들"을 제거하기 위한 작업에 참여하지 않을 것이다(LW 2:328).

듀이의 평가 체계는 지난 2세기 동안 머물러 왔던 민주주의에 관한 담론의 궤도를 벗어나게 한다. 이 궤도가 너무 강력하였기 때문에, 마르크스주의자와 자유지상주의자와 같은 정치적 적대자들조차 그 영향을 받았다. 칼 마르크스Karl Marx의 '국가의 소멸'과 자유지상주의의 '최소 국가'라는 이상은 모두 자연 상태에서 자율적인 개인이 존재한다는 가상의 이상에 의존한다. 같은 맥락에서, 1960년대 학생들이 외쳤던 "네가 하고 싶은 대로 하라"는 주장도 이와 같은 중심을 도는 또 다른 위성 궤도에 지나지 않는다.

철학적 중심이 바뀌면 "네가 하고 싶은 대로 하라"는 이상은 엄밀하게 말해서 민주주의의 본질이 아닌 표현임을 분명히 인식할 수 있다. 민주주의는 '주로 연대적 삶의 방식'이다. 이는 '협력적 소통의 경험'을 특징으로 하는 공동체적 삶의 방식이다. 즉, 민주적 시민의 주된 책임은 타인에게 미치는 행동의 결과를 고려하는 것이다. "네가 하고 싶은 대로 하라"는 이상은 19세기 산업주의자들이 최대한의 개별적 자율성을 주장했던 요구를 1960년대에 구현한 것에 지나지 않는다.

가장 살아있는 의미에서 민주주의는 시민들이 사회적 담론에 참여하여 계획된 행동이 다른 사람에게 미칠 영향을 논의하며 함께 결정하는 공동체적 삶의 이상을 제공한다. 민주주의 국가는 종종 개인들이 하고 싶은 대로 할 수 있는 최대한의 범위를 허용하는 일련의 규칙을 제공하는 것으로 단순히 이해되곤 한다. 그러나 듀이에게 이는 민주적인 공동체적 삶의 주된 기능이 아니다. 정책이 개인의 의지 행위가 아니라 '협력적 소통의 경험'에서 도출되도록 살아있는 공동체는 공적이고 공동으로 논의되는, 교차하고 지그재그로 엮인 관심사들의 맥락을 조성하려고 노력할 것이다.

듀이는 민주적 삶의 실현이 지속적인 노력과 주의를 요구하는 도전이라고 믿는다. 이는 단순히 "나를 홀로 내 버려둬라"는 슬로건으로 환원될 수 없다. 우리의 목표를 고립적으로 생각하는 것이 아니라, 이러한 목표가 공동 시민들에게 미치는 영향을 검토하도록 촉구한다. 민주적 삶이 요구하는 바는 "각자가 자신의 행동을 타인의 행동에 비추어 보아야" 하며, "다양한 집단이 서로 유연하고 완전하게 상호작용"해야 한다는 것이다.

우리는 특별한 경우를 제외하면 고립된 개인이 아니다. 우리의 행동은 동심원적으로 다른 사람들에게 영향을 미칠 뿐만 아니라 타인의 행동에 반응하기도 한다. 공동체적 삶을 이상으로 삼는 민주주의는 단순히 시민들을 홀로 내버려 두는 최소 국가를 위한 단순한 규정이 아니다. 이러한 개인주의적 이상은 민주적인 협력적 삶과는 상반

된다. 이러한 공동체 생활은 자신의 행동의 결과에 대한 민감성을 요구한다. 바꾸어 말하면 참여와 인식을 확장해야 한다. "공동체적 삶에 대한 명확한 의식은 그 온전한 의미에서 민주주의의 관념을 구성한다"(LW 2:328).

성장으로서의 자유

사회 계약설의 신화는 인간을 이미 완전하고 성숙한 자아로, 합리적 판단 능력을 온전히 갖춘 존재로 이해하게 만든다. 반면, 경험적 자연주의는 자아를 끊임없이 변화하는 산물로 이해한다. 자아는 선험적으로 주어진 고정된 것이 아니며, 시간성과 관계가 개인의 구성에 깊이 영향을 미친다. 우리가 누구이며 무엇이 되어 가는지는 내체로 우리 삶이 취하는 특정한 궤적에 크게 좌우된다.

이러한 인간 본성에 대한 이해가 옳다면, 민주적 실천은 단순히 개인을 제약하는 조건들로부터 단순히 분리하는 것 이상의 의미를 포함해야 한다. 완성된 자아가 시민을 완전히 대표한다고 가정할 때 이러한 고립주의적 이상은 의미가 있을 수 있다. 만약 우리가 모두 로크가 제안한 것처럼 사전에 완성된 자아라면, 자율성으로서의 자유라는 이상은 실현 가능하고 포괄적일 수 있다. 그러나 이 신화는 인간 조건을 잘못 나타내고 있다. 어떤 완성된 자아도 외부 조건을 제거하는 것만으로 자신을 드러낼 수 있는 것이 아니다. 인간은 자신이 살고 있는 문화, 사용하는 언어, 맺고 있는 관계에 의해 형성되고 영향을 받는 개방된 존재이다. 이 때문에 '성장growth'은 민주적 사회를 평가할 수 있는 중요한 이상이 된다.

> 민주주의는 많은 의미를 가지지만, 만약 그것이 도덕적 의미를 갖는다면 모든 정치적 제도와 산업적 배열에 대한 최종적인 판단 기준은 그것들이 사회의 모든 구성원의 전방위적 성장에 기여하는가에 달려 있을 것이다. (MW 12:186)

'성장'은 정해진 목표를 향해 나아가는 자기 개발과 혼동해서는 안 된다. 성장은 오히려 가능성의 지속적인 개화와 실현을 의미한다. 따라서 성장은 실질적이고 구체적인 과정이다. 성장은 개인의 삶을 실제로 향상시키는 것을 포함하며, 새로운 행위 능력의 개발을 의미한다. 민주주의가 요구하는 해방은 단순히 타인의 간섭 없이 홀로 남겨지는 절차적인 해방에 그치지 않는다. 자유는 그 이상의 구체적인 것을 포함한다. 그것은 실질적인 행위 능력의 출현이다. 실제로 그 역량들이 실현되지 않는 한, 단지 그러한 실현을 위한 전제 조건만으로는 민주적 삶은 부분적이고 불완전할 것이다.

이러한 성취를 위한 전제 조건 중 하나는 갈릴레오적 정화의 정치적 해석, 즉 18세기의 '고립된 개인'을 거부하는 것이다. 경험적 자연주의의 보다 포괄적인 설명은 '상호작용하는 개인들'을 식별할 것이다. 이러한 복잡한 관계의 구체적인 자각은 삶의 사회적 차원과 그 시간성을 더 잘 이해하는 데 도움을 준다.

제임스는 진리 문제에 이 접근 방식을 적용하여 이 길을 따랐다. 그는 진리를 '만드는' 과정인 검증의 문자적 의미를 강조했다(James, 1981,

92). 다시 말해, 진리는 완전히 정식화되어 사전에 존재하는 것이 아니다. 그것은 자연적 작용을 참조할 수 있지만, 그 정식화는 인간의 관찰자가 이를 발견하기를 기다리며 사전에 존재하지 않는다. 자연적 작용을 인간적으로 구조화된 가설로 바꾸기 전에 먼저 탐구, 노력, 반성 그리고 잠정적인 정식화가 필요하다. 이러한 가설의 진위 여부는 진리–형성 과정veri-fication을 통해서만 파악할 수 있다.

마찬가지로 듀이에게 민주주의의 두 가지 주요 도전 과제는 **자유–화**liberti-fication와 **평등–화**egali-fication3라고 할 수 있다. 자유와 평등은 어느 것도 사전에 주어진 완전한 인간적 삶의 특성이 아니다. 그것이 실현되기 위해서는 둘 다 적절한 조건과 협력적인 노력이 필요하다.

자유와 관련하여 듀이를 적절하게 이해하기 위해서는 "만들어가는 것"에 대한 그의 강조를 명심해야 한다. 자유는 "달성해야 할 것"이지 "원초적 소유"가 아니다(LW 2:61). 로크와 루소와 같은 사회 계약 이론가들은 여러 문제에서 의견이 달랐지만, 그들은 국가의 결정 이전에 개인이 자유로웠다고 가정한 점에서는 일치했다. 이것이 그들이 출발점으로 삼은 기본 자료였다.

포퍼가 적절하게 언급한 것처럼, 근대 인식론은 전통 철학, 문화적

3　**역주:** 듀이는 『경험과 자연』에서 철학적 용어를 명사가 아니라, 동사, 형용사, 부사로 읽고 이해할 것을 권면한다. 이를 테면, 자아는 실체가 아니라, "자신의 고유한 속성과 관계를 가진 역속적인 일견의 사태 과정이 일어나고, 발생'하는 '경험'의 한 가운데에서 '자아'라고 명명되는 사건이 존재한다(LW 1:179). 같은 맥락에서 자아, 정신, 물질이라는 낱말을 "의식적, 의식적으로, 정신적, 정신적으로, 물질적, 물질적으로"라는 식으로 사용할 경우 많은 철학적 문제들이 간단해질 것이라고 여긴다(LW 1:66). 자유와 평등 또한 마찬가지이다. 자유와 평등으로 '명사'로 나타내고 있지만, 그 의미는 자유-화liberti-fication와 평등-화egali-fication처럼 '명사를 동사화'하라는 것이다.

편견, 불신으로 인한 지각의 왜곡을 극복하면 진리가 '명백해질' 것이라고 믿었다. 마찬가지로, 근대 정치 이론가들은 정치적으로 조직된 공동체에서 다른 사람들과 함께 살아야 하는 불편함이 없다면, 인류의 원초적 소유인 자유도 충분히 드러날 것이라고 주장했다.

듀이가 민주주의의 도덕적 의미를 '성장'과 연관지어 주장했을 때, 그는 18세기 가정으로부터 중요한 이탈을 시사했다. '성장'은 신중하게 선택된 용어이다. 독자들은 그것을 자기 개발이나 자아실현과 동의어로 간주하는 유혹에 저항해야 한다. 후자의 표현들은 단일 개체주의의 존재론과 꽤 밀접하게 연관되어 있다. 자기 개발은 종종 사전에 정해진 목표를 향한 예정된 과정이나 고립된 상태에서 수행할 수 있는 경로로 이해될 수 있다. 반면에, 듀이가 말하는 성장은 (1) 진정한 우연성과 (2) 맥락성을 의미한다.[4]

자기–실현은 상호작용과 분리되어 발생하거나 심지어 그것을 무시하고 발생할 수 있다고 간주될 수 있다. 그러나 성장은 그렇게 간주될 수 없다. 성장은 다양한 연관에서 나오는 과정이다. 성장의 종류, 방향, 질, 이 모든 것은 우리가 참여하는 연관 활동의 종류에 따라 달라진다.

자유는 너무 자주 단순히 강제의 부재로 이해된다. 로크나 밀은 강

---

4   『인간 본성과 행위Human Nature and Conduct』에서 듀이는 특정 용어 앞에 '자기self'라는 접두어를 붙이는 것이 그 용어가 원래 가지고 있던 긍정적 의미를 왜곡한다고 비판했다. "연민pity, 신뢰confidence, 희생sacrifice, 통제control, 사랑love 같은 많은 좋은 단어들은 '자기'라는 접두어가 붙었을 때 쓰지 못하게 된다"(MW 14:96). 1932년판 『윤리학Ethics』에서는 "자기실현self-realization을 의식적인 목표로 삼는 것은 아마도 자아의 더 넓은 발전을 가져오는 바로 그 관계들에 대한 충분한 주의를 방해할 것이다"라고 명시적으로 경고했다(LW 7:302).

제를 제거하면, 인간이 자유로울 것이라고 말한다. 그러나 듀이의 대답은, 이는 로크와 밀과 같은 잘 교육받고 언어 능력이 뛰어난 개인들에게만 해당한다고 한다. 그들의 오류는 특권적 관점에서 너무 쉽게 일반화했다는 것이다.

> 그들(고전적 자유주의자들)은 개인이 고정되고, 이미 만들어진 능력을 갖고 있으며, 외부의 강제가 없을 경우 이 능력의 작용이 자유가 되어 정치적, 경제적 문제를 거의 자동으로 해결할 것이라고 믿었다. (LW 3:99)

다시 말해, 고전적 자유주의자들은 지성주의의 오류를 범했다. 그들은 실제로는 양육, 교육, 경험의 결과였던 것을 일부 가정된 원초적 조건으로 소급해서 해석했다. 정치적, 사회적 강제를 제거하면 행동 계획을 실행할 수 있는 능력이 확실히 증가할 것이다. 그러나 이는 (1) 그러한 능력이 자연적으로 주어진 것으로 간주될 수 있다는 것을 의미하지 않으며, (2) 강제를 제거하는 것이 모든 시민에게 자유의 번영을 위한 충분한 전제 조건이라는 것을 의미하지 않는다.[5]

듀이는 이러한 한계에 민감했기 때문에 그가 자유를 말할 때, 그것이 일상 언어에서 단순히 강제의 부재로 이해하지 않았다. 18세기 이후 일반적으로 통용된 이 의미는 오해를 불러일으키는 지나친 단순화이다. 이것은 듀이가 말하는 '실질적' 자유의 한 가지 조건일 뿐이

---

5 "초기 자유주의자들이 자신들의 특별한 자유 해석을 역사적 상대성에 따른 어떤 것으로 설명했다면, 그들은 그것을 모든 시대와 모든 사회적 상황에 적용해야 하는 하나의 교리로 굳어지게 하지 않았을 것이다"(LW 11:27).

다. '실질적' 자유는 행동 계획을 실행할 수 있는 실제 능력을 의미한다. 이는 "목표를 설정하고, 현명하게 판단하며, 욕망이 미치는 행동의 결과를 통해 욕망을 평가하고, 선택한 목표를 실행하기 위한 수단을 선택하고 배열하는 능력"을 의미한다(LW 13:41).

이런 의미에서 자유는 단순히 강제를 제거하는 것, 즉 듀이가 '순수한 형식적' 자유라고 부른 것과 동일시될 수 없다(LW 11:27). 민주주의 이상과 그 실현 간의 간극은 부분적으로 자유에 대한 빈약한 개념에서 비롯된다. "자유주의자들이 순수한 형식적 또는 법적 자유와 사고와 행동의 실질적인 자유를 구분하지 못했기 때문에, 지난 100년의 역사는 그들의 예측이 실현되지 않은 역사이다"(LW 11:27).

자유는 전부 또는 전무의 힘이 아니다. 즉, 완전히 존재하거나 전혀 존재하지 않는 그런 것이 아니다. 그러한 이해는 인간 삶의 시간적이고 발전적인 성격을 무시한다. 실질적인 자유는 사회적 조건에 따라 증가하거나 감소될 수 있다. 강제의 단순한 부재는 실질적인 자유의 성장을 위한 충분한 조건이 아니다. 훈련, 노력, 기회도 필요하다. 후자가 없으면 자유는 "순수하게 형식적으로" 남게 되며, 실행 가능한 능력이 아닌 텅 빈 가능성에 머무르게 된다.

예를 들면, "나는 스페인어를 말할 자유가 있다"고 말할 때, 일반적인 형식적 이해로는 단순히 "나는 그런 언어를 사용하는 것을 금하는 법률이나 사회적 금지가 없는 사회에서 살고 있다"는 것을 의미할 수 있다. 이러한 의미에서 그 사회에서 사는 모든 사람은 같은 주장을 할 수 있다. 그 사회의 모든 시민들은, 심지어 스페인어로 대화를 나눌 수 없는 사람들조차도 "나는 스페인어를 말할 자유가 있다"고 말할 수 있다. 그러나 이는 "순수하게 형식적인" 자유이다. "나는 자유롭다"는 단지 그러한 행위에 관한 외부의 공식적인 강제가 없다는 것을 의미할 뿐, 원하는 행동 계획을 실행할 수 있는 긍정적 능력을 의미하지 않는다.

반대로, 실질적인 자유는 실제로 행동을 수행할 수 있는 구체적인 능력을 의미한다. "나는 스페인어를 말할 자유가 있다"는 주장은 그 온전한 의미에서 기회가 주어졌을 때 실제로 대화를 나눌 수 있다는 것을 의미한다. 형식적 가능성의 추상적인 세계가 아니라, 구체적인 실천 세계에서, 나는 단순히 사회적 법적 강제가 없다고 해서 자유로운 것이 아니다. 나는 누군가와 명확하게 대화할 수 있을 때 자유로운 것이다.

고전적 자유주의자들은 자유를 사전에 존재하는 것으로 간주하고, 단순히 강제를 제거함으로써 드러날 수 있다고 생각한 점에서 오류를 범했다. 자유는 시간이 지남에 따라 타인의 도움과 함께 발전할 수 있는 능력이다. 실질적인 행위 능력으로서의 자유는 단순히 간섭이 없는 맥락에서 나타날 수 없다. 사실, '실질적' 자유를 증가시키기 위해서는 (멘토, 교사, 자료 제공자와 같은) 타인과 (훈련, 노력, 연습과 같은 형식의) 강제가 필요하다.

18세기 및 19세기 전통적인 자유주의자들은 자유의 한 가지 조건과 실천에서의 자유가 실제로 의미할 수 있는 자유의 보다 온전한 의미를 구분하지 못했다. 그들은 자신의 고유한 상황을 너무 쉽게 일반화했다. 상업에 능숙하고 문해력을 갖춘 부르주아 계급은 사회적 위계에서 능동적인 위치를 차지하기 위해 단지 인위적인 강제를 제거하는 것만으로 충분했다. 그들의 상황은 스페인어 사용을 금지한 사회에서 살고 있는 스페인어를 사용할 수 있는 사람들의 상황과 비슷하다. 강제의 제거가 그 활동을 실천하는 데 필요한 전부이다. 그러나 금지를 단순히 해제하는 것만으로는 그 전에 스페인어를 말할 수 없었던 사람들이 자동으로 유창해지지는 않을 것이다. 이 후자들을 "자유롭다"고 하는 것은 그 용어의 구체적이고 완전한 의미를 왜곡하는 것이다.

18세기 정치 이론가들은 오래된 강제에 의해 억눌렸던 부르주아 계급의 맥락에서 생각하면서, 자신들에게 즉각적으로 중요한 것, 즉 그러한 장애물의 제거에 초점을 맞췄다. 그 결과, 단순한 강제의 제거만으로 결과적으로 "변화된 사회적 조건을 활용할 수 있는 지적, 경제적 수단을 사전에 가진 개인들에게 해방적인 영향을 미쳤다." 그들의 노력의 주요 정치적 결과는 "인류를 공평하게 해방한 것이 아니라, 그들이 대표한 특수 이익을 가진 계급의 해방"이었다(LW 3:100).

그들이 무의식적으로 가정한 것은 강제의 제거가 자유에 대한 만족스러운 이해로 보편화 될 수 있다는 것이었다. 그들은 많은 동시대 시민들에게 적절한 사회적 수단의 구축 없이 실질적인 자유를 성취할 수 없다는 점을 인식하지 못했다. 그중에서도 가장 중요한 것은 자유로운 공교육이었다. 듀이의 주장에 따르면 "어떤 사람도, 어떤 정신도 단순히 내버려 두는 것만으로는 해방되지 않는다"(LW 2:340).

경험적 자연주의는 자유를 논의하는 패러다임을 크게 변화시켜, 그 때문에 18세기에서 유래한 주지의 이상인 '자율성'은 재검토가 필요하다. 자율성이 자유와 연관된 도달 목표로 대표된다고 간주되는 한, 듀이의 비판은 충분히 받아들여지지 않을 것이다.

근대 철학자들은 연결과 의존을 두려워하는 경향이 있었다. 오늘날에도 이러한 단어는 다소 부정적인 의미를 지닌다. 연결과 의존은 단지 제약적인 측면에서만 생각된다. 그러나 경험적 자연주의는 이러한 용어를 실질적인 자유의 전제조건으로서 다시 사용할 수 있게 한다. 상호 연결과 상호 의존은 인간 경험의 거부할 수 없는 사실이다. 이들의 제약적인 측면은 이들이 진정한 성장 기회를 제공함으로써 균형을 이룰 수 있다. 이를 무시하거나 이를 인위적인 인류학으로 대체하는 철학은 인간 자유의 이상을 왜곡하여, 개인의 실제적인 자유 발전을 촉진하기보다는 저해할 수 있다.

경험적 자연주의는 상호 작용의 우선성을 가정함으로써 18세기 철학적 가정을 넘어선다. "연결과 소합의 의미에서의 연관성은 존재하는 모든 것의 '법칙'이다. 개별적인 것들은 행동하지만, 그것들은 함께 행동한다"(LW 2:250). 듀이의 이해가 옳다면, 성장을 촉진하기 위해서는 연관성을 추구해야 하며, 이를 회피해서는 안 된다. 인간은 자율성을 추구하기보다는 실질적인 행위 능력의 증가로서 자유를 추구해야 한다. 이러한 자유는 다른 사람들과의, 그리고 다른 사람들에 대한 적절한 연관과 의존 속에서만 나타날 수 있다.

'연결'과 '의존'을 경멸적이지 않은 의미로 사용하는 것은 우리에게 낯설게 들린다. 그것은 우리가 여전히 근대성의 그림자 아래에서 살고 있기 때문이다. 우리가 18세기 철학의 가정을 받아들일 때만 연결과 의존은 오로지 제약이나 한계로만 간주될 것이다. 이러한 잘못된 가정들로 인해 인간 이상을 나타내기 위해 새로운 용어인 '자율성'이 만들어졌다. 그러나 듀이에 따르면, 자유에 대한 이러한 관점은 그토록 열망했던 해방에 대한 오해였다. 이 해방은 "자연과의 연결이나 서로 간의 연결에서 벗어나고자 노력하는 부조리"가 아니었다. 18세기 야생아feral children에 대한 매혹은 교훈이 되었어야 했으나 그렇지 못했다. 단절은 퇴보를 의미하는 것이지, 실질적인 행위 능력의 발전이 아니다. 그 열망은 오히려 "자연과 사회에서의 더 큰 자유"를 위한 것이었다. 우리가 추구하는 것은 "세상으로부터의 고립이 아니라, 세상과 더 긴밀한 연결을 갖는 것"이었다(MW 9:302-3).

완전한 자유는 그것이 의존, 연결, 연관과 양립될 수 없는 것으로 간주될 때는 확보될 수 없다. 오히려 그 반대이다. 선택된 활동을 수행할 수 있는 참된 능력으로서의 자유는 타인과의 연관 속에서만 개발될 수 있다. "제도와 관습을 자유의 적으로 보고 모든 규범을 속박으로 보는 것은, 긍정적인 자유를 행동으로 확보할 수 있는 유일한 수단을 부정하는 것이다"(MW 14:115).

우리는 근대 민주주의의 이상을 우리에게 물려준 18세기 및 19세기 철학자들에게 많은 빚을 지고 있다. 그러나 그들에 대한 우리의 감사가 그들의 견해에 내재한 한계를 가리게 해서는 안 된다. 그들이 작업했던 자연 상태의 이미지, 궁극적인 단순체에 대한 존재론적 헌신, 자유를 행사하기 위해 그들이 필요로 했던 것이 모든 이가 필요로 할 것이라는 가정, 그리고 자유를 완전하고 주어진 속성으로 가정한 것은 자유를 자율성으로만 일면적으로 이해하게 만들었다.

자유에 대한 모델로서 자율성은 민주적 공동체로 향하는 것이 아니라, 실제로는 다른 사람들과 분리를 초래한다. 듀이의 구체적인 자유는 개인이 적절한 형태의 연관성을 맺도록 장려한다. 이러한 연관은 단순히 제약을 가하는 일차원적인 것이 아니다. 사실은 그 반대가 진실이다. 연관은 더 큰 실질적인 행위의 권한, 즉 더 큰 자유를 확보하기 위해 추구된다. "다른 독특한 방식의 행위와 함께 결합되고 연결되는 독특한 방식의 행위는 모든 것과 독립적이고, 스스로를 고립시키는 방식이 아니라, 바로 그 방향으로 나아가야 하는 행위 방식이다"(LW 2:353).

결혼, 학교, 상업 협회, 사회 조직, 정치 집단, 스포츠 연맹 및 노동조합은 모두 개인의 자유를 **증가시킬** 기회를 제공한다. 그것들은, 그러한 관계 밖에서는 불가능했을 성취를 향해 구체적으로 나아갈 수 있게 해 준다. 자유를 완전히 형성된 사전의 속성으로 생각할 때만 사회적 연결이 특별히 제약적이라고 불평하고 '자율적인' 개인을 이상화하는 것이 의미가 있다. 민주적 자유가 실질적 행동의 권한 증가와 연관되어 이해될 때, 인간은 더 이상 자신을 고립된 개인으로서의 자기 자신과, 결사의 일원으로서의 자기 자신을 대립시킬 필요를 느끼지 않을 것이다. 오히려 그들은 이러한 다양한 형태의 결사가 자유의 증가를 촉진하는지, 방해하는지에 따라 판단하고 수정할 것이다.[6]

---

6 자율성으로서의 자유에 대한 보다 상세한 비판은 나의 논문 「타율적 자유Heteronomous Freedom」를 참조할 것.

개인성으로서 평등

    당연한 일이지만, 경험적 자연주의는 자유에 대한 이해에서와 마찬가지로 평등에 대한 기존의 견해에도 도전할 것이다. 존로크는 인간 본성의 원초적 상태를 "완전한 자유의 상태이자 … 또한평등의 상태"라고 권위 있게 주장한 바 있다(Locke, 287). 이 저명한 민주주의 이론가는 자유와 평등을 모두 원초적이고 완전한 소유로 간주한다. 우리가 자유의 문제에서 살펴본 것처럼, 듀이의 경험적 자연주의는 인간 삶의 시간적이고 상호작용적인 환경을 받아들이면서 이러한 가정을 부정한다. 듀이는 자유와 관련하여 '성장'의 과정을 강조했으며, 민주적 평등에 대해서는 '개인성'을 중시했다.

    평등의 경우 철학자에게 특별한 과제를 던진다. 평등에 대한 널리알려진 준비된 해석 틀 중 하나는 양적 해석으로, 그것은 일반화의 기준으로 사용되곤 한다. 이 같은 해석에 따르면 논의 주제가 무엇이든(예를 들면 재능, 부, 신체적 능력에서), 평등이란 모든 사회 구성원 간의유사한 분포를 의미한다. 그러나 평등에 대한 이 같은 수량적 해석은우리의 직관에 반하기 때문에 진지하게 받아들일 수 없다. 윈스럽이잘 지적했듯이, 다양성, 차이 및 불평등은 모든 인간 사회의 불가피한동반자이다.

    로크 자신도 평등에 대한 양적이고, 전부 또는 전무적인 이분법적이해를 수정하기 위한 첫 번째 제안을 했다. 그는 "모든 인간이 본성적으로 평등하다"는 주장을 완화시키는 여러 예외들(예를 들면 나이,공적, 미덕, 의무)이 있음을 인정했다(Locke, 322). 또한 그는 아이들이

"완전한 평등의 상태에서 태어나는 것은 아니지만, 그 상태에 도달하기 위해 태어난다"고 인정하며 평등의 발달적 성격을 인식했다(Locke, 322). 그럼에도, 이러한 제한들은 『통치에 관한 두 번째 논고Second Treatise』에서 예외적인 경우로 남아 있으며 평등이 원초적 소유라는 주장을 거듭해서 되풀이한다.

자유와 마찬가지로, 듀이는 평등이 원초적 소유라는 것을 부정한다. 그러나 평등은 듀이에게 자유보다 더 큰 과제를 던진다. 자유를 성장으로, 자유-화를 민주주의 사회의 지속적인 목표로 간주하는 것은 자유에 대한 긍정적이고 점진적인 의미가 설명될 때 이해가 된다. 그러나 평등-화는 또 다른 문제를 제기한다. 평등은 어떤 의미에서 민주적 삶의 전제 조건이 되어야 하지 않을까? 평등화를 위한 어떠한 시도도 불가피하게 사회의 균질화로 이어지지 않을까?

이러한 어려움은 듀이가 직면한 문제이다. 그의 정치 철학은 로크와 윈스럽을 결합하려는 시도로 볼 수 있기 때문이다. 듀이는 윈스럽처럼 차이가 불가피하며 줄일 수 없다고 확신한다. 동시에 로크처럼 평등이 중요한 민주적 이상이라는 것도 확신한다.

듀이의 융합적 관점은 어떻게 이해할 수 있을까? 그는 '개인성'에 집중하여 이 융합을 만들어낸다. 자유에 대한 이해에서 능력 속의 성장이 수행한 역할은 이제 평등과 관련하여 개인성으로의 성장이 수행하게 될 것이다. 듀이가 말하는 개인성과 그것이 평등의 재개념화에서 어떤 역할을 하는지 이해하려면, 먼저 이 개념을 '개인주의'와 구별해야 한다.

개인주의는 경험주의의 지적 구조에서 중요한 요소를 형성하며,

특히 궁극적인 단순체를 기본으로 받아들이는 사유 흐름에서 그러하다. 이러한 맥락에서 개인을 자연 상태에서 자급자족적인 주체로 상상할 수 있다. 개인은 자신의 이익에 따라 합당한 결정을 내릴 수 있는 완전한 자기 의식적 존재로 가정된다. 개인주의의 두 가지 핵심 신념은 다음과 같다. (1) 인간은 다른 사람들과의 관계와 무관하게 완성된 자아로 간주된다. (2) 인간은 전적으로는 아니지만, 두드러지게 자기 이익에 의해 인도된다고 간주된다.

경험적 자연주의는 그러한 견해를 직조하는 구조를 간단히 대체한다. 이는 이전 입장의 가장 좋은 점을 유지하면서 다른 사람과 분리된 자아에 대한 과도한 강조를 완화하려고 시도한다. '개인성'은 과정과 성장을 암시하면서도 인간 삶의 사회적 차원을 강조하기 때문에 새로운 구조에 가장 잘 맞는다. 동시에, 그것은 태어나면서 갖는 소유에 대한 강조를 최소화한다. "감각적으로는 분리된 신체라는 물리적 의미에서만 개인성은 원래 주어진 자료이다. 사회적이고 도덕적인 의미에서 개인성은 성취되어야 할 것이다"(MW 12:191).

"형성되어야" 할 것은 무엇인가? 그것은 다른 누구와도 비교될 수 없는 인성을 갖고, 행동과 기여를 드러내는 사람들이다. '개인성'은 한 사람이 공동체 생활에 참여하는 독특한 방식을 의미한다. 이는 유일성, 대체 불가능성을 나타낸다. 그에 반해 '개인주의'는 고립과 자기 이익만을 암시하며, 이는 자아와 공동체의 대립을 가정한다. 반면 '개인성'은 참여의 방식을 시사하며, 공동체의 불가결성과 공동체와 관련된 다양한 관심사를 인정한다.

이 모든 것은 평등과 어떤 관계가 있을까? 평등은 다른 사람을 평가

그림 3.1 존 듀이, 뉴욕, 1943년(카본데일에 위치한 서던 일리노이 대학교 모리스 도서관 특별 소장품. 존 듀이 문서 제공)

할 때 어떤 절대적인 척도도 거부하는 방식을 의미한다. 사람들은 삶이 타인을 평가할 수 있는 다양한 맥락을 제공한다는 의미에서 평등하다. 민주적 평등은 평가를 위한 유일하고, 비시간적이며, 보편적인 기준을 부정하는 데 근거한다. 따라서 이는 '통약불가능성'과 연결된다. "도덕적 평등은 통약불가능성, 즉 공통적인 양적 기준의 적용 불가능성을 의미한다"(MW 13:299).

양적 모델에서 '평등'은 서로 일치하거나 절대적인 기준과 일치하는 두 요소의 속성이 될 것이다. 우리가 사용하는 자가 국제 도량형국에 보관된 표준 자와 길이가 같거나 다르듯이 말이다. 이런 의미에서의 평등은 '공측정가능성co-mensurability', 즉 주어진 도구를 확립된 공식적이고 절대적인 기준으로 측정할 수 있는 능력을 필요로 한다.

그러나 민주적 공동체에는 이러한 보편적이고 사전에 존재하는 어떤 기준도 없다. 인간이 평등하다고 말하는 것은 이러한 기준이 존재하지 않음을 인정하는 것이다. 통약불가능성으로서 '평등'은 다양한 기능, 재능 및 기여에 대한 존중을 촉진한다. 이는 듀이에게 다른 인간의 고유성을 인정하는 방식이다.

> 평등은 어떤 요소가 다른 요소로 대체될 수 있는 수학적 또는 물리적 동등성을 의미하지 않는다. 그것은 신체적, 심리적 불평등과 관계없이 각자의 고유하고 독특한 것에 대한 실질적인 존중을 의미한다. 평등은 자연적으로 주어진 소유물이 아니라 공동체의 활동이 공동체의 성격에 의해 이끌릴 때 얻어지는 결과이다. (MW 12:329-30)

다음 구절에는 듀이의 중요한 몇 가지 주제가 담겨 있다.

1. 평등은 태어나면서 갖는 소유가 아니라, 결과, 즉 '열매'라는 명확한 주장이다. 개인성이 성장하지 않고, 공동체 프로젝트에 독창적으로 기여하는 방식이 발달하지 않으면 정치적 평등은 성립하지 않는다. 이 경우 오직 초기의 불평등만이 존재할 뿐이며, 이는 그대로 유지되고 완화되지 않는다.

2. 이 구절은 또한 듀이의 핵심 주제인 참여를 강조한다. 평등은 공동체적 산물로, 자유와 마찬가지로 개인이 홀로 남겨진 상태에서는 결코 번영할 수 없다. 개인의 기여 가능성은 적절한 사회적 상호작용이 이루어질 때만 증진할 수 있다.

3. 마지막으로, 평등은 "독특하고 유일한 것"과 동일시된다. 평등은 동일성이 아니다. 예를 들면 남성과 여성이 평등하다고 말하는 것은 그들이 동일하다는 의미가 아니나. 듀이가 다른 곳에서 "기계적 동일성"(LW 2:329)이라고 부르는 정확한 일치의 양적 모델은 정치적 맥락에서 전혀 적합하지 않다. 민주적 삶은 "모든 인간이 자신이 될 수 있는 모든 능력을 최대한 발휘할 수 있는 기본 조건을 확립함으로써"(LW 11:168) 기회가 현실화될 때 평등을 촉진한다.

평등에 대한 듀이의 표현을 고려하면, 그의 이해는 철학적으로 흥미롭기는 하지만, 용어의 일반적인 의미와는 거의 공통점이 없다는 점에서 특이하게 보일 수 있다. 그의 정의와 일반적인 용법 간의 간극을 줄이기 위해서는, 가장 중요한 연결고리가 부정적인 성격을 지닌다는 점을 인식해야 한다. 평등을 받아들인다는 것은 우월성과 열등성에 대한 모든 포괄적인 주장을 허용하지 않는다는 것을 의미한다. 우월성과 열등성은 예를 들면, 어떤 측면에서 우월하거나 열등하며, "어떤 목적을 위해 그러한가?"와 같이, 항상 맥락에 따라 규정되어야 한다.[7] 자유로 이해되는 일종의 성장을 포함하는 개인성의 함양은 각 개인에 대한 일정 수준의 존중을 요구한다. 정치적 평등은 모든 개인을 비교할 수 있는 단일 척도를 제공하는 사회정치적인 도량형국이 존재하지 않을 때 성립한다.

듀이가 평등을 통약불가능성과 연결시키는 점이 바로 이 부분이다. 단일 기준을 찾으려는 플로티노스적 유혹은 정치적 영역에서도 존재한다. 19세기 이후 상업 세계는 다른 사람을 평가할 수 있는 기준이 되는 다른 무엇보다 더 중요한 맥락을 제공해 왔다. 듀이가 지적하듯, "경쟁 집단과 공통된 목표를 달성하기 위한 능력"이라는 단일한 목적에 모두가 적합하다고 가정한다면, 결국 "다른 사람에 대한 지배를 보상"으로 삼는 결과를 초래할 것이다(MW 13:299). 단일 척도가 상업의 세계에서 권력과 부를 얻는 것이든, 또는 콜버그식의 도덕 발달 척도에서 높은 단계의 것을 차지하는 것이든, **단일한** 척도를 확정하고자 하는 플로티노스적 유혹은 오랫동안 지배적인 것으로 수용되고 가정되어 왔다. 반대로, 민주적 평등은 모든 사람을 평가하는 **단 하나의** 가치 척도가 존재하지 않는다고 인정할 때 작동한다. 민주적 맥락에서는 다양한 기준과 척도가 존재한다.

---

7 "우월성과 열등성은 그 자체로는 무의미한 단어들이다. 이 단어들은 어떤 특정한 결과를 가리킨다. 누구든 이 단어를 사용할 때는 스스로에게 물어보고, 다른 사람들에게도 말할 준비가 되어 있어야 한다. 무엇에서 우월하거나 열등한가?"(MW 13:296).

이러한 견해가 모든 위계 구조를 거부하는 많은 현대 사상가들이 취하는 방향에 대해 과잉 반응을 요구하지 않는다. 경험적 자연주의가 가치 판단의 중요성을 무시할 필요도 없다. 민주적 평등과 위계 구조 또는 가치 판단 사이에는 본질적인 모순이 없다. 모순은 단일한 가치 척도나 단일 위계 구조를 인간을 판단할 기준으로 선택할 때만 발생한다. 반대로, 민주적 평등은 각 개인의 독특한 기여를 찾아내고 식별하며 높이 평가할 것을 요구한다. 이러한 식으로 이해된 민주주의는 귀족제의 가장 좋은 것을 보존한다. 듀이에 따르면 적절하게 이해된 민주주의는 "그 극한에 이른 최대치의 귀족제"이다. "개인으로서 모든 인간은 어떤 특정 목적을 위해 가장 적합할 수 있으며 따라서 특정한 측면에서 지배하고, 이끄는 데 가장 적합할 수 있다는 주장이다." 진정한 귀족제와 진정한 민주주의의 적은 "고정되고 수석으로 제한된 분류의 습관"이다(MW 3:297-98).

듀이에게 평등은 단순히 겉보기의 차이 뒤에 모든 사람이 동일하다는 가정을 포함하지 않는다.[8] 또한 우리가 단일 경주의 출발점에 줄지어 선 경쟁자들처럼 존재한다는 것을 의미하지 않는다. 민주적 평등은 오히려 독특함을 인식하고 그것을 격려하는 것을 의미한다. 이상으로서 평등은 엄밀하게 말하면 인간을 동일한 존재로 여기지 않도록 한다. 이는 어떤 단일한 목적, 활동, 접근 방식도 보편적으로 우월하다고 평가될 수 없다는 것을 의미한다. 이상으로서 평등은 다양

---

8 "평등의 원리는 비평가들 중 일부가 생각했던 것을 의미하지 않았다. 그것은 결코 자연적 재능의 평등을 주장한 적이 없었다. 그것은 도덕적이며, 정치적이자 법적인 원칙이었지 심리학적 원칙이 아니었다"(LW 13:108).

성과 다채로움을 존중하는 것이다. 듀이에 따르면, 이는 "존재가 다른 무엇으로 동일시되거나 변형될 수 있는 어떤 것으로서가 아니라, 그 자체로 인정되는 세계"를 의미한다(MW 11:53).

평등을 다른 방식으로 고려하는 것은 점진적으로 성공으로 간주되는 기준을 좁고 고정된 범주로 설정하는 결과를 초래할 것이다. 이러한 범주의 축소는 실제로 큰 불평등을 낳을 것이다. 왜냐하면 모든 인간이 동일한 목표를 향해 경쟁하려는 성향을 갖고 있지는 않기 때문이다. 결과적으로 이는 항상 피해야 할 위험, 즉 고정된 계급에 의해 양극화된 사회의 부활을 야기할 것이다.

인간은 하나의 표준적인 모델이 새겨질 중립적인 빈 서판 상태로 시작하지 않는다. 그들은 각기 다른 가능성과 관심사를 가지고 출발한다. 기계공, 좋은 부모, 목수, 노동자는 부를 성공의 척도로 삼은 사회의 좁은 기준을 충족하지 못했다고 해서 폄훼되어서는 안 된다. 민주적 평등은 모든 사람이 원래 '기계적 동일성'의 상태에 존재한다고 보는 입장을 취해서는 안 된다. 오히려 경험적 자연주의에 따라, '평등'은 새롭게 나타나고 형성되는 삶에 좁고 경직된 위계를 부가할 것을 거부하는 추진력이 된다.

평등을 본래 주어진 것으로 다룰 때 공정이 아닌 불공정이 발생한다. 그렇게 되면 지배적인 집단이 자신의 이상, 기준, 목표가 모두에게 해당되어야 한다고 선언하는 일이 지나치게 쉬워진다. 모든 사람이 평등하게 시작했다고 가정되기 때문에 성공하지 못한 사람들은 단순히 열등할 뿐만 아니라, 본인의 잘못으로 그렇게 되었다고 여겨질 수 있다. 미디어가 극소수의 성공 모델을 찬양하고 나머지를 무시하거나 폄하하는 사회에서는 자기 존중감과 자아 이미지는 필연적으로 손상될 수밖에 없다. 그 결과 심각한 불평등이 발생하는 경우가 많은데, 그것은 평등의 이상을 내세우며 스스로를 정당화하려 하기 때문에 특히 왜곡되어 있다.

　듀이에게 민주적 삶은 어렵고 도전적이다. 이는 쉬운 길이 아니다. 민주주의는 경계, 노력, 실험을 요구한다. 민주주의가 이상 실현을 위해 제정된 수단을 항상 수정할 수 있으려면 실험 정신이 중요하다. 비듀이주의 방식으로 자유와 평등을 이해하는 위험은 자기만족이나 정체에 빠지는 것이다. 듀이가 강조하는, 내가 '자유화'와 '평등화'라고 부른 개념은 민주적 이상을 실현하기 위해 필요한 노력과 투쟁을 강조한다.

　민주주의는 역사적 맥락에서 민주적 이론과 함께 발생한 특정 법률 체계니 제도로 평가되어서는 안 된다. 이러한 것은 유연한 수단이다. 민주주의는 모든 시민이 자신의 능력을 개발하고 실질적인 자유 속에서 성장할 수 있는 방식으로 평가되어야 한다. 또한, 시민들이 실제로 할 수 있는 독특하고 구별된 기여를 장려하는 방식으로 평가되어야 한다. 그러면 평등은 신화적인 자연 상태에서의 공허한 메아리가 아니라 구체적인 현재의 현실이 될 것이다.

JOHN DEWEY

공중 | 4장

Rethinking Our Time

대중인가 공중인가?

1920년대 후반의 글에서 호세 오르테가 이 가세트Jose Ortega y Gasset는 이렇게 주장했다. "유럽은 민족과 국가, 문명에 닥칠 수 있는 가장 큰 위기를 겪고 있다"(Ortega y Gasset, 11). 이 위기는 무엇 이었을까? 바로 '대중'이 권력을 장악하는 현상이었다. 왜 이것이 위기였을까? 대중은 "자신의 개인적인 존재를 통제해서는 안 되고, 통제할 수도 없으며, 사회 전반에 대해서는 더더욱 통치해서는 안 된다"(Ortega y Gasset, 11). 오르테가가 『대중의 반란The Revolt of the Masses』에

서 스스로에게 부과한 과제는 자유민주주의의 성과를 보존하면서 그 위험을 최소화하는 것이었다.[1]

만약 그가 18세기 후반에 글을 썼다면, 그의 초점은 달랐을 것이다. 그는 아마 대중의 반란이 아닌 '공중the public의 반란'을 논의했을 것이다. 그 당시에 자유에 대한 위협은 주로 부패한 군주제와 귀족 계급에서 나왔고, 자유의 옹호자들은 '공중'을 찬양했을 것이다. 이 단어는 '인민people'을 의미하는 라틴어 'populus'에서 파생되었다. 공중은 그리스어 demos를 확장한 버전으로, 새롭게 떠오르는 민주주의에서 권력을 가질 자격이 있는 집단이었다.

그러나 20세기에 들어서면서, 오르테가는 아이러니하게도 민주주의에 대한 위협이 이제 '공중'이 아닌 '대중'으로 확인되는 '인민'에게서 온다고 주장했다. '대중mass'이라는 단어의 어원은 덩어리나 반죽처럼 그 자체로는 구별되지 않지만 쉽게 조작될 수 있는 것을 의미한다. '대중'으로서의 인민은 생각이 없고, 편견에 사로잡히며, 관용 없는 존재로 간주된다. 오르테가의 큰 두려움은, 한 세대 안에 대중이 선동가들의 쉬운 먹잇감이 되어 전체주의 출현의 기본 요소가 될 것이라는 점이었다.

---

1 오르테가는 이 책에서 당대 유럽 생활을 형성해 온 다른 두 가지 주요 원칙을 들고 있다. 그것은 바로 자유민주주의와 기술적 지식이다. "이처럼 압도적인 사실은, 우리가 이성을 사용하지 않기로 결정하지 않는 한, 다음과 같은 결론에 도달하도록 강요한다. 첫째, 기술적 지식에 기반한 자유민주주의는 지금까지 알려진 공적 생활의 가장 높은 형식이라는 점이다. 둘째, 이 유형이 상상 가능한 최상의 것이 아닐지라도, 우리가 이를 능가하는 유형으로 상상하려면 반드시 이 두 원칙의 본질을 보존해야 한다는 점이다. 셋째, 19세기의 삶의 형식보다 열등한 어떤 형식으로라도 되돌아가는 것은 자멸적이라는 점이다"(Ortega y Gasset, 52).

'공중'에서 '대중'으로의 전환은 데모스demos를 규정하는 방식에서 민주주의 이론의 발전과 관련하여 중요한 의미를 가진다. 가장 급진적인 형태에서의 이 이론은 모든 시민이 공공생활에 발언권을 갖고 참여할 수 있는 동등한 능력을 갖고 있다고 가정한다. 이 논리를 극한으로 밀고 가면, 민주주의는 관리를 추첨으로 뽑고, 그들을 자주 교체하며, 심지어 군사 지도자까지 선출할 것이다. 이 세 가지 절차는 아리스토텔레스가 『아테네 헌법The Athenian Constitution』에서 기술한 바 있다(Aristotle, 2368-69).

민주적 '공화국'의 설립은 실질적이고 실행 가능한 정치 조직을 고려하여 급진적인 민주주의 이론을 완화할 필요성을 시사한 것이었다. 이 나라에서 제임스 매디슨 주니어James Madison Jr.는 "순수" 민주주의는 "파벌의 폐해를 고칠 수 없으며", 그러한 민주주의는 "언제나 소란과 분쟁의 장면이 되어 왔다"고 주장했다. 그는 "공화국은 우리가 찾고 있는 치료법을 제시할 가능성을 열어준다"고 단언했다. 이러한 공화국은 두 가지 점에서 '순수' 민주주의와 다를 것이다. (1) 정부 운영을 책임지는 사람들은 전체 시민의 작은 부분에 지나지 않을 것이다. (2) 공화국은 순수 민주주의보다 더 넓은 지역에 퍼져 더 많은 시민을 포함할 수 있다(Madison, 224).

존 듀이가 태어난 미국은 매디슨이 상상할 수 있었던 것보다 지리적으로 더 커졌고, 민족적으로도 더 다양해졌다. 확실히 이것은 매디슨에게 순수 민주주의 대신 공화국을 세우는 것이 타당하다는 생각을 강화해 주었을 것이다. 그 이후로 민주적 현실주의자들은 이 점에서 매디슨을 따르는 경향이 있었다. 사회가 점점 더 복잡해짐에 따라 실질적인 통치를 위해 조직 원칙이 필요하다. 실제로 정책을 결정하는 전문계급의 불가피성은 '과두제의 철칙'으로 알려지게 되었다.

이 법칙은 20세기 초 독일 사회학자 미헬스Robert Michels로부터 비롯되었다. 그는 자신의 연구 결과로 인해 "과학을 혼란시키고 대중을 오도하는 안이하고 피상적인 민주주의 환상 중 일부"를 무너뜨려야 할 필요성을 어쩔 수 없이 느꼈다(Michels, 368). 그가 직면해야 할 엄연한 사실 중 하나는 "분업, 전문화, 그리고 지도"의 필요성을 불러일으킨 "대중의 객관적인 미성숙"이었다(Michels, 367). 그 결과, 새로운 과두제, 다시 말해 "소수자들의 능력에 기반한 정당"의 탄생으로 이어지게 되었다(Michels, 370).

현실주의자들은 복잡한 조직을 운영하기 위해 엘리트의 불가피성을 받아들이며, 이 필요성을 수용하기 위해 민주주의 이론을 수정하려 한다. 매디슨이 주장한 바와 같이, 순수 민주주의는 위험하다. 미헬스는 복잡한 현대 세계에서 순수 민주주의는 선택 사항조차 아니라고 덧붙였다.

민주주의 이론가들은 매디슨이 실질적인 민주주의를 세우려 했던 이전 시도들의 실패에 마주했던 것과 마찬가지로, 항상 동일한 현실적 문제들을 직면해야 하기 때문에, 또한 현대 사회는 다층적 조직이 필요할 만큼 복잡하기 때문에, 현실주의자들은 엘리트의 필요성을 민주주의 이론에 통합하는 방법을 모색한다. 정치학의 잘 알려진 교과서 중 하나는 '엘리트'의 필요와 흥분한 '대중'이 제기하는 반민주주의의 위험에 대해 솔직하게 언급하고 있다.

민주주의 이론은 자유주의 가치, 즉 개인의 존엄성, 기회의 평등, 반대할 권리, 언론 및 출판의 자유, 종교적 관용, 적법한 법적 절차가 대중의 정치 참여 확대와 성장에 의해 가장 잘 보호된다고 가정한다. 역사적으로, 엘리트가 아니라 대중이 자유의 수호자로 간주되었다. … 그러나 20세기에는 대중이 전체주의적 호소에 가장 취약한 집단이 되었다. (Dye and Zeigler, 14)

저자들에 따르면 문제는 "민주적 가치의 추상적 표현"은 지지되지만, 대중은 "추상적 원칙을 민주적 행동 양식으로 바꾸려는 의지"가 없다는 것이다(Dye and Zeigler, 147). 대중은 편협하고, 개인의 자유를 희생하면서까지 사고와 행동의 일치를 강요하고자 하며, 폭력에 쉽게 빠질 수 있는 것으로 간주된다.

'공중'과 '대중' 사이의 차이는 민주주의 이론에 대한 듀이의 재구성을 이해하는 데 중요한 관점을 제공한다. 그는 인간 본성의 약점과 결함에 대해 다른 민주적 현실주의자만큼 민감하다. 그는 민주주의 국가의 시민이 된다고 해서 편견, 독단주의, 권위주의, 증오가 사라진다고 믿지 않는다. 그럼에도 그는 참여적 시민의 이상이 너무 쉽게 무시되지 않도록 하는 네 가상 큰 관심을 가진다.[2] 민주적 실험의 중요한 도전 과제 중 하나는 '공중'을 육성하여 '대중'과 관련된 위험을 최소화하는 것이다.

듀이의 성찰에 대한 직접적인 맥락은 1925년에 출판된 월터 리

---

2 민주적 현실주의와 이에 대한 듀이식 응답에 대한 최고의 논의는 웨스트브룩의 저작에서 나타난다. 웨스트브룩은 "듀이의 민주주의 이론은 민주적 현실주의에 대한 제한된 비전에 불만을 가진 나 같은 사람들에게 여전히 일정한 중요성을 지닌다"고 말하며, 초반부터 자신의 동조를 드러낸다(Westbrook, xvi-xvii).

프먼의 『유령 공중The Phantom Public』이었다. 리프먼은 그의 이전 저서 『여론Public Opinion』(1922)에서와 마찬가지로, 전통적인 '공중'은 그 의도와 목적에서 유령이라고 주장했다. 20세기 민주 사회는 18세기의 조건이 여전히 유효할 것이라고 믿어서는 안 된다. 모든 주요 사안을 숙고하고 정책을 수립하는 '전지전능한' 시민들의 이미지는 현실의 실천에 의해 정기적으로 부정되었다.

이론과 실천 사이의 이러한 차이는 단순히 실천을 이론에 맞추어 조정하는 것만으로는 해결되지 않는다. 이론 자체를 재구성해야 한다. 20세기의 복잡한 삶에서는 엘리트 집단에 의한 의사결정 없이는 실질적이고 성공적인 사회를 번영하게 할 수 없다. 이러한 엘리트는 그들이 직면한 복잡한 문제들의 세부 사항을 가장 잘 이해할 수 있는 능력과 훈련, 그리고 무사심한 마음을 갖춘 사람들이다.

크게 변화된 사회적, 기술적 조건 때문에, 민주적 공중에 대한 오래된 이미지는 더 이상 유효하지 않다. 미국과 같은 나라는 그 규모, 발전된 기술 그리고 다원주의로 인해 더 이상 전통적인 모델을 지침으로 삼는 것이 적절하다고 가정할 수 없다. 그리스 폴리스, 윈스럽의 공화국, 그리고 제퍼슨의 농업 공화국은 다원적이고 산업화되고 도시화된 사회에서 정확하게 복제할 수 있는 원형으로서 적합하지 않았다.

이 오래된 모델들에서 공중은 제한적이며 쉽게 확인된다. 공중은 동일한 사회적 지위를 공유하고, 전통의 동질성을 갖추며, 공통의 목표를 지닌 시민들로 구성된다. 이러한 특성들은 시민들이 공공 정책을 수립하는 데 참여하도록 장려한다. 그러나 변화된 현대적 조건하에서, 공중은 다양한 개인들의 이질적인 집합체이며, 현대의 복잡한 문제들을 평가하고 이에 따라 행동하기 위한 깊이 있는 연구를 할 시간이 거의 없다. 이 때문에 공공 정책의 수립은 더 이상 공중으로부터 직접 나올 수 없게 되었다.

변화된 상황은 정책 결과에 대해 중립성을 유지할 수 있는 능력을 갖춘 전문가들의 중재를 필요로 한다(Lippmann, 1965, 250-57). 공중의 역할은 이러한 전문가들에게 의존하는 것이었다. 공중은 일상적인 정책을 수립하지 않으며, 할 수도 없고, 해서도 안 된다. 공중이 할 수 있는 것은 부적절하다고 판단되는 정책에 반응하고 개입하는 것이다.[3]

듀이는 자신의 책 『공중과 그 문제들』(1927)에서 리프먼에 응답했다. 그는 리프먼의 진단에 대부분 동의했지만 이 책을 통해 현대 세계이 민주적 조지에 대한 대안적인 전망을 제시했다.

듀이는 현행 관행이 민주적 열망에 미치지 못한다는 것을 인정했다. 과거는 더 이상 적절한 지침이 될 수 없었다. 자유에 대한 근대 자유주의 관점이 사전에 잘 준비된 개인의 보편성을 가정했듯이, 과거의 공중 개념도 "전지전능한 시민과 무한한 여론의 능력"을 가정했다(LW 2:215). 이러한 전지전능함은 한편으로 시민으로 인정될 사람들

---

3 "어떤 사회적 원인에 관심을 가진 사인私人은, 그가 현재 하고 있는 것처럼 자발적 사회에 속하게 될 것이다. 이 사회는 문서를 연구하고, 관료주의를 견제하는 데 기여한 보고서를 작성하는 직원들을 고용할 것이다. 신문 기자들에 의한 이러한 자료의 연구도 일부 이루어지겠지만, 전문가와 정치학자들에 의한 연구가 훨씬 더 많을 것이다. 그러나 외부인은, 그리고 현대 생활의 몇 가지 측면을 제외하면 우리 모두는 외부인이지만, 특정한 판단을 내릴 시간도, 주의도, 관심도, 특정한 판단에 대한 장비도 가지고 있지 않다. 사회의 일상적 행정은 내부에서, 건전한 조건에서 일하는 사람들에게 의존해야 한다"(Lippmann, 1965, 251).

에게 엄격한 제한을 둔 사회에서, 다른 한편으로 상대적으로 관리 가능한 사회적 및 기술적 문제에 직면한 사회에서는 어느 정도 현실적일 수 있었다. 그러나 이 가정은 전문적인 지식이 필요한 문제에 직면한 거대한 다민족의 고도로 다양화된 국가에서는 쉽게 옹호될 수 없었다.

현대 민주주의는 그리스 폴리스나 18세기 미국에서 흔했던 시민권에 대한 사회적 제약을 점점 더 거부하게 되었다. 이제 '공중'은 더 이상 공통된 도덕적, 종교적, 정치적 이상을 자동으로 지지하는 소수의 동질적인 민족 집단이 아니다. 여기에 현대 사회 문제의 다차원적 복잡성을 더하면, 공중과 실질적으로 의사결정을 하는 사회/산업 전문가들 사이의 소외는 더욱 악화된다. 이렇게 되면 공중은 귀신같고, 유령 같은 기운을 띠는 것으로 보일 수 있다. "이러한 상황을 고려할 때, 공중과 그 공공 목적을 위한 조직은 유령일 뿐만 아니라 걸어 다니고 말하며, 정부의 행동을 심각하게 흐리고 혼란에 빠뜨리며 오도하는 유령이다"(LW 2:313).

이 구절에서 듀이는 민주적 현실주의자들의 우려에 동의한다. 우선, 한때 활기차고 참여적인 힘을 가진 공중이 사라져가는, 즉 유령성이 있다는 것이다. 게다가 듀이는 공중이 배경으로 물러나지 않았을 때, 실제로 나타날 때조차도, 너무 자주 잘못된 방식으로 그렇게 나타난다는 것을 분명히 인정한다.

듀이는 '공중'이 너무 자주 '대중'처럼 행동한다고 말한다. 오르테가와 민주적 현실주의자들의 주장에는 일리가 있다. 그러나 듀이에게 이 사실은 극복해야 할 도전 과제를 뜻한다. 이러한 한계를 인식하는 것은 살아있는 민주주의와 관련된 기본적인 질문을 마주하게 한다는 점에서 유익하다.

> 결국, 현재 상황에서 공중이란 무엇인가? 공중의 사라짐에는 어떤 이유가 있는가? 공중이 자신을 찾고 식별하는 것을 방해하는 것은 무엇인가? 어떤 수단을 통해서 미성숙하고 무정형적인 상태가 현재의 사회적 필요와 기회에 맞는 실질적인 정치적 행동으로 조직될 수 있는가? (LW 2:313)

이 인용문이 보여주듯, 듀이는 리프먼이 잘 설명한 조건들을 통해 생동감 있는 공중을 창출하려는 노력이 필요하다고 생각한다. 자유나 평등이 그 온전한 형태로 사전에 존재한다고 말할 수 없듯이, 공중 역시 고정된 사전이 실재가 아니다. 그것은 달성해야 할 결과이다.

듀이의 우려를 깊이 이해하기 위해서는 다음 두 가지를 염두에 두어야 한다. 첫째, 경험적 자연주의는 지침이 되는 이상을 명확히 하고 이해하는 것만큼이나 조건과 결과에도 많은 관심을 기울인다는 점이다. 둘째, 듀이는 민주주의를 현재의 어떤 형태로든 이미 완성된 산물이 아닌, 진행 중인 실험으로 이해한다.

민주주의를 선택한 사람들은 도전적인 길을 선택한 것이다. 성장과 개인성을 촉진하려면 실제 조건을 바탕으로 구체적인 개선을 이루기 위한 끊임없는 노력이 필요하다. '공중'도 자유와 평등처럼, 다양한 혼란스러운 베일이 제거되면 그 자체를 드러내는 완벽한 형태로 사전에 존재하는 것이 아니다. 그것은 적절한 조건의 조합에 의존하는 하나의 결과, 산물이다. 민주주의라는 진행 중인 실험에 참여하고자 하는 사람들에게 주어진 도전 과제는 바로 이러한 조건을 만들어내는 것이다.

20세기는 민주주의 사회가 제대로 작동하지 않으면 어떤 일이 일어날 수 있는지에 대한 너무나 생생한 사례를 보여준다. 예를 들면 무솔리니는, 민주주의는 "타락한 대중이 천박한 쾌락을 즐기는 것 외에 아무런 관심도 없는 사회 상태"(Cohen, 336)가 될 것이라는 에르네스트 르낭Ernest Renan의 불만을 인용하며, 자유주의와 민주주의에 대한 전면적인 공격만이 보다 고귀한 인간 삶을 위한 조건을 제공할 수 있다고 결론지었다. 듀이는 민주주의를 확고부동하게 지지했지만, 그 한계와 위험성에 대해서도 명확히 인식하고 있었다. 듀이가 미래의 무솔리니의 영향을 완화하기 위해 제안한 방법은 대중이 아닌 진정한 '공중'을 만드는 조건을 구축하는 것이다.

듀이는 개선론자로서, 민주주의적 열망을 강화하기 위해 결함을 인식하고 극복하려고 노력했다. 앞 장에서 살펴본 것처럼 민주주의는 단순히 특정 정치적 관행을 제도화하는 것 이상의 의미를 지닌다. 그것은 사회적 이상으로, 성장과 개인성으로 이해되는 자유와 평등을 장려하기 위한 창의적이고 실험적인 노력을 요구한다. 이러한 노력의 핵심은 좁은 선입견이나 자기 이익에 치우친 목표에서 벗어나 더 넓고 다원적이며 공동체 중심의 목표로 나아가는 것이다. 이러한 이상은 두 가지 위험한 형태의 퇴행을 강조한다. 하나는 공중의 소멸이고 다른 하나는 공중이 다수의 자기 이익 집단으로 분열되는 것이다.

공중의 문제

듀이는 리프먼의 지침을 따르며 현재 상황을 철저히 검토했다. 그 결과 경계해야 할 것으로서, '대중'에 대한 세 가지 현대적 경향을 식별하는 내용이 나왔다. (a) 너무 편협한 공중, (b) 너무 분산된 공중, (c) 너무 산만한 공중이 그것이다. 이러한 유형의 공중이 진정한 민주적 생활에 미치지 못한다고 판단하기 위해서는 듀이가 제시한 민주적 공동체의 모범적인 공중을 식별할 기준이 필요하다. 듀이는 두 가지 지침을 제시한다. "공중의 조직화가 달성된 정도와 공직자가 공익을 돌보는 기능을 수행할 수 있도록 구성된 정도"이다(LW 2:256).

국가가 최소한 민주적 우수성에 대한 형식적 요구를 충족하려면, 이 두 요소를 같이 가지고 있어야 한다. 시민들은 공동체 생활의 참여자라는 감각을 가져야 한다. 공중은 공공 정책을 이끄는 데 실질적인 영향을 미칠 수 있도록 조직되어야 한다. 게다가 선출된 공직자들은 중요한 정책 결정으로 인해 발생할 복잡한 전체 결과를 인식해야 한다. 그들은 많은 사람들이 원하는 특정 목적이 달성될지 여부뿐만 아니라, 다양한 사회적 결과에 민감해야 한다.

이 두 가지 기준에서 공통된 주제가 드러난다. 실질적인 조직과 함께, 이상에 대한 인식이 있어야 한다. 오직 그럴 때에만 공동체는 이상에 부합하는 관행을 확립하는 데 필요한 에너지를 활용할 수 있다. 이상이 없으면, 조직은 사회의 복지에 반하는 관행으로 전환되는 경향이 있다. 조직이 없으면 이상이 실제로 구현될 가능성은 희박하다. 듀이가 언급한 세 가지 왜곡된 공중은 이러한 이상과 조직의 결합이 이루어지지 않은 여러 방식들을 나타낸다.

편협한 공중

현재 상황의 한 가지 문제점은 '공중'이 없다는 것이다. 공중은 편협한 자기 이익에 몰두한 여러 집단으로 분열되었다. 정책에 대한 영향은 이러한 공중들이 기회와 권력을 부여받은 후 전체 사회에 심각한 영향을 미치는 불행한 결정을 내린다는 것이다. 듀이는 아마도 편협하고 정보가 부족한 시민으로부터 나올 수 있는 공공 정책 결정의 사례로 금주법과 스콥스 재판을 들었을 것이다. 이러한 정책의 확산은 민주주의를 비판하는 사람들에게 힘을 실어준다. 특별한 통찰을 가지고 있어, 통치할 자격이 있다고 여겨지는 특권층의 반민주적 대안은 언제든지 고개를 들 준비가 되어 있다.

> 인간의 기원에 대한 고대 히브리인의 전설이 과학적 탐구의 결과보다 더 권위있다고 법으로 결정하려는 시도는 전문적 탐구에 의해 지도되는 전문가가 아니라, 정치적 목적으로 조직된 공중이 문제의 최종 심판자이자 중재자가 되어야 한다는 통념이 받아들여질 때 일어날 수밖에 없는 전형적인 사례로 언급될 수 있다. (LW 2:313)

그러면 이상/조직의 공생이 해체될 수 있는 첫 번째 방식은, 사회를 구성하는 다양한 공중이 분열되어 갈라짐으로써, 폭넓은 이상을 공유하는 국가적 공중을 구성할 수 없는 경우이다. 협소한 공중은 종종 공동체의 이상과 어긋나거나, 사회 전체에 강요되는 자기 이익에 지나치게 몰두하게 된다.

분산된 공중

민주적 공중으로부터의 두 번째 일탈은 시간, 능력 그리고 관심의 제한과 더불어 현대 문제의 복잡성 확대로 인해 발생한다. 이러한 공중은 정책 결정에 심각한 영향을 미치기에는 너무나 정보가 부족하고 조직되지 못한 상태이다.

> 기계 시대는 간접적인 결과의 범위를 매우 크게 확장하고, 다수화하며, 강렬하게 하고, 복잡하게 만들었다. 이는 공동체 기반보다는 비인격적인 기반에서 엄청나고 통합된 행동 연합을 형성하여, 그 결과로 만들어진 공중이 스스로를 식별하고 구분할 수 없게 만들었다. (LW 2:314)

그리스의 폴리스나 제퍼슨의 농업 민주주의는 '전지전능한 시민'이라는 개념을 어느 정도 진지하게 받아들일 수 있었다. 그러나 현대 사회의 조건은 그러한 '전지전능'을 점점 더 희귀하게 만든다. "민주적으로 조직된 공중의 문제는 이전 시대의 정치적 문제와는 비교할 수 없는 정도로 주로 그리고 본질적으로 지적인 문제이다"(LW 2:314).

공중을 대신해 온 것은 동일한 법률 체계에 종속되고, 국가의 지리적 경계 내에 사는 느슨한 시민 집합체이다. 이들은 자유와 평등이라는 공유된 이상에 대한 막연한 인식과 충성을 갖고 있을 수 있다. 그러나 현대의 문제를 이해하고 이러한 이상을 바탕으로 문제를 해결하는 데는 그 능력이 제한적이다.

공중이 긍정적인 참여 세력이 되기 위해서는 민주적 이상을 새로운 상황에 적용해야 한다. 우리는 자유와 평등의 이상을 둘러싼 몇 가지 어려움을 이미 살펴보았다. 현대 생활의 복잡성이 이 문제를 더욱 악화시킨다. 중요한 공공 문제, 예를 들면 (듀이가 언급한 몇 가지를 들면) 적절한 주택, 이민, 도시 계획, (새로운 일부 문제를 거명하면) 군비 통제, 오염, 채무국, 난치병을 헤아릴 수 없는 무능력이 공중을 점점 더 혼란스럽게 하고 분산시킨다. 공중은 민주적 약속을 실현하는 정책을 촉진하는 강력한 힘이 되기보다는, 과거의 그림자로 축소되어 버린다. 공중은 너무 자주 분리되고 모호한 이상에 대한 충성으로 느슨하고 모호하게 결합되어 있다. 그 결과 공중의 이상이 일상생활의 지나칠 정도로 복잡한 상황 속에서 완전히 구현되지 못하기 때문에, 민주적 실천은 활력을 잃는다.

산만한 공중

듀이는 편협한 공중과 분산된 공중 외에 세 번째 일탈인 산만한 공중을 지적했다. 그는 민주주의가 '믿음'에 기초하고 있음을 기꺼이 인정했다. 듀이는 민주주의를 "인간 본성의 역량에 대한 믿음, 인간 지성과 집단의 협력 경험의 힘에 대한 믿음"으로 규정했다(LW 11:219). 이러한 믿음은 위태로우며 가장 좋은 시기에도 널리 받아들여지지 않는다. 특히 여러 산만한 요소들이 넘쳐나는 시대에는 지적 에너지가 분산될 때 그러한 믿음은 심하게 압박받는다. "이제 막 시작 단계에 있는 공중의 구성원들은 일뿐만 아니라 즐거움을 누릴 방법이 너무 많아서 실질적인 공중을 조직하는 데 많은 생각을 할 여유가 없다"(LW 2:321).

직업적 압박의 증가는 텔레비전, 영화, 라디오, 자동차 등 끊임없이 매혹적인 요소들과 같이 현대 사회의 필수적인 부분을 이룬다. "이러한 것들이 정치적 관심에서 주의를 돌리려는 의도적인 욕구에서 비롯된 것은 아니지만, 그것들이 그 방향으로의 효과를 줄어들게 하지는 않는다"(LW 2:321). 듀이처럼 민주주의에 대한 헌신이 강한 사람에게 "대부분의 집단에서 정치적 주제로 대화를 지속하는 것은 어렵다는 것을, 그리고 일단 시작하면 바로 하품과 함께 사라져 버린다"(LW 2:321)는 사실을 인정하는 것은 분명히 실망스러웠을 것이다. 인간 본성과 그 지성에 대한 민주적 신념은, 그 힘든 일을 "자동차 브랜드의 구조와 성능, 또는 여배우의 각각의 장점"(LW 2:322)에 대해 사람들이 상대적으로 쉽게 논의를 지속하는 것과 비교할 때, 심각하게 시험받는다.

에스라 파운드Ezra Pound, 조반니 젠틸레Giovanni Gentile, 무솔리니 Benito Mussolini 같은 인물들이 듀이가 묘사한 지적 상황을 살펴본다면, 그들은 한 가지 해법, 즉 민주주의를 잘못된 비현실적인 이상으로 간주하고 거부할 것을 제시했을 것이다. 인민은 실제로 '대중'이며, 계몽된 지도자에 의해 지도되어야 한다는 것이다. 반면에 듀이는 민주주의 단점에 절망하지 않으며, 문제를 한번에 해결할 수 있는 급진적인 처방을 내놓지도 않는다. 그의 반응은 두 가지로 나뉜다. (1) 근대성과 연결된 한계를 벗어난 재구성된 민주주의 이론을 제시한다. (2) 민주적 공동체에 필요한 공중이 스스로 부활하려면 해결해야 할 요소들에 대해 구체적인 제안을 한다. 첫 번째는 앞서 논의되었고, 두 번째는 현재 논의 중인 주제이다.

공중을 되살리기 위한 조건

듀이는 리프먼의 『유령 공중』에 대한 서평에 '실용적 민주주의'라는 제목을 붙였다. 이 제목은 '순수' 민주주의에 대한 매디슨과 같은 우려에 대해 듀이가 민감하게 반응했음을 보여준다. 또한, 이 제목은 듀이가 간절히 바라는 소망을 나타내고 있다. 즉, 그것은 민주주의 이론에 뼈와 살을 넣어서 인간 실천 속에서 활기찬 존재로 만드는 것이다. 듀이적 의미의 '비판', 즉 철학은 건강한 민주주의를 실현하는 데 도움이 되는 수단이다. 듀이에 따르면 리프먼 역시 민주주의적 열망을 스스로 부정하기 위해 비판한 것이 아니었다. 오히려 리프먼의 비평은

불필요한 부분을 쳐낸 절제된 민주주의 이론에 대한 신념의 진술로서, 그리고 절대적이지는 않지만, 과장되거나 통제되지 않은 공중과 그 권력에 대한 개념 아래에 작동하는 민주주의보다는 최소한 훨씬 더 나은 합당한 민주주의 개념이 작동할 수 있는 방법을 제시한 것으로 읽힐 수 있었다. (LW 2:213)

리프먼의 목표에 대한 듀이의 설명은 마찬가지로 듀이 자신의 목표를 설명한 것이기도 하다. 그 또한 "합당한 민주주의 개념이 제대로 작동할 수 있는" 조건을 조성하려 했다.

철학자의 과제는 민주적 삶이 번영할 현실적인 기회를 가질 수 있도록 지적 틀을 제공하는 것이다. 듀이의 언어로 표현하자면, 근본적인 도전 과제는 '거대 사회'를 '거대 공동체'로 전환할 수 있는 지도를 제공하는 것이다.

'거대 사회'라는 표현은 1914년에 출판된 그레이엄 월러스의 영향력 있는 책 제목에서 가져 온 것이다. 월러스는 이 표현을 사용하여 역사적, 기술적 변화에 의해 형성된 새로운 환경을 나타내고자 했다. 이 새로운 환경은 지리적으로 크고 분산된 국가들을 가능하게 했다. 그러나 그것은 동시에 평범한 시민들의 통제를 벗어난 환경을 만들어내는 것처럼 보였다. 개인의 삶에 영향을 미치는 요인들은 멀리 있고, 고도로 전문화되었으며, 관료나 기술자 계급의 통제 아래에 있다. 이렇게 복잡하고 기술적으로 발전된 문회의 존재는 공중의 역할을 재고할 필요를 야기한다. 어떻게 민주주의, 즉 공중의 손에 있는 권력이 거대 사회에서 실질적인 실천으로 변화될 수 있을까?

듀이의 대답은 활기차고 참여적인 열렬한 공중을 육성할 수 있는 조건을 설명하기 위한 시도이다. 그는 이러한 이상이 절대적으로 달성될 수 있다고 생각할 만큼 순진하지 않았다. 이미 우리는 그가 공중의 실패에 대해 민감하다는 것을 보았다. 그러나 그는 이것이 민주주의로 알려진 발전적인 지속적 실험을 이끄는 이상으로 남아야 한다고 생각했다. 이러한 이상은 적어도 시민들에게 올바른 책임감을 부여하는 장점이 있다. 그러나 거대 사회가 공중의 분열, 확산, 산만함을 촉진한다면, 그것의 재구성은 어떻게 할 수 있을까?

듀이에게는 민주적 삶에 적용하고자 하는 여러 요인을 가지런히 조정하는 하나의 용어가 있다. 그것은 의사소통4이다. 이 용어는 듀이의 분석에서 중요한(어떤 이들은 엄청 중요하다고 할 수 있는) 의미를 지닌다. 이를 이해하기 위해서는 주로 어원적인 의미에서 접근해야 한다. '의사소통communication'은 더 통합된 상태로 나아가는 과정을 의미한다. 이러한 듀이의 용법에는 연대를 장려하는 것과 관련된 모든 활동들을 포함한다. 그것은 사회적 상호작용의 단일한 방식이나 방법을 지칭하는 것이 아니다. 그것이 시사하는 것은 다면적인 조화를 이루어 가는 과정이다.

> 공통common, 공동체community, 의사소통communication 사이에는 단순한 언어적 유대 이상의 것이 존재한다. 사람들은 그들이 공유하는 것들을 통해 공동체에서 살아간다. 그리고 의사소통은 그들이 공통하는 것들을 소유하게 되는 방식이다. 그들이 공동체나 사회를 형성하기 위해 반드시 공통적으로 가져야 하는 것은 목표, 신념, 열망, 지식, 즉 공통된 이해, 사회학자들이 말하는 '동질성likemindedness'이다. (MW 9:7)

---

4 **역주:** 듀이의 '의사소통'은 단순한 정보 전달을 넘어, 사람들 간의 공통된 이해를 형성하고 사회적 연대를 증진시키는 통합적인 과정을 의미한다. 이러한 의미는 이전의 3장. '민주주의'의 3절 제목인 '공유되며 소통되는 경험'에 반영되어 있으며, 듀이의 예술론을 다루는 이 책 6장 3절 '상상력, 의사소통 그리고 표현'에서도 나타난다. 듀이에게 예술은 사회적 삶 속에서 존재하며 사회적 삶 속의 이상은 보다 잘 실현되기 위해 탐구되어야 하는 공동의 노력을 요구하고, 이 과정을 듀이는 '의사소통'이라고 불렀다. 다른 한편으로 듀이의 '의사소통'은 형이상학적 차원에서 평가될 수 있다. 『경험과 자연』에서 듀이는 의사소통이 협력, 지배, 규율을 위한 수단이자 완성(LW 1:157)이라는 점에서 도구적일 뿐만 아니라, 인간 경험을 풍요롭게 하고 의미를 부여하는 완결적인 경험이기도 하다고 언급했다. 듀이는 이와 같은 의미에서 의사소통이 모든 사건들 중에서 가장 놀라운 하나라고 하였다(LW 1:132-133).

공동체의 전제 조건인 '동질성'은 더 이상 당연하게 받아들여질 수 있는 유산이 아니다. 원스럽의 그것과 같은 보다 결속된 사회는 공통된 신념, 열망, 경험을 바탕으로 사회를 구축할 수 있었다. 그러나 현대의 복잡한 사회에서 이러한 동질성은 주어지는 것이 아니라 성취해야 할 결과이다. 이런 이유로 '의사소통'은 듀이의 민주주의 이론 재구성에서 특별한 역할을 한다.

듀이가 염두에 두고 있는 '의사소통'은 '공통된 이해에 대한 참여'를 보장할 수 있는 것으로, 이는 "기대와 요구에 대한 반응 방식과 같은 유사한 감정적, 지적 경향성을 보장하는 것이다"(MW 9:7). 이처럼 사실상 국민적 성격, 즉 특정 방식으로 행동하고 반응하는 습관적인 경향성을 조성하려는 이상은 민주적 삶에 관한 듀이의 생각을 인도하는 것이다. 만약 이러한 형태의 동질성이 부재하다면, 일정한 지리적 경계 내의 거대한 인구는 단순한 집합체에 불과하다. 이 집합체는 아직 공동체로 전환되지 못하였다.

여기서 제기되는 질문은 듀이의 낙관주의가 그에게 과하게 작용한 것은 아닌지 여부이다. 만약 민주주의가 실험 이상의 것으로 간주된다면, 그것이 항상적으로 성장하는 과정이 아니라 고정적이고 최종적인 사회적 배열로서 여겨진다면, 이 질문은 정당할 수 있다. 그러나 듀이의 거대 공동체는 결코 완벽하게 실현되지 않을 것이다. 그 이상의 투영이 하는 역할은 노력과 책임을 특정 방향으로 이끄는 것이다. 그러나 이 이상을 제시함으로써 노력과 책임을 특정한 방향으로 유도할 수 있다. 순진한 낙관주의는 실제로 불가능할 수 있지만 현실적인 희망은 그렇지 않다.

듀이는 의사소통에 초점을 맞추면서 인간의 에너지를 안내할 수 있는 채널을 개척한다. 구체적으로 말하면, 듀이는 세 가지 방식으로 민주적 시민에 이의제기한다.

1. 시민은 현재보다는 과거와 더 부합하는 가치 체계를 장려하는 낡은 상징주의를 수정해야 한다.
2. 2장에서 설명한 '실험적 방법', 즉 조작 중의 지성의 방법을 사회적, 정치적 문제에 적용해야 한다.
3. 뉴스를 수집하고 전달하는 과정을 하나의 예술로 인식하고, 예술적 가치에 비추어 이를 개혁해야 한다.

새로운 상징의 필요

거대 공동체의 이상이 공유되려면 우선 이상에 대한 이해가 이루어져야 한다. 이전 장에서 보았듯이, 민주주의 이상은 근대 철학에서 지배적이었던 개인주의적 가정들과 분리될 필요가 있다. 이러한 개인주의 가정들이 실천에 흡수되면, 공동체의 분열과 집합체의 형성을 촉진하는 경향이 있다. 20세기에 들어서서 이러한 가정들은 공공생활에 깊이 스며들어, 오도하는 이상을 더욱 조장하는 이미지로 구현되었다.

잡지 표지, 광고 문구, 정치적 구호, 텔레비전 토크쇼의 담론 등에서 우리는 근대성에서 물려받은 상징들을 어디서나 볼 수 있다. 부, 명성, 자기 이익, 자율성, 권력, 젊음 등은 우리 문화에서 중요한 지표로 여겨진다. 이러한 상징들은 자동적으로 명예로운 것으로 간주되어, 그것들을 접한 사람들의 관심과 충성을 끌어낸다. 새로운 상징이 두드러지게 나타나기 전까지 심각한 변화는 일어나지 않을 것이다. "상징은 감정과 사고를 지배하며, 새로운 시대에는 그 활동과 일치하는 상징이 존재하지 않는다"(LW 2:323).

20세기에 우리의 존재를 지배해온 상징적 구현은 일관된 유산을 형성한다. 이 구현은 탐정 필립 말로우, 서부의 고독한 영웅 셰인, 방종을 찬양하는 인기 TV 프로그램에서 부유한 경영인을 떠받드는 것까지 걸쳐 있다. 이 인물들은 실재하든 허구적이든 특정한 인간 삶의 이상의 반영으로서 그리고 그 이상을 추구하도록 하는 조장으로서 나타난다. 이들을 하나로 묶는 것은 개인성이 아닌 개인주의의 가정이다. 이들은 가족 관계, 사회적 관계, 문화적 유산으로부터 분리되는 방식으로 묘사된다. 그들은 고정된 목표를 세우고, 목표를 달성하는 수단에 대해 까다롭게 따지지 않는다. 그들은 자신의 길을 가는 경향이 있으며, 공공 기관과의 복잡하고 까다로운 절차에 적대적이지는 않더라도 비판적이다. 또한 그들은 무엇을 해야 하는지에 대한 자신의 관점에 따라 문제를 바로 잡으려 한다.

대체 상징, 예를 들면 부의 세계에서는 족적을 남기지 않지만 자녀를 깊이 사랑하고 잘 키우는 아버지, 매년 초기 공동체를 만들어가는 교사, 대를 이어 같은 땅을 경작하는 가족, PTA 자원봉사자 등 이 모든 사람들은 공유, 공동선, 자기희생, 타인에 대한 배려, 협력의 이상을 구현할 수 있지만, 그 밖의 더 눈에 띄는 상징들에 의해 가려져 있다. 앞 장에서 보았던 것처럼 '애착'이나 '연결'과 같은 낱말은 사회적 선을 실현하기 위한 더 큰 능력을 갖기 위해 협력하는 의미보다는 제한적인 의미를 더 쉽게 연상시킨다.

로버트 벨라Robert Bellah와 그의 동료들은 최근 몇몇 저작에서 이러한 대체 상징주의의 재구성을 시작했다. 그들은 미국의 유산이 19세기 이후 지배적이었던 공리주의적 개인주의 외에도 풍부하다고 지적했다. 그들이 (청교도의 공동체 정신과 관련된) '성서적'인 것과 (제퍼슨의 참여적 시민 이상과 관련된) '공화주의적'인 것으로 불리는 이전 전통들은 미국의 공동체적 의식 속에서 제자리를 찾아야 한다고 강조한다 (Bellah, 1986, 28–32).

이러한 작업은 대중예술로 구현될 경우에만 실질적인 영향을 미칠 수 있을 것이다. 듀이에게 있어 대중예술은 공동체 생활에서 중립적인 요소가 아니다. 지적이고 예술적인 공동체가 새로운 상징을 창조하지 않으면 생명력 있는 공중은 형성될 수 없다. 이 상징들은 공동체에 보다 민감한 민주주의 해석에 부합해야 한다.

조작 중의 지성

우리 삶을 지배하는 상징을 개혁하려는 시도는 공중을 회복하는 데 필요한 요소들 중 하나일 뿐이다. 이것은 참된 민주적 이상에 집중하는 데 도움이 될 수 있지만, 사람들이 성찰하고 숙고하는 방식의 개혁이 함께 수반되어야 한다. 듀이가 말하는 '실험적 방법' 또는 '사회적 지성' 또는 '조작 중의 지성'은 민주적 공동체에서 습관화되어야 하는 일종의 활동을 정의한다. 비민주적인 숙고 방법으로 실제로 구현되는 민주적 원칙은 단편적이고 좌절된 민주주의의 청사진을 제시하게 된다.

민주주의에서 시민들의 주요 관심사는 법과 판례가 현재의, 종종 새로운 상황에 어떻게 적용되는지 결정해야 하는 법률가의 관심사와 유사하다. 민주적 공중과 관료들은 지도적 이상에 비추어 즉각적인 관심 문제를 다루어야 한다. 이러한 작업은 부적절한 인식론적 가정이 주어질 경우, 절대주의적인 정치적 의제로 쉽게 변질될 수 있다. 만약 진리의 문제가 기존의 해결책을 명확하게 이해해야 할 정신의 필요로 환원된다면, 자기만족, 확실성에 대한 주장, 권위주의에 대한 유혹이 생길 가능성이 높다. 우리가 이미 살펴보았던 것처럼 경험적 자연주의는 한 가지 대안, 즉 비판의 책임에 참여하고 있는 사회적 지성을 제시한다.

정치적 탐구는 '관념', '개념', 또는 심지어 '외부' 대상을 검토하는 '정신'의 모델에 입각해서 생각되어서는 안 된다. 성찰을 개념의 직접 분서으로 간주하는 지식의 지배적인 이론들은 지적 에너지를 비생산적인 영역으로 전환시킨다. 특정한 '문제'는 잘못된 철학적 가정의 결과로서 발명된다. 예를 들면, '권위'와 같은 개념들은 '자유' 개념에 대립하며, '개인 권리'의 관념은 그 반대 개념인 '사회적 의무'와 대비되어 검토된다. 이는 철학적 스포츠이다. 즉, 추상적인 순수한 상태에서 양립 불가능한 것으로 설정될 수 있는 개념들에 대한 분석이다. 그러나 이러한 철학적 놀이는 "경험적 사실에 대한 가정적인 설명적 참조"만을 제공할 뿐이다.

정치적 문제를 철저히 효과적으로 사고하기 위해 필요한 것은 오히려 "주어진 조건에서 특정한 자유와 권위의 분배 결과에 대한 탐구"와 "변화된 분배가 더 바람직한 결과를 낳을 수 있는지에 대한 탐구"이다(LW 2:356). 갈릴레오적 정화는 개념 분석으로 알려진 철학적 놀이에 더 잘 적응할 수 있도록 개념을 순수하게 분리하도록 할 것이다. 이에 대신하여, 경험적 자연주의는 실제 관행이, 즉 순수 분리된 개념들의 혼합된 현시가 어떻게 실행되는지를 탐구하도록 촉구한다. 그런 다음 이러한 결과는 조사하여 그것들이 민주적 열망을 촉진하거나 억제하는지를 검토하는 것을 판단할 수 있다.

듀이는 여기서 철학의 표준 절차 방식에 강력한 도전을 시작하고 있다. 철학자들은 종종 자신의 역할을 개념 분석으로 생각해왔다. 듀이가 지적하는 것은 그러한 접근법이 지닌 불모성이다. 예를 들면, 예술에 관심이 있는 철학자는 '유용함'과 '아름다움' 개념을 검토하여 이 두 개념이 완전히 양립할 수 없다는 결론에 도달할 수 있다. '유용하다'는 관념은 아름다운 것이 아니며, '아름답다'는 관념에는 유용성에 대한 어떤 흔적도 없다. 그러나 실제 세계에 대한 관찰은 두 개념이 서로 배제하지만, 이들의 혼합 또는 하이브리드화는 삶의 사실임을 드러낸다.

듀이는 개념을 분석하기 위해 물러나는 철학자의 모습을 거부하며, 숙고의 과정을 보다 더 정확하게 상징하는 것으로서 조작에 종사하는 예술가의 사례를 선호한다. 예를 들면, 셰이커 장인들은 '아름답다'는 관념과 '유용하다'의 관념 간의 관계에 관심을 두지 않았다. 대신 그들은 특정 기능에 비추어 다양한 나무, 디자인, 형태를 갖고 하는 작업의 결과를 검토했다. 경쟁 개념의 양립 불가능성을 걱정하지 않고, 그들은 아름다움과 유용성을 모두 구현한 의자와 탁자를 만들 수 있었다.

예술가들이 묻는 질문과 그들이 수행하는 실험은 듀이가 민주적 삶에 필요하다고 여기는 의사소통의 필수요소라고 믿는 탐구 모델을 대표한다. 민주적 이상은 유산으로 물려받을 수 있다. 어떤 사람들은 민주주의 이상에 대한 충성을 자동적으로 가정할 수도 있다. 그럼에도 이러한 이상들이 단순히 명예로운 환상 이상이 되려면, 공중은 일상적인 실천에서 그것들에 생명을 부여해야 한다. 시행 중인 지성의 틀 안에서 수행되는 사회적 탐구는 그러한 프로젝트를 장려할 수 있다.

듀이가 지적한 대로 관심의 초점은 다양한 관련 활동의 결과로 어떤 결과가 발생할지 결정하는 것이다. 적절히 지도된다면 어떤 제도와 조건이 민주적 이상을 가장 잘 실현할 수 있는 수단을 형성할 것인가? 관련된 활동의 특정 패턴이 실제로 초래하는 결과는 무엇인가? 이러한 결과들이 민주적 삶의 특징이 되어야 하는 역량으로서 전방위적 성장, 다면적인 참여, 실질적인 자유를 위한 기회를 극대화할 것인가?

이러한 종류의 과정들은 관념에 대한 직접적인 통찰을 추구하는 고립된 사상가에 의해 수행될 수는 없다. 그것들은 사람들이 함께 일하고 정보를 수집하며 가설을 제시하고 전문가의 의견을 들으며 입장을 토론한 결과물이다. 이는 혼란스럽고, 실망스러우며, 너무 자주 불운한 일이다. 그러나 그것은 우리가 가진 최고의 것일 수도 있다. 그것은 분명히 민주적 실천에 가장 기여하는 지성의 방법이다. 듀이의 관점에서, 보증된 주장을 형성하는 데 가장 적절한 인간 방식은 진리에 대한 직접적인 대면이나 통찰이 아니라 사회적 지성이다. 이 점에 대한 광범위한 인식이 없이는 공동체를 만들 기회는 희박하다.

경험적 자연주의의 과도한 관심은 항상 선에 대한 관심이다. 정치적 담론에서 이는 시민들의 복지에 대한 관심으로 번역된다. 그러한 관심은 지적 계획에 대한 선험적인 약속을 거부하는 정치 이론에 대한 태도와 조화를 이루기 때문에 중요하다. 우리가 살펴본 것처럼 '비평'은 조건과 결과를 검토한다. 사회·정치철학을 위한 적절한 시작은 이데올로기 순수성에 대한 헌신도, 어떤 결과가 나오더라도 유지되어야 하는 사전에 결정된 정치적 구조에 대한 헌신도 아니다. 고정된 사전의 이데올로기적 결론이나 제도(예를 들면 생산 수단의 사적 소유 금지)에 대한 우상화는 이론의 순수성이 시민들의 복지보다 우선시되는 상황을 너무 쉽게 초래할 수 있다.

과거 철학자들은 세계사적 선언, 역사에 대한 거창한 해석, 또는 절대적 기초 확신에 대한 확고한 충성을 추구하는 경향이 있었지만, 듀이는 사회적 지성이라는 보다 온건한 절차를 제안한다. 참된 자유와 평등처럼, 이 지성은 길러야 할 산물이지, 전면적으로 사전에 존재하는 것이 아니다. 검열이 폐기되면 사회적 지성으로서 자유로운 탐구가 단순히 나타날 것이라고 믿는다면, 민주 시민들은 스스로를 오도하게 될 것이다. 검열의 부재는 자유로운 탐구를 위한 기회일 뿐, 그것에 대한 충분한 조건이 아니다.

> 사고와 그것의 소통이 과거에 존재하던 법적 제한이 사라졌기 때문에 이제 자유롭다는 믿음은 터무니없다. … 형식적 제한의 제거는 단지 소극적인 조건일 뿐이며, 적극적인 자유는 상태가 아니라 조건의 통제를 위한 방법과 도구를 포함하는 행동이다. … 그러나 지적 자유가 존재하지 않는 곳에서 그것에 대한 믿음은 실질적 예속에 대한 자기만족, 조잡함, 피상성 및 관념을 대신

하는 감각에 대한 의존을 초래한다. 이들은 사회적 지식과 관련하여 우리 현재 상태의 뚜렷한 특성에 기여한다. (LW 2:340)

'정신'이 '관념'에 직접적으로 대면하는 것으로 상정하는 오래된 인식론은 그러한 대면을 금지하는 제한의 부재를 자유로운 탐구와 동의어로 간주할 수 있었다. 이러한 계획 내에서 제한의 해악이 제거되면 바로 자유로운 탐구를 얻을 수 있다고 보았다. 그러나 이는 이전 장에서 논의된 실질적인 자유의 상황과 유사하다. 듀이는 우리가 낡은 신념에 의해 인도되는 한, 민주적 열망이 진전되기는커녕 오히려 지체될 것이라고 생각한다. 공동체는 참여적이고, 임시적이며, 시행 중인 지성의 실험적 성격이 사회적 탐구에 대한 적절한 접근법으로 인식되기 시작할 때 생성될 것이다. 그러나 이러한 접근법은 단순히 거기에 존재하는, 제약이 제거될 때 완전하고 완벽하게 드러날 준비가 되어 있는 것은 아니다.

다른 건강한 활동과 마찬가지로, 사회적 지성을 개발하고 유지하려면 연습을 해야 한다. 지배적인 인식론은 실제로 필요한 것, 즉, "지향적인 탐구의 도구로 사용되고 실제 사용에서 검증되고 수정되고 성장하게 하는 개념"(LW 2:340)을 무시함으로써 이러한 개념의 발전을 좌절시킨다.

듀이에게는 개념, 관념, 심지어 이상조차도 결코 그 자체로 목적이 아니다. 개인의 복지를 구현하고 향상시키는 완성적(consummatory) 경험5만이 그 자체로 목적이 된다. 사회적 지성은 실천이 나아가야 할 방향을 결정하는 공동의 과정이다. 이러한 종류의 지성은 진리에 대한 직접적이고 완전한 직관을 달성했다고 주장할 수 없다. 그것이 할 수 있는 일은 비판과 제안의 과정을 지속하는 것이다. 경험의 완결적 단계는 현재보다 널리 더 자주 나타나게 될 것이다.

> 민주주의는 진가를 발휘할 것이다. 민주주의는 자유롭고 풍요로운 교감의 삶을 위한 이름이기 때문이다. 민주주의에서는 그 예언자가 월트 휘트먼이었다. 자유로운 사회적 탐구가 완전하고 감동적인 의사소통의 예술과 불가분의 결합을 이루었을 때 완성될 것이다. (LW 2:350)

의사소통은 불완전할 수 있다. 그것은 듀이가 예상한 지위에 이르지 못할 수도 있다. 그럼에도 의사소통은 여전히 가치 있는 이상으로, '힘'에 의해 형성된 사회(LW 2:332)라는 대안 대신에 선호되는 대체물이다(LW 2:332).

공공 미디어

사회적 지성과 적절한 상징은 의사소통 활동에 들어가는 두 가지

---

5   **역주:** 듀이의 '완결적 경험consummatory experience'은 그의 '하나의 경험an experience' 개념 과 맞물려 있다. 하나의 경험이란, 일상 경험에서도 가능하다. 그것은 가령 오후에 누 군가를 만나거나, 저녁 식사를 하거나, 계획했던 일과를 마무리했을 때 다른 경험과 구별되는 통일적인 경험을 의미한다. 하나의 경험으로 경험이 마무리되면서 경험의 마지막 국면이 '완결적 경험'이다. 박철홍은 이 용어를 그의 역서 『경험으로서의 예술』 에서 '완결적 경험'으로 번역하였으며, 정순복은 '수렴적 완성의 경험'이라는 표현을 사용하기도 했다(정순복, 「존 듀이의 예술사상과 일상적 삶의 예술화」, 『미학』 31집, 2001년, 136쪽). 정순복의 번역은 과정으로서 예술적 경험의 완성을 설명하기 위한 것이다. 이 '완결적 경험' 개념은 듀이가 그의 의사소통 개념을 설명할 때도 등장한다(각주 4의 역 주 참조). 의사소통은 수단적인 의미와 함께, 목표, 성취로서의 완성이라는 것인데, 이 책에서 'consummatory'는 '완결적'으로 번역하여 사용한다.

요소이다. 그러나 이러한 요소들은 정보를 전파하는 실질적인 수단과 결합하지 않는다면 고립된 상태로 남아있을 것이다. 자유, 평등, 진정한 사회적 탐구의 경우처럼, 법적 제한의 제거는 그 자체로 실질적인 언론의 존재를 의미하는 것은 아니다. 실제로, 통제의 부재는 새로운 일련의 우려를 불러일으킨다. "그러나 어떤 자료가 기록되고 그것이 어떻게 조직되는지, 자료가 제시되는 지적 형식에 대해 물을 때, 들려줄 이야기는 매우 다르다"(LW 2:347).

자신의 가정을 수정하는 것은 다른 영역으로 자동적으로 확산하는 과정이다. 사회적 지성을 개발할 필요성이 인식되지 않을 수도 있다. 여러 면에서 사회적 지성에 대한 공적 요구는 어렵다. 교수들이 비의 속에 빠져들고 입문자 외에는 이해할 수 없는 용어를 사용하는 것은 얼마나 쉬운 일인가? 뉴스 수집을 맡은 사람들이 기사를 적절하게 전달하는 것보다 주어진 정보(뉴스 회견, 브리핑, 보도 자료)를 단순히 반복하거나 유명인의 삶에 대해 논평하거나 여론 조사를 의뢰하는 것은 얼마나 쉬운 일인가? 사회적 지성은 조건과 결과에 대한 검토를 요구한다. 헤드라인을 거의 넘지 못하거나 시각적 자료에만 초점을 맞춘 뉴스 보도는 민주적인 공중에 거의 도움이 되지 않는다. 그러할 때 정보 매체는 권력자에 의해 조작되기 쉬운 도구가 된다.

'뉴스'라고 불리는 것은 맥락, 역사, 또는 심지어 결과 없이 발생하는 것처럼 보이는 놀라운 돌발적인 사건들을 대부분 포함한다. 왜냐하면 이런 사건은 후속 보도가 되지 않기 때문이다. 뉴스는 종종 일상의 사건 흐름을 방해하는 것으로 여겨진다. 조건과 결과를 연결하는 내러티브가 없으면 사건은 단순히 자발적인 생성으로 나타난다. 뉴스가 이런 의미에서 '새로운 것'으로 좁게 정의되는 한, 지속적이고 제대로 기능하는 참여적인 공중은 불가능할 것이다. 뉴스의 의미는 "그것이 가져오는 것과 뉴스의 사회적 결과와의 관계"에 따라 달라진다. 이러한 중요성은 "새로운 것이 옛 것, 즉 일어난 것이면서 사건의 흐름에 통합된 것과의 관계 속에 놓여야만 결정될 수 있다"(LW 2:347).

기자 회견에서 말한 내용이나 브리핑에서 제시된 내용을 정확하게 기술하는 것이 '객관적인' 보도의 정점일 수 있다. '객관성'은 누가, 무엇을, 어디서, 언제를 기술하는 사회적 혼란의 보도에서도 보장될 수 있다. 이러한 형태의 객관성은 전통적 경험주의에서 두드러진 주체/객체의 구분에 의존한다. 주체는 주로 주어진 사실을 나열하는 관찰자로 정의된다. 그러나 이런 모델은 전체 이야기를 전달하기에는 부족하다. 뉴스 기사는 문학적 대응물과 유사하게 이해되어야 한다. 기사는 항상 역사적 맥락에 놓여 있고, 다양한 요인에서 비롯되며, 그러한 측면에서만 중요하다.

그러나 그런 기사의 전달은 어려운 작업이다. 사건은 복잡하고 청중은 다양하기 때문에 그것은 어렵다. 청중이 다양할 뿐만 아니라, 너무 자주 "대중 독자는 정확한 조사 결과를 배우고 받아들이는 데 관심이 없다"(LW 2:349). 이러한 어려움을 극복하는 방법은 내러티브를 제작하는 적절한 방식, 한 마디로 말하면 '예술'이다. "발표는 근본적으로 중요하며, 발표는 예술의 문제이다." 교육받은 공중은 심층 연구에서 제공되는 문제의 철저한 처리 방식을 요구할 수 있다. 그러나 현실적으로, "사회학이나 정치학의 계간지 일간지에 불과한 신문은 분명히 한정된 발행부수와 좁은 영향력을 가질 것이다."

언론인은 듀이의 민주공화국에서 매우 특별한 역할을 맡고 있다. 그들은 깊이 있으면서도 광범위한 청중이 이해할 수 있는 글쓰기 능력을 키울 경우 이 역할을 수행할 수 있다. 물론, 이는 어려운 도전이다. 그럼에도, "문학적 표현에서의 예술가의 해방은 ··· 사회적 탐구의 해방만큼이나 공공 문제에 대한 적절한 의견 형성에 바람직한 창조의 전제 조건이다"(LW 2:349).

이러한 듀이적 이상과 대조되는 현실은 뉴스 조직이 직면하고 있는 현실이다. 뉴스 조직은 인원 제약이 있고, 성공과 펀딩을 위해 인기에 의존하며, 과거의 인식론에 동조하는 '객관성'과 뉴스 선정 개념에 전념하고 있다. 언론인들은 너무 자주 자신을 중립적이고 단순히 사건을 반영하는 무사심한 관찰자로 간주한다. 이러한 그림은 듀이가 열심히 탈피하려 했던 근대의 '관찰자 지식론'을 모델로 한다. 적어도 인론인들은 어떤 뉴스를 전할지, 그것들을 어떤 순서로 배열할지, 각각의 뉴스에 얼마의 시간/공간을 배정할지 결정하는 순간 결코 '객관적'이지 않으며, 그들은 가치 판단을 한다는 사실을 깨달아야 한다.

언론인은 민주주의의 성공에 결정적이라고 널리 인정받고 있다. 그러나 이론과 자원의 제한은 그들이 수행할 수 있는 역할을 방해한다. 기술 저널에서 서로 소통하는 전문가 계층과 "범죄, 사고, 가족의 대립, 개인 간의 충돌 및 갈등"의 일일 요약판을 접하는 대다수 시민 간의 경직된 구분 위에 실질적인 공중을 구축할 수는 없다(LW 2:347).

실질적인 공중

실질적인 공중은 일반적 이상과 현대적 관심사에 관한 지속적인 담론에 참여하는 공중을 의미한다. 작용 중인 지성 회로에는 다음과 같은 다양한 요소를 포함하고 있다.

1. 기본 원칙에 대한 인식
2. 다양한 행동의 결과에 대한 주의
3. 현대적 문제에 대한 정보
4. 사회적 탐구 결과의 전파
5. 이 모든 것을 사회적 변화의 도구로 전환하기

민주주의는 끊임없이 형성되고 있는 연합의 형식이기 때문에 작동하는 지성의 전체 회로는 중요하다. 특정한 제도와 법률이 완벽한 민주주의를 확립했다고 믿는 신념, 안주는 민주적 삶의 적이다. 그러한 안주가 초래하는 결과는 사회적 복지를 향상시키기 위한 노력이 감소하는 것이다. 민주주의가 최종적으로 제자리에 정착되어 있다는 믿음은 우리의 노력을 느슨하게 하고, 결점을 용서하며, 항상 조건과 결과를 살펴보라는 듀이의 이의제기를 무시하려는 강력한 유혹이다. 너무 자주 남는 것은 단지 민주적 삶이 부와 권력이라는 자기 이익을 추구하는 사회를 만드는 것에 불과하다는 믿음이다.

듀이는 참된 민주적인 삶의 확립이 어려울 것이라고 생각했다. 그의 관심은 항상 시민들이 개인적으로 성장하고 공동체에 참여할 수 있는 적절한 조건을 갖추는 것이었다. 이러한 이상은 항상 실제 상황을 바라본다. 그것은 이 이상을 염두에 두고 기존의 법과 제도를 검토한다. 이러한 태도 때문에 듀이는 철학자들이 자주 선호하는 절대주의적이고 시대를 초월한 발언을 할 수 없었다. 예를 들면, 그는 생산수단의 사적 소유가 폐지되자마자 노동계급에 대한 억압이 끝날 것이라고 교조적으로 주장하는 모습을 찾을 수 없다. 또한 국가의 역할이 외부 위협으로부터의 보호와 내부 질서를 위한 대비로 제한된다고 주장하는 것도 아니다.

그가 할 수 있는 것은 경험적 자연주의에 따라 누적되는 변형된 이론을 명확하게 설명하는 것이다. 그는 그것에 이어 민주적 열망을 증진하기 위한 구체적인 제안을 제시했다. 우리는 듀이가 지나치게 낙관적이었다고, 반세기가 지난 이후에도 민주적 삶의 실현은 가까워지지 않았다고 주장할 수도 있다. 그럼에도 그는 개선을 위한 그때그때의 작은 수정들이 거창하지만 더 위험한 반민주적 대안보다 더 나은 방향을 제시하기를 바랐다. 시민들은 '대중'으로 기울어질 수도 있고 '공중'으로 기울어질 수도 있다. 듀이의 정치 철학은 후자를 장려하기에 적합한 조건을 명확히 나타내고자 한다.

JOHN DEWEY

교
육
하
기 │ 5장

Rethinking
Our Time

5장

교육하기

Educating

간명한 신조

듀이가 버몬트주 벌링턴 학교에 처음 입학했을 때, 학급은 그에게 상당히 큰 규모로 다가왔다. 한 학급에 54명의 학생이 있었으며, 학생들의 나이도 7세에서 19세까지 다양했다. 이는 1867년의 일로, 당시 미국에서는 학교를 개선하려는 노력이 진행 중이었다. 이듬해에는 개혁가들의 노력 덕분에 듀이는 보다 중앙집권적인 체제의 학교에 다니게 되었다. 새로운 제도는 도시 전체의 교육 기준을 통일하려는 목표를 가지고 있었다. 그 대표적인 것 가운데 하나는 나이에 따라 학급으로 분류하는 것이었다. 그럼에도, 이 시기의 연구들은 교육 관행에 여전히 내재된 한계들을 보여준다. 한 보고서에 따르면, 대부분의 학생들에게 학습은 반복과 암기, "생기 없고, 단조로운 음절의 낭송에 불과했다"(Dykhuizen, 187). 당시 널리 퍼진 구호 중 하나는 "소년을 가르칠 때, 그들이 싫어하는 것이라면 무엇을 가르치든 상관없다"는 것이었다(MW 9:141).

듀이가 세상을 떠날 무렵, 즉 그가 입학한 지 85년이 지난 시점에는 교육 제도에 극적인 변화가 있었다. '진보 교육'이라는 이름으로 이루어진 변화들이 모두 듀이의 견해와 일치한 것은 아니었지만,[1] 민주주의 사회에서 교육의 본질을 다시 생각해야 하는 과제에서 듀이가 중심적인 인물이었음은 널리 인정되었다. 그의 역할은 다음과 같은 간명한 신조에 의해 설명될 수 있다. "가장 현명하고 훌륭한 부모가 자기 자녀에게 원하듯, 공동체도 모든 아이들에게 동일하게 원해야 할 것이다"(MW 1:5).

이 장에서는 듀이가 미국 교육 제도를 개선하기 위해 제안한 철학적 배경을 설명하고자 한다. 우리가 볼 수 있겠지만, 그의 제안들은 결코 급진적인 것이 아니다. 듀이는 놀랍게도 전통적이었다. 그러나 이것이 그가 보수적이었다는 뜻은 아니다. '보수적'이라는 것이 현 상

---

1   앨런 라이언의 의견: "듀이 자신은 전통적인 교육을 단순히 거부하는 것만으로는 충분하지 않다고 주장했다. 그는 무신론과 전통적인 종교의 관계에 대해 언급했듯이, 단순히 반대하는 것의 문제는 우리가 부정하는 것에 의해 지나치게 영향을 받는다는 것이다. 진보적인 교사들이 옛 학교가 했던 모든 것을 버리고, 질서를 혼돈으로, 엄격한 교육 과정을 교육 과정 자체의 폐지로 바꾸는 것으로는 충분하지 않았다. 듀이는 많은 학교가 정확히 그렇게 했고, 그들이 이를 정당화하기 위해 자신의 이름을 사용했다고 생각하는 경향이 있었다"(Ryan, 282).

태를 유지하려는 열망을 의미한다면, 그는 오히려 기존 교육 관행을 개선하기 위해 많은 노력을 기울였다.

그가 전통적이었다는 것은 그의 교육 모델이 가정이나 농장에서 아이들이 받았을 법한 전통적인 양육 방식을 기반으로 하고 있음을 의미한다. 듀이 교육 철학의 핵심 과제는 전체적으로 말하면 학교라는 별도의 기관이 필수적인 세상에서 가정 교육의 장점을 최대한 보존하려는 것이었다.

가정은 아이의 호기심이 대화와 다양한 프로젝트를 통해 자연스럽게 자극되는 곳이다. 가족의 일을 공유하는 것은 협력, 근면, 신뢰성과 같은 습관을 기르는 데 도움을 준다. 또한 그것은 연구와 실험으로 문제를 해결해야 하는 초기 환경을 제공한다. 게다가 가정은 아이가 다른 사람들과 상호작용하고 더 넓은 문화적, 자연적 세계를 만나는 발판 역할을 한다.

> 이제 이러한 요소들을 조직화하고 일반화한다면, 우리는 이상적인 학교를 갖게 된다. 여기에 특별히 신비할 것도, 놀라운 페다고지나 교육 이론의 발견도 있지 않다. 이상적인 학교란 단지, 대부분의 가정에서는 여러 가지 이유로 비교적 부족하고 우연한 방식으로만 이루어지는 일을 체계적이고, 크고 지적이며, 유능한 방식으로 실행하는 것일 뿐이다. (MW 1:23-24)

그렇다면 우리가 듀이에 대해 염두에 두어야 할 점은 그가 전통적이지만 보수적이지 않다는 것이다. 그는 기존 관행의 지속을 받아들이지 않는다. 그러나 제안된 수정 사항은 전통주의적 고려에 기인한다. 가정의 가장 큰 매력은 그곳에서 받는 아이들의 교육이 통합적이라는 점이다. 지성, 감정, 애정, 수작업 기능, 도덕 발달이 아이의 성장 과정에서 유기적으로 결합된다. 듀이는 이러한 통합적 접근 방식이 17세기 이후 서구에서 두드러진 철학적 가정들과 상충된다는 점을 인식했다. 철학자로서 개혁을 위한 그의 노력은 이전 장들에서 설명한 가정들의 재구성과 밀접하게 연결되어 있다.

교육과 관련하여 특히 중요한 철학의 두 가지 갈래가 있다. 그것은 철학적 인류학과 정치 철학이다. 듀이는 일찍부터 모든 교육 이론은 의식적이든 무의식적이든 인간 본성에 대한 특정한 이해를 채택하는 철학적 관점의 일부라는 사실을 인지했다. 로크, 루소, 헤르바르트, 페스탈로치가 각각 다른 교육 방안을 제안한 이유는 그들의 철학적 인류학이 상이했기 때문이다. 따라서 인간 조건에 대한 자신의 이해를 명확히 하는 것이 듀이의 핵심 과제가 되었다.

게다가 듀이는, 교육 이론은 그 이론이 적용되는 정치 체제와 분리될 수 없다는 플라톤과 아리스토텔레스 같은 고대 사상가들의 관점을 민감하게 받아들였다. 교육 철학은 한편으로는 인간의 가능성과 한계를 이해하기 위해 철학적 인류학을 주시해야 하고, 다른 한편으로는 교육의 일반 목표를 설정하는 정치 체제를 주목해야 한다. "사회적 과정과 기능으로서의 교육 개념은 우리가 염두에 두고 있는 사회 종류를 정의할 때까지는 명확한 의미를 가질 수 없다"(MW 9:103).

나의 분석은 철학적 인류학과 정치 철학이라는 두 가지 길을 따라 나뉠 것이다. 첫 번째 길은 듀이가 심하게 혐오하는 이원론과 그것에 수반되는 비신체적 태도를 거부하는 것이다. 듀이는 이원론을 넘어서면서 몸에 대한 재평가와 '마음'에 대한 재정의를 도입했다. 이와 관련하여 듀이 철학의 몇 가지 중요한 주제가 부각된다.

1. 듀이는 좁은 의미의 '직업' 교육과 그가 '작업'이라고 부르는 것을 중심으로 한 교육을 명확하게 구분한다. 듀이는 '작업'을 교육의 핵심에 두고, 좁은 직업주의는 단호히 배격한다.[2]
2. 교육은 단순히 미래를 위한 준비가 아니다. 듀이에게 교육은 그 자체로 목적이 될 때에만 중요한 의미를 지닌다. 미래의 외재적 목적을 위한 준비로서 교육을 대하는 것은 전통적인 페다고지 방법의 큰 실패 중 하나이다.

두 번째 길은 '민주주의'에 대한 듀이의 이해를 따른다. 이는 앞선 두 장에서 논의된 내용을 이어가는 주제이다. 우리가 살펴본 것처럼 듀이는 민주주의에 대한 일반적인 개념을 크게 변화시켰다. 그는 민주주의를 성장과 개인성을 중심으로 하는 '삶의 방식'으로 폭넓게 이해할 수 있는 기반을 마련했다.

듀이는 민주주의를 재개념화하면서 교육 제도가 특정한 습관을 장려하고, 반면에 다른 습관은 억제해야 한다고 주장했다. 듀이의 제안

---

2 **역주:** 여기서 듀이의 '작업'은 일반적으로 '직업'으로 번역되는 'occupation'을 우리말로 옮긴 것이다. 그러나 이는 직업주의vocationalism 혹은 직업 교육vocational education의 개념과는 무관하다. 듀이는 전통적인 직업 교육을 비판하면서 그 대안으로 '작업'을 제시하는데, 보이스버트는 본장 3절에서 듀이의 '교육하기'의 정신을 '작업'이라는 개념으로 드러낸다. '작업'이라는 번역어에 대한 보다 자세한 논의는 본장 각주 4의 역주를 참조하라.

은 민주주의 사회에서 교육의 목표가 단순히 지식만 갖춘 유권자를 만드는 데에 있다는 전통적인 주장을 넘어선다. 단순히 시민의 마음을 훈련시키는 것뿐만 아니라, 민주적 인성을 함양하는 것이 민주주의 교육 제도가 추구해야 할 목표라는 것이다. 따라서 도덕 교육의 문제가 중요한 관심사가 된다.

근대적 인간을 넘어서

경험적 자연주의는 데카르트에 뿌리를 둔 이원론적 유산에 반대하며 그 정체성을 형성했다. 듀이는 특히 후기 데카르트주의가 강요한 시각이 인위적이며 잘못된 것이라 생각하고, 그에 대해 반대하는 성전을 수행하는 데에 특히 적극적이었다. 나는 이 시각을 '근대적 인간Modern man'3의 입장으로 규정할 것이다(여기서 남성형 사용은 심사숙고하여 사용한 것이다). '근대적 인간'의 특징은 무엇인가? 먼저, 인간 조건에 대한 이 해석을 둘러싼 두 가지 중요한 분기점을 확인해야 한다. 하나는 내적인 것이고, 다른 하나는 외적인 것이다. 내적으로, 근대적 인간은 스스로를 정신(생각하는 실체res cogitans)과 신체(연장

---

3 **역주:** 원문의 소제목 'Beyond Modern Man'에서 'Modern Man'은 '근대적 남성'으로 번역하는 것이 더 적합할 수도 있다. 실제로 보이스버트는 본문에서 'Modern man'을 설명하며, 이 표현에 남성형을 사용한 이유도 언급한다. 이는 기존의 인간관이 성별적으로 편향되어 있음을 암시하는 부분이다. 그러나 보이스버트는 이 용어를 젠더 차원뿐 아니라, 신체와 분리된 정신, 그리고 대상과의 분리를 전제로 하는 근대적 주체를 지칭하는 데에도 사용하기 때문에, 이러한 전체적인 맥락을 고려하여 본문에서는 'Modern man'을 '근대적 인간'으로 번역하고자 한다.

된 실체(res extensa)라는 두 가지 실체로 구성된 존재로 여긴다. 외적으로, 근대적 인간은 자신을 '주체'로 간주하며, 자신이 직면하는 세계를 '외부적'인 것으로 여긴다. 이 외부 세계는 '객체'로 이루어져 있다.

이러한 분기점들에서 파생된 인식론을 듀이는 '관람자 지식이론'이라고 부른다(2장에서 다룬 바 있다). 이 인식론은 인간을 마치 극장의 관객처럼 간주한다. 인간은 세상의 '객체'로부터 분리된 '주관'이다. 근대적 인간의 목표는 이러한 관객적 입장에 부합하는 지식을 얻는 것이었다. 관객의 전형적인 활동은 보고 듣는 것이다. 시각과 청각, 신체로부터 가장 쉽게 분리될 수 있는 두 감각은 인간 인식의 특권적 경로가 된다.

정신/신체 이원론이 시각과 청각의 우선순위와 연결될 때, 최적의 인식론적 상황의 특징은 교육 제도에 중대한 함의를 가지는 세 가지 특성으로 나타난다. 그것은 (1) 분리, (2) 객관성, (3) 수동성이다. 관객으로서의 인간은 일상의 소란스러움에서 벗어나 순수하게 수용적인 시청자가 되어 객관적 자료를 받아들일 수 있는 사람이다.

듀이를 제대로 이해하려면 그가 데카르트적 비신체적 원형을 어떻게 다윈 이후의 체화된 모델로 대체했는지를 강조할 필요가 있다. 인간의 조건은 두 갈래로 나뉜 존재의 상태가 아니다. 오히려 그것은 살아있는 세계에서 구체적이고 생명력 있는 존재로서의 상태이다. 이러한 생명체는 결코 영원한 진리를 파악하는 데만 관심을 두는 순수한 '정신'이 아니다. 오히려 그것은 사회문화적 존재로서 최적의 존재 방식을 확보하는 데 관심을 가진 인간이다.

듀이 인류학의 핵심 요소는 두 가지로 요약될 수 있다. 첫째, 비신체적 태도가 거부된다. 신체성과 신체적 활동은 인간 조건의 필수적인 요소로 이해된다. 이원론적 인류학에서 신체는 정신의 순수하고 고차원적인 작업을 방해하는 귀찮은 것으로 간주된다. 반면, 다윈 이후의 인류학은 신체적 활동이 인간 인지의 필수 요소임을 인정한다. 신체 활동이 없다면 앎은 빈약해질 것이다. 여기서 모델로 삼는 것은 루이 파스퇴르Rouis Pasteur와 클로드 베르나르Claude Bernard 같은 과학자들이다. 그들의 작업은 직접적인 실험을 필요로 했다. 이런 모델은 신체와 최대한 분리된 정신을 통해 영원한 진리를 사색하려는, 고립되고 대상에서 물러난 로댕식의 '생각하는 사람'과 같은 것이 아니다.

둘째, 공동체가 중심이 된다. 우리가 보았듯이 상호작용과 사회성은 인간의 삶에서 떼려야 뗄 수 없는 동반자이다. 개인은 항상 공동체 속에서 다른 사람들과 연결되어 있기 때문에 진리 탐구는 공동의 프로젝트로 수행될 때 가장 좋다. 홀로 앉아 사색하는 사상가는 진리를 발견하고 창조하며 명확히 설명하는 작업을 공유하는 탐구자들의 공동체로 대체되어야 한다.

이 두 가지 요소는 중세 이후의 철학에서 대체로 소외되었다. 근대적 인간의 자기 이해는 교육에 뚜렷한 영향을 끼쳤다. 그중 가장 중요한 것은 '정신'을 이해하는 방식이었다. 시각과 청각이 특권적 위치를 차지하면 '정신'은 신체와 별개로 작동하는 일종의 내적인 눈이나 귀가 된다. 정신의 목표는 순수한 진리, 즉 객관적이고 보편적인 진리를 직접적으로 파악하는 것이 된다. 정신은 삶이라는 극장에서 단순히 관람자로 자리를 차지함으로써 발휘될 수 있는, 고정되고 완성된 능력으로 간주된다. 그런 다음 정신은 세계에 대한 진리를 인식할 수 있다. 정신은 빈 용기로서 시작된다. 학교 교육은 그 안에 적절한 내용을 채워 넣는 과정이다.

그러나 '정신'을 비신체적 태도에서 벗어난 맥락에 두면 더 풍부한 의미가 드러난다. 우선 '정신'은 명사보다는 동사로 다루어져야 한다. '정신'은 "우리가 처한 상황을 의식적으로 명시적으로 다루는 모든 방식을 의미한다"(LW 10:268). 듀이는 늘 그렇듯, '정신'에 대한 포괄적인 의미를 탐구하기 위해 전문적인 철학적 맥락보다는 일상적인 용법을 탐구한다. 그는 정신의 포괄적인 의미가 정신과 신체의 날카로운 분리를 반영하지 않는다고 주장한다. "비전문적인non-technical 용법에서 '정신'은 사물에 대한, 실제적, 지적, 감정적인 모든 방식의 관심과 배려를 의미하기 때문이다"(LW 10:267-268). 아이들은 부모의 말을 "잘 들어라to mind"는 말을 듣는다. 개인은 어떤 프로젝트를 시작할 "마음a mind"을 가진다. 우리는 과거 사건을 "상기remind"한다. 아버지는 아이를 "돌보고minds", 영국을 여행하는 관광객은 낮은 아치형 통로를 "조심mind"해야 한다. 이러한 일상적 용법의 조합은 "정신"이 수동적인 그릇이 아닌 활동들의 집합을 의미하는 용어임을 보여준다. 게다가 이러한 활동들은 정신과 신체를 날카롭게 구분하지 않는다. "요컨대, 'to mind'는 지적인 어떤 활동, 즉 무언가를 주목하는 활동, 감정적인 활동, 즉 돌보고 좋아하는 것, 그리고 의지적이고 실제적이며 목적 지향적인 행위를 나타낸다"(LW 10:267).

다시 말해, 가정환경은 따라야 할 모델을 제시한다. 가정에서 아이는 감정적, 지적, 운동적 능력이 조화롭게 발달한 통합된 존재로 다루어진다. '정신'은 신체에 대립하는 것이 아니라, 오히려 아이의 능력을 최대한 발휘되는 과정으로 간주된다.

작업

　이 모델을 학교에 전이시킨다는 것은 교육의 초점을 듀이가 말하는 '작업occupations'4에 두어야 한다는 것을 의미한다. 그러나 '작업'이라는 용어는 듀이의 입장을 오해하게 만드는 원인이 되었다. 사람들은 그가 학생들이 앞으로 맡게 될 직업에 맞게 잘 준비하도록 하는 좁은 의미의 직업 교육, 즉 '실용적' 훈련을 권장한다고 생각했

4　**역주**: 'occupations'는 직업으로 번역되지만, 듀이의 맥락에서 'occupations'의 의미는 작업 혹은 노작 활동에 가깝다. 이러한 이유로 『민주주의와 교육』의 역자 이홍우는 'occupations'를 '작업'으로, 『학교와 사회』의 역자 송도선은 '노작 활동' 혹은 '노작'으로 번역하였다. 송도선은 번역어 선정의 고충을 이렇게 적시한다. "'occupations'는 이 책에서 여러 의미를 함축한 중요한 용어로 사용되고 있어 번역하기 까다로운 단어 중 하나다. 듀이가 여기에 의미 부여한 내용을 풀어보면, 주로 산업 사회 이전부터 '일상생활에서 의식주를 해결하기 위해 온 몸과 마음을 움직여 작업이나 일에 종사하는 일상의 활동 방식'을 의미한다. 이것은 노작, 작업, 종사 등으로 번역할 수 있겠지만, 모두 그 의미를 담기에는 한계가 있어 역자는 '노작 활동勞作活動'으로 번역 표기하였다. 한편 'occupation'은 문맥에 따라 '노작'으로, 또는 단순히 'work'와 같은 의미로 사용될 경우에는 '작업'으로 번역하였다"(Dewey, 『학교와 사회』, 송도선 옮김(2022), 파주: 교육과학사, 20쪽). 일본의 경우도 'occupations'의 역어는 통일되어 있지 않으며, '업무', '작업', 혹은 음사하여 오큐페이숀으로 쓰는 사례도 있다(小笠原 正太郎(2019), 「デューイの職業教育についての考察—"occupation" 概念を手がかりに—」, 『早稲田大学大学院教育学研究科紀要』 別冊 27-1, 1-11). 요컨대 'occupations'는 듀이 철학의 맥락에서 작업 혹은 노작 활동을 의미한다. 그러나 독일어 'Arbeit'를 '노작'으로 번역한 역사가 90년 이상 이어져 오면서(정확히는 일본어 번역의 역사가 그렇고, 한국어 번역도 대체로 이를 따랐다), '노작'이 'Arbeit'의 번역어로 굳어진 측면이 있다. 이 번역어는 일정 부분 타당성을 지닌다고 판단되는 만큼, 역자는 이와의 충돌을 피하기 위해서, 'occupations'를 '작업'으로 번역하여 사용하고자 한다. 자세한 것은 역자의 졸고 참조. 박찬영(2024), 「듀이와 프레네의 관점에서 본 실과 교육의 가치와 그 철학의 방향」, 『실과교육연구』 제30권 제3호, 32-35쪽.

다. 그러나 이는 사실과 전혀 다르다. 듀이는 교육을 직업 훈련으로 전환하려는 시도에 강력히 반대했다. 그는 오히려 직업 훈련이 학생들을 자유 교육을 받는 특권층과 특정 임무에 한정된 훈련을 받는 하층계급으로 나누어 계급 차이를 심화시킬 것이라고 믿었다.

이러한 제도는 민주 사회보다는 귀족 사회에 더 적합하다. 이는 사회적 규모에서 인간 삶을 정의한 것으로 여겨지는 분열, 즉 상류의 교양 있는 계급을 대표하는 '정신'과 하층 노동 계급을 대변하는 '신체'의 구분을 그대로 재현하기 때문이다.

> 학문의 직업 교육이 교양 교육 혹은 인문 교육의 전형으로 간주되는 반면, 기계공, 음악가, 변호사, 의사, 농부, 상인 또는 철도 관리자의 훈련은 순전히 기술적이고 직업적인 것으로 간주된다. 그 결과는 우리가 주변에서 흔히 볼 수 있는 것, 즉 '교양인'과 '노동자'의 분열, 그리고 이론과 실천의 분리이다. (MW 1:18)

비신체적 태도에 기초한 전통적인 학교 교육은 두 가지 심각한 한계를 드러낸다.

1. 그 실천은 인간 본성에 대한 잘못된 관점에 기초한 인위적이고 관람자 유형의 환경을 만든다.
2. 이는 민주주의 사회의 이상에 반한다.

듀이는 아이를 통합된 개인으로 대하자는 제안으로 이에 대응한다. 중요한 것은 아이가 배우는 것을 가장 완전하고 실질적으로 흡수할 수 있도록 교육과정이 설계되어야 한다는 것이다. 전통적인 교실은 두 가지 전제를 기반으로 구축된다.

1. 정신은 문화적 내용이 채워지기를 기다리는 텅 빈 그릇이며,
2. 신체는 특정 기능에 맞게 조정되기를 기다리는 기계이다.

듀이는 인간 본성에 대한 대안적 개념으로 시작한다. 그것은 심신이 통합된 존재로서의 아이, 즉 타고난 충동과 흥미를 지닌 아이로, 그의 교육은 능동적이고 호기심 많은 본성에 일치해야 한다. 듀이는 현재의 학교 제도에서는 아이들이 교실에 들어갈 때 (이 낱말에 대한 듀이의 적극적인 의미를 따르면) 정신을 두고 와야 한다고 주장하기까지 한다.

> 그에게 순전히 추상적인 정신만 있다면 그는 학교에 그 정신을 가지고 갈 수 있었겠지만, 그의 정신은 구체적인 것들에 흥미를 가진 구체적인 것이다. 이 구체적인 것들이 학교 생활에 반영되지 않으면 그는 자신의 정신을 학교에 가져 올 수 없다. 우리가 원하는 것은 아이가 온전한 정신과 온전한 신체를 갖고 학교에 와서, 더 풍부한 정신과 더 건강한 신체로 학교를 떠나는 것이다. (MW 1:49-50)

학교 교육이 이러한 교육을 가장 잘 수행할 수 있는 활동은 듀이가 말하는 '작업'이다. 여기서 '작업'은 직업이나 특정한 종류의 일에 대

한 훈련을 의미하는 것이 아니다. 오히려 그것은 목표 달성을 위해 에너지를 동원하는 활동을 의미한다. 바느질, 건축, 정원 가꾸기, 요리 등은 모두 작업의 예이다. 작업은 "사회 생활에서 행해지는 일의 형태를 재현하거나 그것과 동시에 일어나는 활동"이다. 작업은 경험에서 지적 국면과 실천적 국면 사이의 균형을 유지한다.

학교 교육에서 작업의 중심성은 특정 직업을 준비하려는 욕구에서 비롯되지 않는다. "따라서 이렇게 생각된 작업은 주로 직업을 위해 교육하는 일과는 명확히 구분되어야 한다"(MW 1:92). 듀이가 원하는 것은 학습해야 할 것이 학생의 경험에 통합될 수 있는 맥락을 만드는 것이다. 이를 통해 학습의 중요성을 인식하고 학습 내용을 효과적으로 흡수할 기회를 극대화할 수 있다. 추상적인 수업, 암기, 연대기나 화학식 목록은 채워져야 할 그릇으로 여겨지는 정신에는 적합할 수 있다. 그러나 이는 최고의 교육이 필요한 아이들에게 가장 적합한 페다고지 방법론은 아니다.

모든 교육 제도는 아이의 본래적인 호기심과 흥미를 바탕으로 해야 한다. 또한 아이가 본질적으로 수동적인 관람자가 아닌 능동적인 참여자라는 사실을 인식해야 한다. 작업 중심의 학교 교육은 바로 이런 원칙을 수행한다. 예를 들면 정원 가꾸기는 미래의 정원사들을 준비시키기 위한 것이 아니다. "정원 가꾸기는 인류 역사에서 농업과 원예가 차지해 온, 그리고 현재의 사회 조직이 차지하고 있는 지위에 대한 지식을 얻는 접근 경로를 제공한다"(MW 9:208). 작업은 아이의 본래적인 호기심을 보다 전문적인 작업으로 유도할 수 있는 기회를 제공함으로써, 학교 교육이 성공할 수 있는 시의적절한 맥락을 제공한다. 이렇게 해서 삶의 기본적인 필요와 활동과 고등 학문의 세련된 연구 사이의 연속성이 강조되는 것이다.

요리는 듀이가 제시한 또 다른 사례이다. 학교에서 주방이 중요한 이유는 전문 요리사를 양성하기 위함이 아니다. 주방이 하는 일은 삶의 일상적 활동을 다양한 관심사와 연결하여, 이러한 관심사가 전문 분야로 발전할 수 있는 기회를 제공하는 것이다. 음식의 필요성과 이를 준비하는 실습은 아이들의 관심을 넓히고 호기심을 자극할 특별한 페다고지 기회를 제공한다. 음식의 출처에 대한 질문은 즉시 자연 세계에 대한 질문으로 이어진다. 이런 맥락에서 지리적, 기상학적 고려 사항이 도입될 수 있다. 농작물 재배와 요리는 생물학적, 화학적 고려사항을 도입하는 방법이 될 수 있다. 사회적으로 음식에 관한 논의에서 제기되는 문제들은 혁명의 원인, 정치 경제의 필요성, 상업의 중요성과 같은 주제를 더욱 구체적으로 이해하도록 돕는다.[5]

'작업'을 중심으로 한 교육은 교육자가 학생들의 자연적인 흥미를 이끌어 내어 지적 문제에 대한 참된 호기심을 키울 수 있도록 돕는다. 그러면 교육은 작업을 중심으로 점점 동심원처럼 확대되어 진행된다. 그 목표는 언제나 가능한 한 많은 학생들에게 도달하고, 가장 효과적인 방법으로 그들에게 다가가는 것이다. 전통적인 교과목이 무

---

5 "요리는 그것이 농촌 생활과 지리에서 통합을 찾는 과학과 어떤 관련성 없이 가르쳐질 수 있다. 아마도 요리는 일반적으로 이러한 연결이 실제로 이루어지지 않은 채 가르쳐졌을 것이다. 그러나 주방에 들어오는 모든 재료는 농촌에 그 기원이 있다. 그것들은 토양에서 나오고, 빛과 물의 영향으로 길러지며, 다양한 지역 환경을 나타낸다. 아이는 정원에서 더 넓은 세계로 확장되는 이러한 연결을 통해 과학교육에 가장 자연스럽게 입문하게 된다"(MW 1:50).

시되지 않으며, 고급 수준의 교육과 관련된 형식적이고 추상적인 작업 역시 경시되지 않는다. 그러나 모든 경우에서 일상생활 활동과의 연속성이 단절되지 않으며 인식된다.

듀이는 자신의 이름을 딴 실험학교에 대해 시카고 대학교 총장에게 보낸 보고서에서 작업을 중심으로 한 교육 경험을 구성하는 동심원의 주요 단계를 분명히 설명했다. 첫 번째 단계는 "각 단계에서 전체 아이를 활동에 참여시킬 수 있는 가능성이 가장 큰 주제와 방법을 선택하기 위해" 학생들의 흥미를 파악하는 것이다. 두 번째 단계는 주제를 적절히 조직하는 과제이다. 이러한 조직의 목표는 이전에 배운 것을 바탕으로 누적적으로 쌓아가는 것이다. 세 번째 단계는 전문화의 시작을 포함한다. 이 단계에서는 학생들이 "주제를 보다 전문화된 단계로 점진적으로 구분"하는 방법을 배우게 된다. 마지막 난제는 보다 형식적인 방법, 추상적 사고, 기호 사용, 그리고 교과서를 더 철저히 사용하는 활동이다. 이 단계의 도전 과제는 "읽기, 쓰기, 숫자와 같은 기호를 지속적으로 도입할 필요성과 학습 기회를 제공하는 동시에, 보조 교재로서 책을 더 많이 활용할 필요를 충족시키는 것"이다 (MW 1:319).

전통적인 교실은 그릇 같은 정신에 학교 당국이 필요하다고 여기는 정보를 담을 수 있도록 완벽하게 설계되었다. 우선, 이 교실은 학교 밖 세계와 교실 안의 활동을 명확히 분리했다. 교실은 관람자 역할에 최적화되었으며, 고정된 책상들은 사실상 무대 위의 교사 쪽을 바라보도록 배치되었다. 듀이는 실험학교의 교실에 적합한 가구를 찾는 과정에서 전통적인 교실 구성의 영향을 깊이 체감했다. 그가 필요로 하는 것을 설명하자, 가구 공급업자는 의미심장하게 대답했다. "아이들이 작업할 수 있는 무언가를 원하시는군요. 여기 있는 것들은 모두 듣기를 위한 것들입니다"(MW 1:21).

만약 인간에 대한 다윈 이후의 이해가 받아들여진다면, 그러한 물리적 환경은 바뀌어야 할 것이다. 듀이에 따르면, 교실은 행위의 중심지가 되어야 한다. 교실은 학생들이 활동과 실험에 참여할 수 있는 장소가 되어야 한다. 여기서 학생들의 신체적이고 정신적인 차원이 모두 자극받아야 한다. 그러한 변화를 구현하기 위해서는 듣기와 암기에 최적화된 고정된 책상 배열을 제거해야 한다. 전통적으로 설계된 교실은 "실제 경험 상황의 존재에 적대적"이다. 또한 그것은 "문제를 발생시키는 일상생활의 조건과 지나치게 동떨어져 있다." 이러한 전통적인 환경은 "듣기, 읽기 그리고 듣고 읽은 내용의 재현"을 지나치게 강조한다.

해결책은 교실 설계를 근본적으로 변화시키는 데에 있다. "그 차이를 극복하려면 먼저 더 많은 실제 자료, 도구, 기기, 그리고 활동을 위한 더 많은 기회가 마련되어야 한다"(MW 9:162). 학생들이 소집단으로 작업할 수 있도록 책상 배치를 바꿀 수 있어야 한다. 한편으로 아이디어와 인지 사이의, 다른 한편으로 학생들의 경험 사이의 연속성을 촉진하기 위해 학교 건축가들은 정원, 실험실(MW 9:169), 주방(LW 13:57)과 같은 공간의 필요성을 적극적으로 고려해야 한다.

교육은 목적 그 자체이다

작업을 중심에 두고 그러한 조건에서 이루어지는 교육은 그 과정의 각 단계가 그 자체로 목적이라는 이해 없이 진행된다면 위태로워질 것이다. 교육 과정의 각 단계는 오로지 하나의 목적만을 가지며, 그것은 학생들의 경험에서 최대치를 이끌어내는 것이다. "따라서 우리는 교육의 목적을 찾을 때 교육이 종속되는 교육 과정이 아닌, 교육 과정 밖에서 목적을 찾는 데에는 관심이 없다"(MW 9:107). 전통적으로 이루어진 교육은 이 원칙을 위반한다. 오히려 그것은 "살아 있는 현재를 멀고 불확실한 미래에 종속시키는 것을 보여준다"(MW 14:185). 듀이에게 교육은 이러한 준비 과정이 아니다. 교육은 성장과 관련되어 있으며, 성장은 "경험의 지속적인 재구성 또는 재조직"을 의미한다.

교육의 목적은 교육 과정의 외부에서 찾아서는 안 된다. "그것은 언제나 즉각적인 목적을 가지며, 활동이 교육적이라는 한에서 그 목적, 즉 경험의 질에 대한 직접적인 변화에 도달한다"(MW 9:82). 교육은 좁은 의미에서 도구적이지 않다. 듀이는 교육을 새로운 단계에 도달하면 버려지는 사다리로 보는 이해를 거부한다. 그러한 관점은 교육을 사전에 설정된 목표를 달성하기 위한 도구나 수단으로 이해하는 것이다.

듀이에게 교육은 언제나 현재의 활동이다. 그것은 현재 존재하는 조건에서 의미를 추출하는 실천이다. 과거의 교육적 경험은 한 번 사용된 후 버리는 도구로 간주할 수 없다. 경험은 오히려 우리가 인생의 여정을 계속할 때 흡수되어 온 성장의 중요한 요소들이다. 그렇기 때문에 여정의 각 단계는 그 자체로 존중받아야 한다. 듀이에 따르면 "유아기, 청소년기, 성인기의 삶은 모두 동일한 교육 수준에 있다." 여기에는 두 가지 이유가 있다. 첫째, "특정한 경험의 단계에서 실제로 배운 것이 그 경험의 가치를 구성한다." 둘째, "삶의 주요 과업은 모든 단계에서 삶 자체가 인식 가능한 의미의 풍요로움에 기여하도록 만드는 것이다"(MW 9:82).

경험의 "지속적인 재구성 또는 재조직"으로서의 교육은 인간의 삶 전반에 걸쳐 이루어지는 과정이다. 만약 교육이 준비라면, 그것은 교육 과정이 끝나게 될 정해진 종착점을 가지게 될 것이다. 이러한 도구주의적 태도는 학교 교육과 삶을 분리했을 때 강화된다. 그러나 듀이가 제안하는 것처럼 학교 교육과 삶이 하나로 결합되어 있으면, 현재에서 가장 충만한 것을 이끌어내는 목표는 성장의 어느 단계에서도 멈추지 않아야 하는 교육 과정이어야 한다.

교육과 민주주의

듀이에게 이원론은 자신이 피해야 할 길을 명확하게 보여주는 훌륭한 반면교사였다면, 그에게 민주주의는 그가 개척해야 할 길을 식별할 수 있도록 해 준 이상이었다. 이전 장들에서 보았듯이, 듀이에게 '민주주의'는 삶의 방식, 즉 특정한 역사적 구현으로 식별될 수 없는 사회적 결사의 이상을 가리킨다. 이처럼 민주주의는 항상 개선의 가능성에 열려 있는 지속적인 실험이다.

듀이의 맥락에서 민주주의 사회를 이미 완전히 실현된 것처럼 말해서는 안 된다. 오히려 그것은 점점 더 민주적으로 되기 위해 끊임없이 노력하며, 민주주의 이상의 실현을 방해하는 항상 존재하는 세력에 맞서 싸우고 있는 사회를 의미하는 것이 더 적절하다.

이전 두 장의 주제를 요약하면, 민주화의 수준은 다음 세 가지 특성과 연관되어 있다고 할 수 있다.

1. 민주주의 사회는 '개인주의'에 반하는 '개인성'을 장려한다. 듀이는 생물학적 맥락에서 '세포적' 사회 개념을 받아들인다. 사회는 고립된 개인이 아니라 타인과 관계를 맺고 있는 개인들로 구성된다. 궁극적인 단위는 단순한 돌턴의 원자가 아니라, 다양하고 복잡한 세포이다. 이러한 세포적 사회 개념을 통해 듀이는 로크적인 세계에서 자율의 이상으로서 개인주의와, 각 개인이 공동체에 기여할 수 있는 적절한 방식을 식별하는 것으로서의 개인성을 구분할 수 있었다. 민주주의 사회에서 육성해야 할 것은 이 개인성이다.

2. 민주주의 사회는 여러 생성적 이상, 그중에서도 특히 자유와 평등에 헌신한다. 듀이에게 자유는 단순히 제약이 없는 상태가 아니다. 그는 자유를 능력, 즉 구체적으로 어떤 프로젝트를 실행할 수 있는 능력으로 이해한다. 그에게 평등은 동일함을 의미하지 않는다. 평등은 모든 인간 존재의 고유성과 대체 불가능성을 인정하는 것이다. 자유는 물론, 평등 역시 처음부터 완전한 형태로

주어진 것이 아니다. 이 둘은 창발적이고 성장하는 현실이다. 개인의 구체적인 자유의 범위를 결정하는 능력은 다른 사람들과의 연합 없이는 단지 가능성에 불과하다. 인간은 다른 사람에게 배우고 그들과 협력함으로써 자신의 능력을, 그리고 그로 인해 자신의 자유를 확장한다. 민주적 평등의 상징인 대체 불가능성은 사회적 삶을 통해서만 이루어질 수 있는 그러한 능력의 발달 없이는 최소한의 수준에 머무르게 된다.

3. 세 번째 요소는 이전 장들에서 충분히 강조되지 않았다. 사회를 구성하는 다양한 집단들이 열린 경계를 가지는 곳에서 민주적인 삶의 방식이 실현된다. 서로 다른 사회 계층 사이에 공유된 관심사가 많을수록, 사회는 점점 더 민주적으로 된다. 반면에 사회 계층 간의 경계가 경직된 사회는 보통 선거권을 가지고 있다 하더라도 그 사회는 민주성이 미미하다. 이러한 사회는 여전히 귀족적 모델과 지나치게 밀접하게 연결되어 있다.

민주적인 사회는 사회 계층 간에 충분한 상호작용과 이동이 이루어지는 정도로 판단된다. 상호작용이 유동적이고 이동이 자유로운 곳일수록 민주주의의 이상이 실현될 가능성이 아주 높다. 반면, 양극화, 확고한 구별, 공유된 관심사가 거의 없는 곳에서는 민주주의의 이상이 실현되기가 지극히 어렵다. 보다 활기찬 민주적 삶은 에너지를 다른 방향으로 흐르게 한다. "이는 모든 사람이 다른 사람들의 삶을 더 가치 있게 만드는 무언가에 몰두하게 하여, 사람들 간의 유대감을 더욱 결속시켜 주며, 그들 사이에 거리의 장벽을 없애는 사회를 의미한다"(MW 9:326).

이 세 가지 주제는 다음과 같은 교육 개혁을 위한 제안으로 번역된다.

1. 민주주의 사회의 교육 제도는 모든 시민에게 개방되어 있을 뿐만 아니라, 그들을 잘 교육하기 위해 공동의 노력을 기울여야 한다. 이는 실제로 교육 제도에 들어오는 아이들의 다양한 상황에 세심한 주의를 기울여야 함을 의미한다.[6] 절대적 평등이라는 처음부터 주어진다는 전제를 거부해야 한다. 그렇지 않으면 결과적으로 특권적인 출생의 혜택과, 불리한 출생의 단점을 단지 강화하는 제도로 전락할 위험이 있다.

2. 교육 제도는 적절한 삶의 프로젝트를 선택하고 성취할 수 있는 자유를 증대시켜야 한다. 또한 개인성의 성장을 촉진시켜야 한다. 학교는 공유된 목표와 집단 프로젝트를 강조하는 공동체로서 스스로를 구조화함으로써 이를 실현할 수 있다.

3. 민주적 교육은 학생들의 관심 범위를 넓혀야 한다. 역사, 과학, 미술, 음악, 문학에 대한 이해는 계급 간 장벽을 허물고 보다 넓

---

6 "학교 시설은 충분히 개방적이고 효율적으로 운영되어야 하며, 단순히 명목상으로가 아니라 실질적으로 경제적 불평등의 영향을 줄이고, 모든 국민이 미래의 진로를 동등하게 준비할 수 있도록 보장해야 한다. 이 목적을 실현하기 위해서는 학교 시설에 대한 적절한 행정적 지원과 더불어, 젊은이들이 그 기회를 충분히 활용할 수 있도록 가정의 여건을 보완하는 지원이 뒷받침되어야 한다. 그러나 그것만으로는 충분하지 않으며, 모든 젊은이가 자신의 경제적·사회적 삶을 주체적으로 살아갈 수 있도록 준비될 때까지 교육적 영향을 받을 수 있도록, 전통적인 문화적 이상, 전통적인 교과, 전통적인 교수법과 훈육 방식을 수정하는 일도 필수적이다"(MW 9:104).
역주: 『민주주의와 교육』은 앞의 인용문에 이어서, "이러한 이상은 실현하기 어려운 목표처럼 보일 수도 있다. 그러나 한 가지 분명한 것은, 이러한 이상이 공교육 체제를 점점 더 주도하지 않는 한, 교육의 민주적 이상은 결국 우스꽝스럽고도 비극적인 환상에 불과하다는 것이다"라고 기술하며, 교육의 민주적 이상이 실현되기 위해서는 공교육 체제가 이를 지속적으로 주도해야 한다는 점을 명확히 하고 있다.

은 공유된 관심사를 위한 맥락의 설정에 필수적이다. 이러한 분야에 대한 교육이 부족하면, 손으로 일하는 사람들과 그렇지 않은 사람들을 구분 짓는 계급 구분은 약화되는 것이 아니라 더욱 심화될 것이다.

4. 민주주의 사회에서 교육은 결정을 내리기 전에 다른 사람들을 고려하는 습관을 길러야 한다. 민주적인 삶의 방식은 "나를 내버려 둬", "자기 하고 싶은 일을 하라", 또는 "개인에게 달렸다"와 같은 슬로건으로 요약된 태도에 의해 지배되지 않는다. 이런 태도는 엄밀하게 말하면 민주적 삶을 소중하게 여기는 것이 아니다. 민주적 실천의 핵심은 다른 사람들을 고려하는 데 있으며, 이는 결과뿐만 아니라, 그 결과가 행위자의 즉각적인 이익을 넘어서 어떤 영향을 미치는지까지 고려하는 것이다.

듀이는 각 사회 집단이 적어도 하나의 공통 목표나 관심사를 공유한다고 주장한다. 이것이 바로 해당 집단을 특정 집단으로 식별하는 요소이다. 또한 각 집단은 어느 정도 다른 집단들과의 관계를 공유한다(MW 9:89). 거대하고 복잡한 현대 사회는 고립된 개인들로 구성된 것이 아니라, 가족, 동호회, 사회 단체, 민족, 사업 협회 등 다양한 방식으로 연결된 개인들로 이루어진다. 국가의 복합 단위는 우리가 이미 보아왔던 것처럼 더 작은 사회들로 이루어져 있다.

그러나 성공적인 민주 사회가 단순히 고립된 집단들의 집합이라는 것을 의미하지는 않는다. 국가 정체성을 형성하려면 공유된 이상과 목표에 대한 감각이 발달되어야 한다. 어느 정도의 '동질성like-mindedness'

이 필요하다(MW 9:7). 듀이는 다음과 같이 말한다. "사회란 공동의 길을 따라, 공동의 정신으로, 공동의 목표를 염두에 두고 일하기 때문에 함께 묶여 있는 사람들이다. 공동의 필요와 목표는 사고의 교류가 증가하고 공감의 일치가 커질 것을 요구한다"(MW 1:10). 스스로를 민주적이라고 여기는 국가는 (1) 다양한 집단들이 공통의 관심사를 공유하고, (2) 그들 사이에 관계의 유연성이 있을수록 성공적이다.

민주 사회가 항상 직면하는 위험은 고정된 계급 사회가 되고, 그러한 사회로 회귀하는 것이다. 민주 사회의 모범적인 경로는 이전의 귀족적인 사회에서 벗어나 사회관계가 완전히 유연한 사회로 나아가는 것이다. 보다 완전한 민주주의를 지향하는 현대 사회는 사회 계층 간의 모든 형식의 양극화에 대한 지속적인 투쟁을 중심 목표로 삼아야 하며, 다양한 형식의 귀속주의로 퇴행하는 것을 피해야 한다.

따라서 교육을 위한 큰 과제 중 하나는 시민의 관심 범위를 확장하는 것이다. 말하자면 개인의 소속이 출신 배경이나 스포츠, 음악, 산악 등반과 같은 공통된 취향에 기반한 경우, 그들은 여전히 자신이 속한 집단뿐만 아니라 비슷한 취향을 가진 사람들과 교류할 것이다. 그러나 이러한 방식으로 흩어진 집단들만으로 구성된 국가는 귀족 사회의 고정된 분류를 넘어서지 못할 것이다. 민주주의는 사회 조직의 이상으로서 고정이 아닌 유동성을 필요로 한다. 듀이의 관점에서 보면 자유로운 언론과 보통 선거권의 존재조차도 완전히 번영하는 민주 사회를 보장하지 못한다. 이러한 요소들은 민주 사회를 구성하는 데 도움을 주는 수단일 뿐이다.

이러한 배경이 일단 이해되면, 듀이식 민주주의에서 교육이 맡은 중요한 역할을 더욱 잘 파악할 수 있다. 학교 교육의 역할은 일반적으로 투표소에서 신중한 선택을 할 수 있도록 잘 교육된 유권자의 존재를 보장하는 것으로 여겨진다. 그러나 듀이의 관점에서 민주주의는 지형적으로 훨씬 더 복잡하다. 교육받은 유권자가 사회 집단 간의 분리와, 사회 집단에 대한 제약을 강화하는 정치를 지속한다면, 그러한 유권자는 민주 사회를 구축하는 초기 단계에 머물러 있을 뿐이다.

민주적인 공동체에서 교육은 참여자들의 지평을 넓혀 서로 다른 사회 집단의 사람들이 공통의 관심사를 공유할 수 있는 여러 기회를 제공해야 하는 과제에 직면해 있다. 교육은 대중 사이의 관심사가 최대한으로 교차하고 지그재그로 연결될 수 있도록 노력해야 한다. 공유된 관심사의 폭과 깊이가 클수록 사회는 민주적 모델에 더 가까워진다. 그 목표는 "경험을 주고받는 것을 공유할 수 있는 능력"을 갖추는 것이다.

> 이는 자신의 경험을 다른 사람들에게 더 가치 있게 만들고, 다른 사람의 가치 있는 경험에 더욱 풍부하게 참여할 수 있는 모든 것을 포함한다. 예술을 창조하고 즐길 수 있는 능력, 레크리에이션 능력, 여가를 의미 있게 활용하는 능력 등은 관습적으로 시민권과 관련된 요소들보다 더 중요한 요소이다. (MW 9:127)

따라서 민주적 실천에 가장 큰 적은 교육을 엘리트를 위한 자유 및 교양 교육과 대중을 위한 직업 교육으로 날카롭게 나누는 것이다. 민주 사회는 "유용하면서도 동시에 자유로운" 교육 과정을 향해 나아가야 한다(MW 9:267). 듀이에 따르면, 좋은 시민은 "단순히 좋은 정부를 얻기 위해 투표하고 자신의 영향력을 사용할 수 있는 사람"이 아니다. 좋은 시민을 '유용한useful' 시민이라고 말하는 것은, '유용한'이라는 낱말이 제대로 이해되는 한 완벽하게 적절하다. 듀이의 틀에서 '유용한' 시민은 "사회적으로 유익한 방식으로 삶을 즐기고 여가 시간을 활용할 수 있는 사람"이다. 이러한 시민은 "예술, 과학, 역사, 문학을 그 자체로 감상할 수 있는 능력"을 가지고 있다(MW 15:167).

우리는 사회 내의 다양한 사회 집단 간에 즉각적이고 완전한 유동성이 이루어지기를 기대할 수 없다. 또한 민주 사회를 구성하는 개인들이 완벽하게 동질적이고 균질화된 집단을 이루는 것을 목표로 세워서도 안 된다. 대규모 사회는 항상 여러 개의 작은 사회로 구성된 '세포적'인 사회일 것이다. 그러나 민주주의가 할 수 있는 일은 사회적 유동성을 개선하는 방향으로 노력하는 것이다. 민주주의가 가장 경계해야 할 것은 경직성과 양극화이다.

도덕 교육

이러한 점을 고려하면, 듀이에게 모든 교육은 도덕 교육을 의미한다. 인식 여부와 관계없이, 페다고지 기술, 선택된 주제, 교재 선택, 교실 배치 등 이 모든 교육의 요소가 특정 습관을 강화하거나 다른 습관을 약화시키는 경향이 있다. 습관의 적절한 배열은 도덕 철학의 중심적 관심사이므로, 교육은 중립성이라는 허상적인 이상 뒤에 숨을 수 없다.

철학사 초기에 아리스토텔레스는 국가의 헌법과 교육 제도 간의 직접적인 관련성을 지적했다.

> 시민은 자신이 살고 있는 정부 형태에 맞춰 형성되어야 한다. 각 정부는 원래 그것을 형성하고 계속 유지하는 고유한 성격을 지니고 있다. 민주주의의 성격은 민주주의를 낳고, 과두제의 성격은 과두제를 낳는다. 그리고 언제나 그것의 성격이 좋을수록 정부도 더 좋아진다. (아리스토텔레스, 『정치학Politics』, 1337a11-17)

교육은 진공 상태에서 이루어지지 않는다. 각각의 특정 사회는 장려해야 할 모범적 성격의 유형에 관한 지침을 제공한다. 중립적인 교육과 같은 것은 없다. 중립적이라고 주장하는 교육조차도 실제로는 선악의 문제에 대한 판단 유보를 주입하려는 작업 이상에 포함될 것이다. 다시 말해, 중립성 자체가 중요한 선으로 간주될 것이다.

듀이의 교육 개혁에 대한 제안은 아리스토텔레스의 태도와 전적으로 일치한다. 듀이가 정의하는 모범 시민 개념은 민주주의의 의미에 대한 그의 이해와 연결되어 구체적으로 표현된다. 학교 교육과 관련하여 인식해야 할 점은 도덕 교육이 설교나 권고를 통해 이루어지지 않는다는 것이다. 예를 들면, 윤리 과목을 추가하는 것이 아이들의 도덕 교육을 개선하는 방법은 아니다. 듀이의 구분을 빌리자면, 후자는 '도덕에 대한 생각'을 배우는 것이지, '도덕적 생각'을 배우는 것이 아니다. 도덕적 생각은 "행위에 영향을 미치고 이를 개선하며, 그렇게 하지 않았을 때보다 행위를 더 나은 것으로 만드는 것"이다(MW 4:267).

인성은 언제나 아이가 겪는 경험을 통해서 형성된다. 민주적 교육은 이 사실을 인식하고 이를 그 자체의 목표를 위해 활용해야 한다. 교육자가 직면하는 과제는 "아이들과 청소년들이 습득하는 수많은 생각이 생동감 있는 방식으로 받아들여지도록 하여, 그것들이 행위를 이끌 때 **동력이 되는** 생각, 즉 동기적 요인이 되도록 하는 것"이다. 종종 비신체적 사고가 제거되면 '순수한' 학습과 사회적 행동 간의 경계는 사라지게 된다. 생각은 '생동적'이고 '동적인' 것이 된다. "이 요구와 기회는 주제가 무엇이든 간에 모든 교육에서 도덕적 목적을 보편적이고 지배적으로 만든다"(MW4: 267).

민주주의 맥락에서 이 보편적인 도덕적 목적은 사회적 이상에 종속된다. 19세기 사상과는 달리, 듀이는 민주주의 사회가 주로 개인이 원하는 대로 할 수 있도록 허용하기 위해 존재한다고 믿지 않는다. 민주적 이상은 사회적 이상으로, 그것은 함께 살아가기 위한 최적의 조건을 제공하는 삶의 방식을 촉진하고자 한다. 이러한 이유에서 학교 교육의 도덕적 목석은 나른 사림들과 함께 잘 협력하도록 장려하는 습관을 기르는 데 있다.

> 공동체 복지에 대한 관심, 즉 정서적일 뿐만 아니라 지적이고 실천적인 관심은 — 이를 테면 사회 질서와 진보에 기여하는 모든 것을 인식하고 이러한 원칙을 실행하는 것에 대한 관심 — 은 모든 특별한 학교 습관들이 생활의 활력에 의해 생기를 더하게 될 때, 그 습관들이 관련되어야 하는 도덕적 습관이다. (MW4:274)

그렇게 공동체 복지에 대한 관심을 지도적 관심으로 만들기 위해서 민주적 공동체는 여러 습관을 심어주기 위해 노력해야 할 것이다. 예를 들면 (1) 시간 지키기, 정리 정돈, 신뢰성과 같은 모든 형식의 문화에 적절한 습관, (2) 민주적인 삶의 협력, 유연성, 타인의 복지에 대한 관심이 있어야 한다.

이러한 습관을 촉진할 수 있는 환경을 제공하기 위해 가장 중요한 전제 조건은 학교 자체가 공동체로 간주되어야 한다는 것이다. 아이들은 가장 초기의 교육에서부터 공동체 생활에 성공적으로 참여하는 데 필요한 경향성과 행동을 습관화해야 한다. 이렇게 학생들에게 타인을 고려하는 삶을 제대로 접할 수 있게 하면 "우리는 훌륭하고 아름다우며 조화로운 더 큰 사회에 대한 가장 깊은, 최상의 보장을 갖게 될 것이다"(MW 1:19-20).

학교가 더 넓은 공동체의 삶에 영향을 미치는 특정 습관을 기르고자 하면, 공동체와 단절된 고립된 섬이 되어서는 안 된다. 아이들에게 특정 행동은 학교에서 적절하지만, 학교는 일상생활에 대한 인위적인 중단을 포함하기 때문에 그런 행동이 학교생활에만 국한된다는 인상을 주어서는 안 된다. 듀이는 이러한 태도를 "형식적" 도덕 훈련이라고 했다. 장려되는 의무는 "생활의 의무가 아닌, 분명히 학교의 의무이다"(MW 4:274).

학교가 작은 공동체로 인식되면, 교육의 도덕적 목표에 부합하는 페다고지 기술이 사용되어야 한다. 민주주의 사회에서 이러한 목표는 "흡수, 배타성 및 경쟁 대신에 공감과 협력에 호소하는 방법이나 활기 있는 사회적 정신"의 발달로 이어져야 한다(MW 4:279). 이 목표에 가장 잘 맞는 페다고지는 인간의 통합적인 본질을 가장 잘 인식하는 페다고지이다. 인간은 내용이 쏟아지기를 기다리는 텅 빈 정신이 아니다. 그들은 지적이고 구체적인 존재이며, 활동적이고 실험적이며 호기심이 많다. 그들에게는 자연적 충동을 바탕으로 하는 공동의 과제에 대한 안내가 필요하다.

따라서 듀이의 교실은 이 장의 두 가지 중심 주제인 인간 본성에 대한 관점과 민주주의에 대한 이해를 통합한다. 앞서 우리가 본 것처럼 교육은 그 자체를 목적으로 삼아야 한다. "우리가 어떤 시점에 어떤 사람을 선택하더라도, 그가 여전히 성장 과정에 있다면, 교육은 이후에 올 어떤 것을 준비하는 것이 아니라, 부차적인 산물로서만 존재한다. 현재에서 그 속에 존재하는 성장의 정도와 종류를 이끌어내는 것이 교육이다(MW 12:185). 준비로서의 교육은 잘못된 습관, 즉, 다른 사람을 희생시키면서 경쟁하고 개인적인 성취를 추구하는 습관을 낳는다. 이 습관은 우리 사회에 널리 퍼져 있는 특징이다. "게다가 원칙적으로 멀리 떨어져 있는 성공은 앞서 나가고자 하는 이기주의적 욕구, 즉 다른 사람보다 앞서고자 하는 욕구가 강한 사람들에게 가장 매력적인 목표라는 사실이 밝혀질 것이다"(MW 4:277).

교실이 활동과 아동의 자연스러운 호기심 발달을 장려하지 않으면 개인 경쟁에 대한 강조가 강화된다. 페다고지는 항상 아이들이 수동적으로 흡수하는 것이 아니라 적극적으로 참여하도록 해야 한다. 모든 학생이 동시에 같은 구절을 읽고, 모두가 교사의 말을 반복하는 암기 방식으로 구성된 교실은 목적을 향한 협력적인 활동이 완전히 부재한 교실이다. 그러한 교실은 "사회적 분업을 위한 기회가 거의 없다. 각 아이가 자신만의 무언가를 구체적으로 만들어내고, 그것을 공동의 자원에 기여할 기회도 동시에 다른 사람의 결과물에 참여할 기회도 없다"(MW 4:275).

반대로 프로젝트 작업을 함께 하는 것은 아이에게 기여하는 감각을 불러일으킬 수 있다. 이는 개인적 성공을 향한 길에서 다른 사람은 극복해야 할 장애물이 아니라는 태도를 심어주는 데 도움이 될 수 있다. 우리의 공동 시민들은 협력적인 노력을 통해서만 만들어낼 수 있는 공유된 결과를 함께 만들어가는 기회를 제공하는 존재로 인식될 수 있다. 이런 경우 동기는 낮은 성적에 대한 두려움이나 교사에게 깊은 인상을 주려는 외재적 동기가 아니라, 내재적으로 목적을 누적적으로 실현하는 것과 연결된다.

학교 밖의 세계는 우리가 다른 사람과 협력해야 하는 곳이다. 민주 사회는 행동을 취하기 전에 다른 사람을 고려하는 것을 중요하게 생각한다. 듀이적 맥락에서 학교 교육은 이러한 더 큰 환경과 연속적인 활동일 뿐이다. 이는 피난처가 아니다. 그렇다고 특정한 직업을 위해 사람들을 훈련시키는 단순한 산업의 도구도 아니다. 학교는 합리적인 공동체를 구성하는 많은 공동체 중 하나이다. 그것은 (1) 대우주를 반영하고, (2) 번영하는 민주적 삶의 기회를 최적화할 일종의 습관을 장려해야 하는 소우주이다.

요약하자면, 민주 사회에서 교육은 여러 가지 목표를 가진다.

1. 교육은 즉각적인 경험의 가치를 강조해야 하며, 이를 미래 결과에 대한 수단으로만 보아서는 안 된다. 이는 각 개인의 고유한 가

치를 인식하는 데 대한 교육적 결과이다. 교육은 현재의 중요성을 끌어내려고 해야 한다. 교실의 경험을 포함한 현대의 경험은 본질적인 가치를 가진다. 그것은 단순히 먼 목표를 위한 수단이 아니다. 듀이에 따르면, 교육은 준비가 아니다.

2. 교육은 학생들의 관심을 넓혀야 한다. 이는 그들이 동료 시민들과 다양한 관계를 맺을 수 있도록 해방시키는 데 도움이 된다. 또한 그들이 사회적 복지에 기여할 수 있는 고유한 방식, '개인성 individuality'을 개발할 수 있도록 한다.

3. 마지막으로, 교육은 학생들이 공동체 생활에 익숙해지도록 해야 한다. 이 삶의 특징은 무엇보다 진공 상태에서 이루어지지 않는 의사결정 과정에 있다. 의사결정은 개인의 독자적인 의지 행위에 이루어지는 것도 절대적 진리에 대한 통찰을 주장하는 개인에 의해 이루어지는 것도 아니다. 오히려 이 과정에는 다른 사람들의 욕망과 상황뿐만 아니라, 그들이 제공하는 정보를 기꺼이 고려하려는 의지가 포함되어 있다.

이 지점에서 민주주의에 대한 분석과 철학적 인류학의 정립은 하나로 합쳐져, 듀이를 유명하게 한 새로운 개혁의 흐름으로 나아간다. 교육은 학생들의 경험에 뿌리를 두어야 하고(LW 13:49), 교사는 반복할 문구를 외치는 로봇이 아니라 '집단 활동의 지도자'가 되며(LW 13:37), 모든 학교에 동일하게 적용되는 단일하고 경직된 교육 과정은 '불가능하고'(LW 13:52), 학교는 완전히 분리된 실체들이 아니라 공동체의 소우주가 되어야 한다. "수업을 배우는 장소로서 삶과 분리된 학교 대신에, 우리는 학습과 성장이 현재의 공유된 경험의 사건인 작은 사회 집단을 갖는다"(MW 9:368).

이러한 제안들은 모두 근대적 인간을 넘어서는 듀이의 프로젝트와 일치한다.

1. 신체적 활동은 거부되는 것이 아니라 학교의 일상생활에 통합된다.
2. 정신은 의미를 인식하는 능력의 완전히 체화된 성장과 동일시되며, 비어 있는 용기로 간주되지 않는다.
3. 인간의 본질적인 사회적 성격은 학교가 작은 공동체가 되어야 함을 의미한다. "사회생활에 참여하는 것 외에 학교에는 도덕적 목적이나 목표가 없다"(MW 4:271).

JOHN DEWEY

제
작
하
기

Rethinking
Our Time

6장

제작하기

Making

예술 대 기예

미학Aesthetics은 철학의 정원에서 비교적 새로운 식물이다. 그것은 시기적으로 말하면 18세기, 지역으로는 독일에서 탄생했다고 할 수 있다.[1] '이성reason'과 '진리truth'는 그 당시의 쌍둥이 신이었

---

1   이 용어의 기원은 알렉산데르 바움가르텐의 『시학에 관한 성찰Reflections on Poetry』
    (1735, 78)에서 찾을 수 있다.
    역주: 원제목은 '시에 관한 몇 가지 철학적 성찰Meditationes philosophicae de nonnullis ad
    poema pertinentibus'로, 이는 바움가르텐의 학위 논문이다. 이 논문에서 '미학'이라는 용
    어가 최초로 등장한다. 그러나 학위 논문에서 처음 사용된 '미학'이라는 용어는 오늘

고, 칸트와 뉴턴은 그 시대의 거인들이었다. 계시 종교와 사변적 형이
상학은 비판 철학과 과학적 방법의 이중 공격 앞에서 완전히 퇴각 중
이었다. 이러한 지적 격동의 한가운데에서 '대문자 A'로 쓰인 '예술^Ar
t'2이라는 새로운 싹이 등장했다.

근대 이전의 유럽과 비유럽 문화는 이러한 존재에 대한 필요성을
느끼지 못했다. 물론 기존 문화는 다양한 예술^arts과 관련되어 있다.
그러나 이들 문화에는 공예와 순수 예술 사이를 명확하게 구별해 주
는 갈릴레오적 정화가 없었다.3 예술은 공동체의 일상생활 속에 통합
되었다. 그것은 종교와 페다고지를 위해 유용하게 사용될 수 있었고
종종 오락의 역할도 하였다.

이와 대조적으로 로빈 콜링우드Robin G. Collingwood가 지적한 것처럼,
18세기는 순수 예술과 실용 예술 사이에 확실한 경계가 설정되었다.
순수 예술은 "정교한 혹은 고도의 기능을 갖춘 예술이 아니라 '아름다
운' 예술(프랑스어로 les beaux arts, 이탈리아어로 le belle arti, 독일어로 die
schöne Kunst)"을 의미했다(Collingwood, 6). 칸트는 계몽주의 합리성의 엄
격한 세계 내에서 그렇게 간주된 예술을 이해하고 이를 위한 공간을

날의 미학과 의미가 다르다. 바움가르텐은 그것을 감각적 경험을 인식하고 그에 대한
지식을 체계적으로 다루는 '지각의 과학'으로 정의했다. "알려진 것들은 상위 능력에
의해 논리의 대상으로 인식되어야 하며, 지각된 것들은 하위 능력에 의해 지각의 과
학, 즉 미학의 대상으로 알려지게 된다"(§ 116)(ibid., 78).

2 **역주:** 이후 대문자 A로 쓰인 예술^Art은 번역에서 '예술'로 표기하고, 그 외의 것은 작은
따옴표 없이 예술로 옮긴다.

3 "그리스인과 로마인들은 우리가 예술이라고 부르는 것에 대해 공예와 구별되는 개념
을 가지고 있지 않았다. 그들은 우리가 예술이라고 부르는 것을 단지 시의 기술(시학
ars poetica)과 같은 일련의 공예로 간주했다. 그들은 시의 기술이 원칙적으로 목공과 같
으며 다른 공예들과는 오직 방식으로만 다를 뿐, 때로는 그 차이에 대해 분명하게 의
구심을 품기도 했다"(Collingwood, 5).

마련하려는 지난한 문제에 씨름했다. 칸트를 따르는 이들도 같은 어려운 과제에 직면했지만, 이를 해결하기 위한 방식은 다양했고 종종 상충되기도 했다.

일부 철학자들, 대부분 독일인이었던 그들은 진리 규정에서 예술을 이성에 맞서는 경쟁자로 자리 잡게 하고자 했다. 예를 들면 쇼펜하우어는 플라톤의 『이온Ion』에 공명하면서 예술적 창조를, "그 작용이 (…) 모든 성찰과 의식적인 의도와 거리가 먼, 영감으로 불릴 수 있는 천재의 작품"으로 찬양했다. 음악 작곡가는 "세계의 내적 본성을 드러내고 자신의 추론능력으로 이해할 수 없는 언어로 가장 심원한 지혜를 표현한다"(Schopenhauer, 260)고 했다. 헤겔은 예술 작품 안에서 "자연적 진화 영역에 한정되지 않고, 세계사에서 그 자신을 드러내는 진리의 전개"(Paolucci, 220)를 찾을 수 있다고 주장하며 이러한 경향을 이미 확립했다.[4]

반면에 사상적 스펙트럼의 반대편 끝에 위치한 실증주의는 예술을 단순한 감정 발산의 수단으로 폄하했다. 그들은 과학이야말로 시대의 쌍둥이 신, 즉 '이성'과 '진리'의 예언자라며 찬양했다. 과학은 이성이 구현된 것이자 진리에 접근할 수 있는 유일한 수단으로 여겨졌다. 세계의 쇼펜하우어주의자와 헤겔주의자는 잘못된 가르침에 이끌린 맹목적 숭배자들이었다. 그들은 이 '예술'이라는 거짓 예언자를 숭배하고 그것이 자신들을 진리로 이끌 것이라고 어리석게 믿었다. 에이어

---

4 독일 철학의 미학 연구에서 장–마리 셰페르는 새로운 미학적 입장을 다음과 같이 요약한다. "가장 근본적인 방식에서, 그것(예술)의 본질은 그것에만 고유한 인식적 상태에서 찾을 수 있다고 생각되었으며, 이는 그것을 토대적 지식이자 토대의 지식으로 만든다"(Schaeffer, 15). 이 번역은 나의 번역이다.

가 주장하듯이 예술 작품에 관한 담론, 즉 미학 비평은 "지식을 전달하기보다는 감정을 전하는 데" 그 목적이 있다(Ayer, 113).

쇼펜하우어식의 예술과 진리의 연계를 거부하고자 하면서도 '예술'을 특권적인 위치에 두고자 했던 다른 이들은 플로티노스적 유혹에 굴복했다. 그들은 '예술'을 다른 모든 인간의 생산물과 정확히 구분짓는 단 하나의 특징이 무엇인지 규명하고자 했다. 클라이브 벨Clive Bell의 유명한 저작 『예술Art』은 이와 관련해서 크게 영향력을 미쳤다. 그 책에서는 단일한 특성을 규명하고자 하는 본질주의적 충동이 명료하게 표현되었다. 예술과 공예를 구분하지 못했던 전근대의 대혼란은 그 구별이 불명료했고 극복될 필요가 있었다. 벨은 "모든 민감한 사람들"(예를 들면, 동질적인 영국 지식인들)이 "예술 작품이 불러일으키는 독특한 정서가 있다는 것에 동의한다"고 주장했다(Bell, 8). 이러한 정서를 야기하는 속성은 '유의미한 형식'이다. 모든 참된 예술 작품에서 "특유의 방식으로 결합된 선과 색, 특정한 형식과 형식의 관계가 우리의 심미적 정서를 자극한다"(Bell, 8). 이렇게 해서 벨은 20세기 전환기 유럽 회화 예술에서 나타난 비재현주의 혁명에 잘 맞는 예술에 대한 이해를 명확히 제시했다.

마지막으로 오스카 와일드Oscar Wilde의 『도리언 그레이의 초상The Picture of Dorian Gray』에서 구현된 비신체적 심미주의가 있다. '예술'은 생활 속의 일상적 사건과 유리된 영역에 있는 것으로 이해되었다. 사실, '예술'의 중심적 역할은 일상적 삶의 여파, 어려움, 결핍으로부터 위로와 피난처를 제공하는 것으로 규정되었다. 소설은 고급과 저급, 순수와 속류의 대립 축으로 구성되었다. '예술'은 인간 삶의 순수하고 고양되며 초연한 열망의 본거지이다. '예술'에서 우리는 시간의 신체적 리듬(아동기, 청년기, 성인기, 노년기)과 공동체 생활의 사회적 리듬(상호의무, 책임, 잘못된 선택의 귀결)으로부터 피난처를 찾을 수 있다. '예술'은 회복시키고 치유하는 것이다. 도리언은 시빌 베인의 자살에서 자신의 역할을 잊기 위해서 오페라를 보러 간다. "그리고 그보다, 친애하는 바질이여. 참으로 나를 위로해 주고 싶다면 일어난 일을 잊을 수 있도록, 아니면 적절한 예술의 관점에서 볼 수 있도록 가르쳐 주시오. 일찍이 『예술의 위로la consolation des arts』를 썼던 것은 바로 고티에Gautier가 아니었소?"(Wilde, 140) 만일 인간이, 설사 잠시일지라도 물질적 세계에 사로잡힌 그 중력과 힘에서 벗어날 수 있으려면 예술은 순수하고 고상한 것이어야 한다.

예술에 대한 이 같은 이해 방식은 근대 유럽이 독특한 상정에 기초하여 구축되었다. 예술을 '예술Art'로 치환하는 것이다. 오늘날 우리가 '공예'라고 부르는 것을 포괄하는 예술과 공동체 삶의 내부에 통합되어 있는 예술을 관대하게 포용하는 근대 이전의 예술은 뒤로 밀려났다. 그 대신 18세기와 19세기는 '예술'을 기념했다. 그 시대 이전부터 (그리고 그 시대 이후에도) 인간은 건축, 린넨류, 정원, 도자기, 가면, 음악, 조각, 연극, 시 같은 다양한 것들을 만드는 일에 참여해 왔다. 그 시대에는 많은 예술이 있었지만 '예술'은 없었다.

'미학'이라는 성찰의 새로운 영역은 지금까지 인식되지 못했던 것을 단순히 발견한 것이 아니었다. 그것은 문화적 존재의 직물 속에 직조되어 있던 것을 현실의 독립된 요소로서 절취하고 강조한 뒤 격리시켰다. 그렇게 함으로써 예술가를 새로운 지위로 끌어올렸다. "19세기 후반, 예술가는 우월한 존재로 우리 주위를 걸어 다녔고, 심지어 옷차림만으로도 보통 사람들과 구별되었다"(Collingwood, 5). '예술가 artist'는 다양한 소재로 다양한 양식의 작품을 제작하는 사람들에게는 더 이상 적절한 말이 아니었다. 그들 중 일부 특별한 사람은 '예술'이라고 불리는 희귀한 이상을 추구하는 '창조자'로 간주되었다.

한동안 이러한 발명은 긍정적이고 진보적인 것으로 옹호되었다. 그러다가 20세기에 재평가의 징후가 나타났다. 한 예로 앙드레 말로 André Malraux는 '예술Art'이 꽤 최근에 탄생했다는 것을 인정했다. "고대 동양에서도, 중세에서도 우리가 '예술Art'이라는 낱말로 표현하는 생각을 인식하지 못했다"(Malraux, 207).[5] 현대 수집가와 박물관 학예사들은 과거의 '걸작'을 찾아내고 선별한다. 그러나 그것들은 "예술 개념

---

5   20세기 초, '예술'에 대한 반작용이 일본에서 나타났다. 민속 예술 운동인 민예운동은 야나기 소에츠Yanagi Soetsu에 의해 강력하게 주장되었으며, 그는 민속 예술 박물관을 설립하여 이를 전파했다. 소에츠는 "미와 기능, 물질과 정신이 결합되는 정도에 따라 사물이 찬미받을 수 있다는 새로운 미학적 기준"을 제시한 이론을 지지했다(Frolet, 13). 이 번역은 내가 한 번역이다. 반대 의견으로 말로Malraux의 비판을 보고 싶다면, 곰브리치의 견해를 참고하라.

역주: 야나기 소에츠柳宗悅(소에츠는 필명이며 본명은 무네요시, 1889~1961)는 일본의 철학자이자 민예 운동의 지도자다. 그가 1920년대에 창안한 민예民藝, 즉 민속 공예는 일본 최초의 현대 공예 및 디자인 이론 중 하나였다. 그의 사상적 궤적은 네 단계로 구분된다. 처음에는 서구의 미학과 민족 예술 개념을 형성했고, 그 다음 단계에서는 관심을 서구에서 동양으로 전환하며 한국 미술의 아름다움을 발견하고 '비애의 미'라는 이론을 형성했다. 그는 한국 미술이 역사적 슬픔을 반영한다고 보고, 도자기의 형태나 '구름과 학', '버드나무와 오리' 같은 디자인, 선과 백색의 사용에서 그 비애를 읽어냈다. 그러나 이 이론은 후에 한국에서 '식민주의적 미학'이라는 비판을 받았다. 세 번째 단계에서는 일본의 민속 공예를 연구하며 1925년 '민게이民藝'라는 용어를 만들어 운동을 시작했으며, 네 번째 단계에서는 불교 미학과 민예 이론을 결합하며 이론적 완성을 시도했다. 야나기는 불교학자 스즈키 다이세츠와 교류하며 민예론을 불교적 관점에서 재해석했고, 서구 공예가들에게도 깊은 영향을 미쳤다(Yuko Kikuchi (1997), "A Japanese William Morris: Yanagi Soetsu and Mingei Theory", *Journal of William*. Morris Studies, no. 12-2, pp. 39-41).

이 존재하지 않는 예술가에 의해 창작되었다"(Malraux, 210). "로마네스크 양식의 십자가는 동시대 사람들에게 조각 작품으로서 이해되지 않았다. 치마부에의 '마돈나'도 회화로서 여겨지지 않았으며, 심지어 페이디아스의 '아테나 여신상' 역시 본질적으로 조각상이 아니었다"(Malraux, 9).[6]

새로운 하이브리드 미학/'예술Art'이 번영하려면 적절한 토양이 준비되어야 했다.[7] 미학 이론은 근대성의 이원론적 기반, 즉 신체와 정신, 이성과 감정, 주관과 객관의 분리에서 풍부한 토양을 얻었다. 그러나 이러한 새로운 성장에는 많은 돌봄이 필요했다. 그것은 자연스럽게 성장하지 않는다. 그것을 살아있게 하려면 일종의 온실이 필요했다. 이러한 조성은 근대성의 또 다른 발명품인 박물관이 제공했다. 박물관은 "관람객에게 예술 작품에 대한 완전히 새로운 대도를 강요했다. 박물관은 그것이 소장한 작품들을 본래의 기능에서 분리시키는, 심지어 초상화조차 '그림'으로 변화시키는 경향이 있었다"(Malraux, 9).

말로는 '벽 없는 박물관'이 등장한 새로운 세계를 예견했다. 사진술

---

6 말로의 중요성을 지적해 준 것과, 이 장에 영향을 미친 그 밖의 많은 통찰들에 대해, 나는 토머스 알렉산더Thomas Alexander에게 큰 빚을 지고 있다. 특히 알렉산더(Alexander, 1987a)를 참고하라.

7 **역주:** 보이스버트는 듀이의 관점에서 새로운 하이브리드 개념인 'aesthetics/Art'의 필요성을 말한다. 그는 심미적 감상과 제작하기의 혼용을 'aesthetics/Art'로 표현하는데, 이는 '예술적artistic'이라는 낱말이 주로 제작 행위를, '심미적esthetic'이 지각과 향유를 나타내는 현실에서 두 개념을 포괄하는 영어 단어가 없음을 아쉬워한 듀이의 문제의식을 반영한다(LW 10:53). 듀이에게 예술은 능동적인 것과 수동적인 것, 행함과 겪는 것을 포괄하는 경험으로, 그의 예술에서 '제작적인 것'과 '심미적인 것'은 별개의 것이 아니다. 이러한 '경험'으로서 예술은 인간 경험의 정점이며, 예술은 사회적 장의 형성 그 자체로 각자의 고유성을 유지하며 상호 연결을 가능하게 하고, 민주적 이상을 실현하는 기반이 된다. 이러한 공유된 활동 속에서 선이 발휘되고 사회적 조화가 이루어지는데, 이는 넓은 의미의 예술로 볼 수 있다. 이후 2, 3, 4절의 내용은 이를 담고 있다.

의 개선은 다수의 개인이 복제물을 감상할 수 있다는 것을 의미했다. 그것은 또한 박물관에는 어울리지 않는 작품, 즉 특정 장소를 위해 제작된 조각상, 프레스코화, 아시아와 아프리카의 조각상들이 훨씬 널리 노출될 수 있다는 것을 의미했다(Marlaux, 12). 그러나 말로의 벽 없는 박물관은 '예술'이라는 개념에 도전하지 않았다. 그것은 단지 그 개념에 대한 접근성을 넓혔을 뿐이다.

그와 대조적으로 '예술'에 대한 근본적인 도전을 시도한 사람은 바로 듀이였다. 그는 예술에 관한 박물관적 개념 자체를 비판했다(LW 10:14). 박물관은 예술 작품이 일상생활의 환경과 분리된 것이라는 신념을 강화한다. 자본주의, 국가주의, 제국주의의 발전은 예술 '대상'을 소유물로 만드는 강력한 요소로 작용했으며, 이 소유물의 가치는 금전적 관점, 국가적인 자긍심, 혹은 문화적 및 군사적 우월성이라는 기준에 따라 평가되었다. 특정 '순수' 예술에 속한 '영감을 받은' 특정한 개인만이 '예술가'라는 칭호를 받을 자격이 있고, 그들의 작품은 일상생활과 분리되어야 한다는 편협한 본질주의적 가정은 이제 도전받고 있다.

듀이는 이전 철학이 예술 작품을 "다른 어떤 것도 아닌 순수 예술의 표본"으로 변형시켰다는 것을 인정한다(LW 10:15). 그러나 그에게 그러한 변형은 찬양받을 일이 아니다. 오히려 이는 "일상생활의 정상적인 과정과 심미적 경험의 연속성을 회복하는 것"(LW 10:16)이라는 문제를 인식하는 데 도움을 준다. 이러한 회복의 요구는 이 장의 서두에서 언급된 다양한 해석의 기초가 되는 삶과 '예술'의 분리, 감정과 이성의 분리를 약화시킨다. "일상생활의 정상적인 과정과 심미적 경험의 연속성"을 회복하는 것은 쉬운 일이 아니다. 그것은 19세기 미학으로부터 성장한 이중의 위계 구조에 의해 가로막히고 있다.[8] 통일로 향하는 플로티노스적 유혹은 여기서 두 단계로 진행된다. 첫째, 몇 가지 예술이 '순수' 예술을 포괄하는 것으로 특권을 부여받는다(전형적으로 건축, 조각, 회화, 시, 음악이 해당된다). 그런 다음, 이 예술들 가운데서 가장 완전한 표현으로 한 가지 예술이 선택되어 정점의 지위를 부여받으면서 위계화가 완성된다. 쇼펜하우어에게는 그것이 음악이었고, 헤겔과 하이데거에게는 시였다. 당연히 칸딘스키는 회화를 물질에서 벗어나 정신적 영역으로 이끌 수 있는 최고의 예술로 보았다.[9]

듀이는 이러한 위계 구조를 단호하게 부정한다. '회화, 조각, 시, 노래 및 교향곡'이 예술에서 '순수'를 대표한다는 제한적인 관념은 '관

---

8 이전 세기의 가장 위대한 사상가였던 칸트는 미적 판단을 인식적인 판단에 포함시키는 것을 거부함으로써 예술에 관한 비본질주의적 이해의 가능성을 열어놓았다. J. M. 셰페르Jean-Marie Schaeffer는 최근 3세기 동안의 미학 연구에서 이 같은 미개발의 가능성에 대해 설명한다. 칸트주의자는 미적 판단의 특수한 성격을 강조하는데, 예술에 적용될 경우, '예술'의 본질에 관한 정의에 기초한 어떠한 철학적 교의에도 인식론적으로 무효화하며, 미학적 담론은 작품에 대한 평가적 비평과, (덧붙이자면), 그것들의 현상적인 구조 연구에 한정한다. 낭만주의 ― 및 그것에 이어지는 모든 흐름 ― 는『판단력비판Critique of Judgment』의 논의를 단절시켰고, 아름다움을 진리에 환원시켰으며, 미적 경험은 존재론적 내용의 표현과 동일시했다"(Schaeffer, 23, 번역은 나의 것이다).

9 헤겔에게 연극은 시의 최고의 형식이었고 그 자체로 최고의 예술이었다. "그 말은 크게 소리 낼 필요도 없고, 글로 쓸 필요도 없는 것으로, 상상의 지성에 직접적 호소하는 기호이며, 그 기호는 헤겔이 설명하는 것처럼 물질적인 수단 없이도 다른 모든 예술에 효과를 만들어낼 수 있다"(Paolucci, xii). 쇼펜하우어에 대해서는『의지와 표상으로서의 세계The World as Will and Representation』제1권, 52쪽 참조. 하이데거의 견해는『예술 작품의 기원The Origin of the Work of Art』에서 다음과 같이 간결하게 표현된다. "예술의 본질은 시다. 시의 본질은 진리의 창조이다"(Heidegger, 1971, 75). 칸딘스키에게 화가는 직접적으로 영혼에 작용한다. "일반적으로 말하면, 색채는 영혼에 직접적으로 영향을 끼친다. 색채는 건반이고 눈은 망치이며, 영혼은 많은 현을 가진 피아노이다. 예술가는 하나의 건반을 누르거나 다른 건반을 목적적으로 누르면서 영혼에 진동을 일으키기 위한 연주하는 손이다"(Kandinsky, 44).

습적'이다. '순수'라는 것은 미리 선택된 특권적 계급구성원인지 여부에 달려 있지 않다. 순수성은 선행 범주가 아니라, 성취에 토대한다. 인간이 만든 작품이 직접적인 만족을 제공하고 세련된 것을 바라는 욕구를 불러일으킬 때마다 그 작품은 언제나 '순수'라는 이름을 붙일 가치가 있다. "사물에 대한 지각이 즉각적인 선이고 그 작용이 다른 사건에 대한 즐거운 지각의 지속적인 원천인 사물을 생산하는 모든 활동은 예술의 순수를 보여준다"(LW 1:274).

제작은 예술가가 만드는 것과 예술 작품 자체가 공동체 경험 속에 들어가면서 유발하는 것을 모두 포함하는 지속적인 과정이다. 듀이는 '예술Art'이라는 완전히 독립적인 범주를 인위적으로 조성하는 것을 멀리한다. '순수 예술'로 불리는 것들과 연관된 제작은 인간의 창조성을 고갈시키지 않는다. 18세기와 19세기의 편견을 극복한다면 정원이나 공원 설계와 같은 주변부 예술도 예술의 범주로 다시 받아들일 수 있다. 그러나 그것이 전부는 아니다. 장인과 기술자 등 오래도록 잊힌 관계자들도 예술 가족의 일원으로 재등장한다. 도자기, 퀼트, 춤, 다리 설계, 지하철 설계 모두 순수를 보여줄 수 있다. 중요한 것은 전문화된 '예술' 개념에 대해 사전에 맹목적으로 헌신하는 것이 아니라, 활동이 수행되는 방식이다. 덴마크의 한 여성이 손수 직조한 장식 앞치마는 프랭크 스텔라Frank Stella와 크리스토Christo의 예술만큼 예술의 순수성을 드러낼 수 있다.

물질과 분리된 '정신적인 것'을 강조하는 칸딘스키의 비신체적인 것 대신에, 우리는 철학적인 전통에서 종종 무시되었거나 좁게 해석되어 온 '인간'이라는 범주를 위한 적절한 프래그머티즘적 공간을 마련해야 한다. 인간을 강조함으로써 우리는 '제작'과 그 산물이 "공통의 경험에서 찾을 수 있는 질을 이상화하는" 방식을 이해할 수 있다 (LW 10:17). 이렇게 함으로써 우리는 1700년대 이후 서구 사상을 지배해 온 태도와 가치 평가를 변화시킬 수 있다. 이 장의 앞부분 인용문에서 콜링우드가 지적했듯이 18세기는 '순수' 예술을 '아름다운' 예술과 동일시하여 예술의 범위를 좁혔다. 그 결과, 설사 어떤 제작물이 섬세하고 고도의 기교를 요하는 것으로 증명되었더라도 다른 인간의 제작 영역은 주변부로 밀려났다. 듀이는 이러한 경향을 뒤집어 '섬세함'과 '고도의 기교'라는 폭넓은 특성을 발휘할 수 있는 모든 영역을 다시금 중심적인 위치에 두고자 했다.

이 장에서는 이 새로운 듀이적 이해와 관련된 주요 주제들을 개략적으로 살피고자 한다. 특히 중요한 몇 가지 주제가 있다. 첫 번째는 이미 다룬 것으로 예술 그 자체의 의미이다. 두 번째는 경험주의 이후, 철학적 어휘에서 중심적인 역할을 해 온 '경험'이다. 그 밖에 '상상력', '표현', '의사소통'은 듀이의 예술 분석에서 새롭고 특별한 역할을 부여받는다.

경험

경험은 듀이의 어휘에서 중심적인 용어이다. 실제로 그는 자신의 가장 중요한 두 저서의 제목에 이 낱말을 포함시켰다. 『경험과 자연Experience and Nature』과 『경험으로서의 예술Art as Experience』이 그것이다. 그러나 2장에서 본 것처럼 '경험'이라는 용어는 듀이가 극복하고자 했지만 성공하지 못한 18세기 경험주의적 함의를 내포한, 오해의 소지가 있는 낱말이기도 하다.

듀이는 만년에 이 용어를 둘러싼 의미론적 논쟁과 설명에 지친 나머지, 카루스 강연[10]의 제목을 "경험과 자연"에서 "문화와 자연"으로 바꾸려 했다(LW 1:361). 그러나 그가 생각한 '문화'라는 용어 역시 "무한히 다양한 방식으로 경험된 광범위한 사물"을 가리키는 문화인류학적 관점의 의미로 이해한다면 더 적합한 낱말이 될 수 있었을 것이다. 다만, 고유한 의미 체계를 지닌 '문화'라는 용어가 '경험'이라는 용어보다 더 나은 선택이었을 것이라고 확신할 수는 없다(LW 1:361–64).

경험에 대한 듀이의 이해의 핵심에는 중립적인 자료를 지적으로 수용하는 것과 관련된 어떤 의미도 거부하는 데 있다. 경험하기란 전적으로 인간적인 활동이다. 그것은 인간의 관심사와도, 적극적인 실험과도 분리될 수 없다. 듀이는 자신의 독자가 프랑스어를 이해하고 있었다면 이 낱말의 용법을 설명하는 것이 덜 어려웠을지도 모른다. 프랑스어에서 '실험'과 '경험'은 영어와는 거의 정반대의 의미를 지닌다. 어떤 사람이 '실험을 많이 해 본 사람(experimented)'이라는 것, 즉 프랑스어 'elle est expérimentée'는 영어로 '그녀는 경험이 풍부하다'는 것을 의미한다. 어떤 사람을 두고 그들이 '경험을 하고 있다(making experience)'라고 말할 때, 다시 말해 프랑스어 'faire des expériences'는 '실

---

10 **역주**: 1925년에 설립된 카루스 강연은 종교 및 철학 연구가 폴 카루스를 기리기 위한 시리즈 강연이다. 이 강연은 카루스 가문의 후원으로 이루어지는데, 미국철학회(APA) 분과 회의에서 주요 세션으로 3일 간에 걸친 세 강연으로 구성된다. 첫 번째 강연자는 존 듀이였다(https://www.apaonline.org/page/carus).

그림 6.1 존 듀이, 메이플 로지, 1949(카본데일에 위치한 서던 일리노이 대학교 모리스 도서관 특별 소장품, 존 듀이 문서 제공)

험에 종사하고 있다'는 것을 의미한다. 이처럼 실험과 경험의 결합은 듀이가 말하고자 하는 것을 이해할 때 극히 중요하다.

현대 영어의 용법에서 '경험'은 수동적인 수용성이라는 의미가 지배적이며, 이는 프랑스어의 의미와 정반대이다. 듀이주의적 의미를 되살리기 위해서는 이 용어를 형용사로 이해할 필요가 있다. 예를 들면 우리가 어떤 사람을 두고, 그녀는 '경험이 풍부한' 조종사, 혹은 '경험이 풍부한' 상담가라고 말할 수 있다. 그것이 의미하는 바는 실천과 참여를 거쳐 연구와 반성이 일체가 되어 자신의 역할을 성공적으로 수행하기에 적절한 습관을 형성했다는 것이다.

무엇보다 '경험'은 단순히 인상을 수용하는 것으로 여겨졌던 전통적 경험론의 의미로 이해되어서는 안 된다. 이는 마치 정신을 카메라의 필름처럼 여기는 것처럼, '객체'를 마주하는 '주체'에게는 적절할 수 있다. 그러나 우리는 극장에 있는 초연한 관람자가 아니다. 우리는 자신의 환경에 대한 능동적이고 다차원적인 참여자이기도 하다. 이러한 능동적인 참여와 그 결과가 결합된 것이 바로 듀이가 말하는 '경험'이다. 실험적 방법, 반성, 결과에 대한 인식은 경험의 핵심 요소이다. 경험하기는 세계 속 인간의 존재양식으로, "요약하자면 그것은 인간 특유의 것들로 이루어진, 인간적인 모든 것의 복합체"(LW 1:331)를 지칭한다.

우리의 일상을 둘러싸고 있는 것들은 단순히 축적되는 데 그치지 않고, 환경과 상호작용하기 위한 유의미한 방법을 제공하는 일련의 습관으로 완성될 수 있도록 함께 직조시킬 필요가 있다. 경험이 풍부한 사람은 유동적인 자료의 연속에 직면하는 것이 아니다. 그에게는 이제 의미가, 즉 해석적 틀 속에 놓인 사건들이 있다. 경험이 풍부한 조종사나 상담가에게 발생하는 우발적이고 다원적인 사건들은 더 이상 혼란스러운 문제가 아니다. 이 사건들은 이제 넓은 맥락 속에 자리 잡게 되고, 그에 따라 이해될 수 있다. 더 이상 그 사건들은 이해할 수 없는 고립된 것이 아니다. 사건들은 유의미하게, 다시 말해, 모든 것을 포괄한 통합된 요소들이 된다.

경험을 쌓는 과정, 즉 자료를 단순히 축적하는 데 그치지 않고 어느 정도 결정적이고 유의미한 형식으로 완성되도록 결집시키는 과정은 듀이에게 '예술'의 특징이 되는 과정이기도 하다. 우리가 전형적인 예술가로서 인정하는 이들은 고조되고 세련된 방식으로 그러한 활동을 수행한다. 듀이는 "심미적 경험이란 그것이 갖는 통일성의 경험"이라고 주장하기에 이르렀다(LW 1:331).

정신을 수동적인 자료의 수용자로 간주하는 경험주의자들의 편견 때문에, 활동과 과정에 대한 강조는 전통적인 예술 철학에서 가려졌다. 그러나 경험에 대한 더 풍성한 이해를 갖춘 듀이는 예술가가 작품을 제작하는 것에서 시작하여 이 작품의 생애 내내 지속되는 전체 과정을 강조하고자 하였다. 그러한 시간적 계열을 강조하면서 듀이는 "심미적 경험과 삶의 정상적 과정 간의 연속성을 회복"하고, 어떻게 예술 작품이 "공통의 경험 속에 발견된 여러 질qualities을 이상화하는지"를 배우기 희망했다(LW 1:331).

완성된 작품에서 시작하는 보다 일반적인 '예술'관은 도리언 그레이의 사례처럼 삶과 예술을 대립시키는 시각으로 이어질 수 있다. 듀이는 근대 이전의 관념을 재활성화하면서 그 대신에 예술적 활동을 경험과 온전한 인간적 삶의 맥락 속에 자리매김하기로 선택한다. 이러한 맥락은 매우 자연스럽게 편안함, 아름다움, 향유를 제공하거나 우리의 삶을 이해하는 데에 도움을 주는 다양한 제작 활동을 포괄한다. 한 가지 목표만을 갖는 단일한 힘으로서의 '예술'은 없다. 즉 무사심한 관조를 위한 순수 예술 작품을 만드는 것이 목표인 경우는 없다. '삶의 정상적인 과정'과의 연속성을 유지하면서도 '공통의 경험 속에서 발견된 질을 이상화'하는 다양한 방식의 제작이 존재한다.

우리는 정해진 답이 주어지지 않은 세계에서 선을 추구하는 생명체이다. 이러한 탐구는 실험, 반성, 토론, 결과에 대한 인식, 정서적 헌신, 잠정적 해결, 그리고 결과에 대한 상상적 예측을 결합한 온전한 인간적 노력을 다할 때에 가장 잘 충족될 수 있다. 요컨대 선에 접근하는 온전한 인간적 방식은 차가운 합리성도, 거친 충동도 아니다. 오히려 그것은 실험-경험이다.

듀이의 『경험으로서의 예술』이라는 제목은 예술 창작이 일상적 삶의 맥락과 분리될 수 없다는 그의 신념을 보여준다. 실제로 예술은 자연적으로 일어난 것의 세련됨으로 이해되어야 한다. 그러나 우리의 삶 속에서 경험-실험은 종종 우연적이고 일관성 없이 진행된다. 우리가 위대한 예술가로 인정하는 사람들, 프랭크 로이드 라이트Frank Lloyd Wright, 마리안 앤더슨Marian Anderson, 세잔Cezanne, 피사노Pisano, 차이코프스키Tschaikovsky, 옴스테드Olmsted와 같은 사람은 경험을 세련된 작품들로 승화시켜 자신이 소속한 공동체의 경험에 영향을 주는 모범 사례로 작용한다. 이들의 작품은 유의미하다. 즉, 그것들은 수단이자 매개자로서 후속 경험에 기여한다. 예컨대, 피사노의 설교단[11]은

---

11 **역주**: 조반니 피사노Giovanni Pisano의 '피스토이아 설교단Pistoia pulpit'은 1301년에 제작되었으며, 부친 니콜라 피사노의 영향을 받아 고딕적 요소와 부드러운 조형미를 강조한 작품이다. 조반니는 조각을 건축보다 우위에 두어, 생동감 넘치는 인물상과 명암 대비를 통해 대리석에 감정을 불어넣었다. 원래 색채와 금박으로 더욱 강조된 이 작품은 건

종교적 신앙에 구체성과 의미를 더하는 데 그치지 않고, 형식, 기능, 미가 어떻게 편안하게 조화를 이룰 수 있는지를 보여주는 모범 사례로도 자리 잡고 있다.

상상력, 의사소통 그리고 표현

생활세계와 연속성에 대한 듀이의 강조를 환원주의적으로 해석해서는 안 된다. 근대성은 유명한 헬레니즘적 주제를 다시 구성하면서 문화/자연의 분리를 상정했던 것이 사실이다. 이러한 분리를 상정함으로써 순수한 자연을 회복하려는 탐구로 이어졌다. 이 탐구를 성공적으로 이루기 위해서는 '문화'를 인위적인 부착물로 보고 그것을 제거해야 했다. 루소가 '고귀한 야만인'에 매료되고, 톨스토이가 농민에게 끌렸던 것은 이러한 탐구가 드러난 두 가지 근대적 표현이다.

기원적 340년경 활동했던 견유학파 디오게네스는 실제로 문화와 자연의 대립을 벗어난 삶을 살고자 하였다. 그는 자신이 인위적이라고 믿었던 모든 것을 거부하며 옷 몇 가지와 물을 뜨는 국자만 갖고 방랑 생활을 했다. 어느 날 아이가 손으로 물을 떠 마시는 것을 보고 국자가 얼마나 무용한 물건인지 깨달아 그것마저 버렸다. 마찬가지로 접시를 깬 아이가 빵으로 조리된 콩을 담아 먹는 것을 보고 디오게네

축과 조각의 결합을 혁신적으로 보여준다(Francesca Interguglielmi, "Giovanni Pisano's Pistoia pulpit, an innovative masterpiece", https://www.finestresullarte.info/en/works-and-artists/giovanni-pisano-s-pistoia-pulpit-an-innovative-masterpiece.

스 역시 자신의 그릇을 버렸다(Laertius, 39). '예술^Art'은 이런 세계에서 설 자리가 없다. 그것은 언제나 인위적인^art-ificial, 사람에 의해 만들어진 것이기 때문이다.

다른 한편으로 문화/자연의 구분은 예술에 대한 '정신화된' 시각을 낳았다. 여기서 인간 존재의 비자연적인 것, 다시 말해 '문화적' 차원에서 비롯된 예술이 수용되고 찬미된다. 도리언 그레이는 디오게네스와 같은 씨앗에서 자라난 모순적 꽃이다. 디오게네스는 '자연적인 것'의 이름으로 문화를 거부하며, 도리언 그레이는 세련된 '문화적' 세계로 들어감으로써 자연적인 것으로부터 벗어나려 한다. 이들은 모두 근대 사상을 규정한 문화/자연의 분리를 받아들이고, 예술을 일상적 삶의 과정과 단절된 것으로 간주한다. 디오게네스는 예술을 인위적이라고 거부하고, 도리언 그레이는 예술을 '상상력'이라고 부르는 특수한 능력의 산물로 생각한다. 두 입장은 크게 보면 자연과 문화의 분리, 즉 비신체주의에 대한 신념으로 연결된 공생 관계에 있다.

20세기 삶의 일상 세계를 철학적 성찰의 출발점으로서 진지하게 받아들이게 될 경우, 그 세계는 듀이식의 연속성을 시사한다. 우리의 삶은 문화적 산물이나 자연적 산물 그 어느 쪽으로도 나뉠 수 없는 실체들로 둘러싸여 있다. 백신, 원자력 시설, 엑스레이, 심지어 하이데거의 풍차조차도 브뤼노 라투르^Bruno Latour가 하이브리드라 부른 사례들이다. 이는 자연-문화의 협력으로 생명을 얻은 산물들(Latour, 73)이다. 상호작용에 대한 듀이의 존재론은 여기서 한 걸음 더 나아가 인간 지성의 모든 산물을 '하이브리드', 즉 유기체와 환경 간의 상호작용의 결과로 볼 것이다.

이전 시대의 '인간 대 자연'이라는 단순한 이분법은 듀이가 살던 포스트 다윈주의 맥락에서 이미 약화되었다. 바로 이런 맥락에서 듀이는 자연/문화의 분리와 그로 인해 발생할 수 있는 두 가지 형식의 환원주의/도주를 피하기 위해 '연속성'을 강조하였다. 연속성은 중도의 길을 제공한다. 인간은 다른 동물과 혼동되어서는 안 된다. 인간의 특징은 삶을 "의사소통과 사려 깊은 표현에서 파생된 자각적 의미"(LW 10:28)로 가득 채울 수 있는 가능성에 있다.

이러한 삼중 요소인 의미, 의사소통, 표현은 듀이의 예술 분석에서 중요한 역할을 한다. 세 가지 요소 각각은 예술 활동의 중요한 차원을 강조한다. 의미의 파생은 상상력이 일어나는 자리를 명시한다. 표현은 예술 작품에서 나오는 의미를 듀이가 지칭한 것이다. 의사소통은 예술이 촉진하는 바이다.

상상력

존재를 이분법적이거나 비연속적인 방식으로 분석하는 사상가들은 상상력을 공상적이고 환상적인 것의 원천으로 볼 수 있다. 생명사회문화적biosociocultural 연속성의 틀에 놓이지 않으면, 상상력은 자율적이고 자유로운 창조적 능력으로 설명될 여지가 거의 없다. 이러한 맥락 없는 상상력은 인간을 그릇되게 이끄는 유토피아와 환상의 원천이 된다. 듀이는 상상력을 경험에 의해 매개된 생활세계 속에 놓음으로써, 이를 이해할 수 있는 대안의 맥락을 제공한다. 이 맥락 속에서 상상력은 "일상 경험이 아무리 다양하더라도, 모든 요소를 새롭고 완전히 통합된 경험으로 녹여낼 수 있는"(LW 10:272) 능력으로 간주된다.

인간은 망원경이나 현미경, 거울이 아니다. 인간은 정보를 축적하기 위한 중립적인 도구도 아니다. 관심은 무엇에 주목할지를 결정하는 중심적인 역할을 하며, 자료는 이미 의미로 가득 차 있다. 우리가 참여하는 사건들은 윙윙거리는 혼란으로 다가오지 않는다. 그것들은 사회문화적으로 상속된 의미를 지닌 채 우리에게 다가와 사건들을 질서 정연한 전체 속에 배치할 수 있게 한다. 이러한 의미는 마치 '자연적'인 것처럼, 가능한 유일한 의미로 여겨질 정도로 표준화되는 경향이 있다.

그러나 이미 제1장에서 살펴본 것처럼 현실은 언제나 단일한 의미 체계보다 더 풍부하고 충만하다. 침전된 의미와 과소평가되거나 드러나지 않은 가능성 사이의 교차점이 바로 상상력이 자신의 역할을 수행하는 곳이다. 인간은 운명으로 정해진 해석의 틀에 갇혀 있을 필요가 없다. 인간은 익숙해진 특정 의미의 집합에서 강조되지 않은 가능성을 끌어낼 수 있다. 우리는 단순히 기존의 세계를 반영하지 않는다. 우리는 선을 추구하는 진행 중인 프로젝트에 참여하는 행위자이다. 이를 위해서는 우리의 환경에 내재하고 있지만, 아직 실현되지 않은 기회에 대한 특별한 감수성이 필요하다. '상상력'은 듀이가 이러한 기회를 식별하는 인간의 능력을 가리키기 위해 사용하는 용어이다.

상상력은 간단히 말하면 현재 조건에 대한 대안을 고안하는 능력이다. 그것은 '무로부터ex nihilo' 혹은 '처음부터ab initio' 작동하는 것이 아니다. 근대 세계에서 상상력은 주로 고안할 수 있는 환상적인 모든 세계를 엮어내는 자율적인 능력으로 여겨졌다. 이는 새로운 시작에 대한 매혹으로 이어졌고, 과거를 지워버리고 완전히 새로운 방향으로 나아가도록 이끌었다. 예술에서 창조성은 완전히 새로운 기반을 개척하고, 전적으로 새로운 스타일을 개시하며, 근본적으로 자신의 선조와 단절하는 것과 연결되었다. 참된 창조성은 과거를 완전히 폐기함으로써 가장 잘 확립될 수 있다는 것이다.

놀라운 일은 아니지만 서구 근대의 지배적인 비유 중 하나는 '빈 서판tabula rasa'이었다. 수동성을 강조한 일부 사상가들은 새로운 세대의 인간을 인상을 수용하는 빈 서판으로 보았다. 반면 활동성과 개혁을 강조하는 다른 사상가들은 프랑스 혁명과 볼셰비키 혁명에서처럼 과거를 빈 서판으로 만들고자 했다. 프로이트는 오이디푸스 콤플렉스를 논할 때 근대성을 이끄는 무언의 위대한 신화 중 하나를 포착했을지도 모른다. 그러나 프래그머티즘의 세계에서는 아이들이 자신을 확립하기 위해 아버지를 죽여야 한다는 어떤 충동에 사로잡히지 않는다. 변화는 언제나 중요하다. 그러나 변화는 그 변화가 작동하는 사회적 틀 속에 확실히 뿌리내린 체화된 상상력에 의해 인도될 때 가장 효과적이다.

듀이의 이론에서 타블라 라사나 오이디푸스 콤플렉스는 어떤 의미도 갖지 않는다. 듀이에게 더 적합한 이미지는 과거로부터 물려받은 정원의 이미지이다. 끊임없이 변화하는 현재의 요구에 부응하기 위해 필수적인 혁신을 하며 그 정원을 유지하기 위해서는 끊임없는 노력이 필요하다. 그러한 과제를 성공적으로 수행하기 위해서는 현실적인 조건과 한계를 인식하는 것이 필요하다. 과거를 빈 서판으로 만드는 새로운 출발에 대한 욕망은 필요 없다. 대신에 어떤 선, 즉 보다 나은 미래를 고려하여 현재의 상황을 변화시키려는 노력이 있어야

한다. 상황이 유익한 결실로 이어지도록 그것을 조작하려는 욕망이
있어야 한다.

이는 아직 탐구되지 않은 가능성에 대한 탐색을 요구한다. 그러한
탐색은 상상력의 일이다. 만약 인간의 본성에 관한 근대적인 이분적
이해의 틀에서 상상력을 고려한다면 유토피아적 환상들이 증식될 것
이다. 오직 그럴 경우에만 상상력은 인간의 조건에서 유리된 이상을
투사하는 자율적이고 비물질적인 능력으로서 다뤄질 수 있다. 듀이
는 이러한 이분법적 경향을 철저히 피한다. 그의 체화된 상상력은 더
평범하게 작용한다. 그것은 우리를 침전된 의미 그 너머로 데리고 가
지만, 인간의 본성을 남겨두지 않는다.

이렇게 해석된 상상력은 삶의 모든 예술에서 중요한 구성요소이
다. 우리가 현실 조건에서 실현되지 않은 가능성을 탐구한다면 선을
추구하는 인간의 탐구는 성공할 것이다. 듀이식의 용어를 사용하자
면 "현실적인 것의 직물"(LW 10:348)은 다양한 염료를 넣은 여러 섬유
로 직조된다. 상상력은 우리가 새로운 방식으로 섬유를 배열하고 염
색할 수 있도록 새로운 섬유의 조합을 식별할 수 있게 해준다. 예술적
생산은 작동 중인 상상력의 모델 역할을 한다. 건축가, 음악가, 무용
가는 공간, 소리, 동작의 사용에서 아직 탐색되지 않은 가능성들을 모
색한다. 우리가 예술가로 인정하는 그들은 모든 사람과 관련된 활동
에 종사하는 사람들이다. 그들의 특별한 지위는 그런 활동을 세련되
고 강조된 방식으로 할 수 있는 능력에서 비롯된다. 그러한 차이는 종
류의 차이가 아니라, 리틀 리그 선수와 프로 선수 간의 차이처럼 정도
의 차이이다.

표현

상상력이 제작과 결합될 때 그 결과는 '표현적'이다. 이는 건축, 회화, 가구, 공원, 퀼트, 교향곡, 시 등 만들어진 어떤 것이든 마찬가지다. 여기서 듀이의 용어는 꽤 오해를 불러일으킬 수 있다. 예술을 "자기표현"(LW 10:15)이라고 주장하는 사람들과 듀이를 혼동해서는 안 된다. 예술을 표현으로 보는 모델은 종종 다음과 같은 요소, (1) 예술가에게 존재하는 완전한 관념 혹은 감정, (2) 재료 선택, (3) 완전한 관념과 감정을 "표현하는" 완성된 제품으로 구성된다. 톨스토이는 예술을 표현으로 보는 고전적인 정의를 제시했다. "예술은 한 사람이 다른 사람 혹은 그 밖의 사람들을 하나의 동일한 감정으로 자신과 연결시키려는 목적으로 그 감정을 특정한 외적 표시로 표현할 때 시작된다"(Tolstoy, 121–22). 이러한 관점에서 예술품은 내적 상태의 단순한 외적인 표현에 불과하다.

이러한 작품의 해석 과정은 방향을 바꾸어 작품에서 예술가가 가졌던 관념이나 감정으로 되돌아가는 과정이 된다. 우리가 이미 살펴본 것처럼, 듀이에게는 그러한 정연한 내부–외부라는 구분이 인간 상황을 적절하게 설명하지 못한다. 대화를 철학적 대화의 패러다임으로 만드는 핵심 요지는 낱말이 고정되고 선재된 관념을 단순히 외부로 나타내는 소리가 아니라는 것이다. 관념은 발화에 앞서는 동시에, 그만큼 발화에 후속하는 것이기도 하다. 관념은 대화 자체의 과정 안에서 나타난다.

유사한 주장은 예술 작품에도 적용될 수 있다. 듀이의 대안은 물질적 구현이 단순히 사적 감정의 공적 '표현'에 지나지 않는다거나 물질적 구현은 필연적으로 고유한 '정신적' 영감이 부족할 것이라고 주장하는 대신, 완성된 작품이 언제나 고유한 영감을 넘어서 있다는 것이다. 재료로 새로운 실체를 만들어내려는 노력, 극복해야 할 어려움, 그리고 재료를 다루는 작업에서 나오는 영감과 혁신 등이 모두 최종 작품 속에 통합되는 새로운 변화를 낳는다.

이러한 고려사항들을 바탕으로 듀이는 표현을 논할 때, 예술가가 '표현'을 통해 무엇을 추구했는지에 대해 언급하지 않는다. 듀이는 통일성에 대한 플로티노스적 유혹이 특히 강했던 영역에 대해 저항하고자 했다. 예술은 꽤 다양하고 예술가 역시 서로 다르기 때문에, 표현과 같은 흔히 인용되는 하나의 목표로 예술을 환원하려는 시도는 무의미하다. 이렇게 해서 듀이는 '표현'이라는 명사를 거의 사용하지 않고, 대신 "예술 작품이 표현적이다"(LW 10:110)라는 표현을 선호한다. 예술 작품이 하는 일은 "직접적인 경험을 집중시키고 확대하는 것"이다(LW 10:277). 예술은 "그것이 표현하기 때문에", 이전에는 말로 표현될 수 없었던 "의미를 우리가 생생하고 깊이 있게 공유할 수 있게 해 준다"(LW 10:248).

생활세계에서 작품의 지위가 갖는 중요성에 대해 인식하지 못하면, 예술, 표현, 의미의 관계를 이해할 수 없다. 거기에서 작품은 의미의 중심지가 된다. 다시 말해, 그것은 매개하는 힘, 우리가 자기 이해와 선에 대한 탐구를 계속할 수 있게 하는 수단이 된다. 예술품은 문화적 환경 속에서 제 자리를 찾을 때 그것이 여러 의미와 공명하기 때문에 표현이 더욱 풍부해진다. 그것은 톨스토이가 말한 내적 감각의 단순한 의복 같은 것이 아니다.

듀이는 예술을 '표현적'이라고 강조한 자신의 입장과 예술가들이 이미 갖고 있었던 어떤 것에 대한 '표현'이 예술이라는 시각의 차이를 강조하기 위해, 예술품art 'product'과 예술 작품art 'work'을 구분했다.[12] 예술'품'은 제작된 모든 것, 예를 들면 일본 정원, '라이트 하우스',[13] 뉴욕의 스완레이크, 교회의 장미꽃 무늬의 창, 옴스테드 공원[14] 같은 유

---

12 역주: 듀이는 예술art product과 예술 작품work of art을 구분한다. 예술품은 잠재적 상태의 물질적 대상으로, 그 자체로는 아직 경험되지 않은 상태에 있다. 예를 들면, 화가가 그린 그림, 조각가가 만든 조각, 작곡가가 작곡한 악보는 모두 예술품에 해당한다. 이는 단순히 존재할 뿐, 아직 누군가에 의해 경험되거나 의미를 형성하지 않은 상태에 머물러 있다. 반면에 예술 작품work of art은 경험을 통해 의미를 형성한 예술품을 가리킨다. 듀이에 따르면, 예술품이 능동적으로 경험하여 감정과 사고를 불러일으킬 때 비로소 예술 작품이 된다. 이는 듀이의 『경험으로서의 예술』에서 명확하게 드러난다. "예술품(조각상, 그림 등)과 예술 작품 사이에는 차이가 있다는 점이 여러 차례 암시되었다. 예술품은 물질적이며 잠재적인 것이지만, 예술 작품은 능동적이며 경험되는 것이다. 즉, 예술 작품은 예술품이 수행하는 작용, 그것이 작동하는 방식이다. 어떠한 대상노 고립된 채 경험 속에 들어오지는 않는다. 그것이 일견 형식 없이 일어나는 사건이든, 지적으로 체계화된 주제이든, 사고와 삼정이 조화를 이루며 정성껏 다듬어진 대상이든 마찬가지다. 경험 속으로 들어오는 순간부터 그 대상은 복합적인 상호작용을 시작하며, 최종적으로 경험되는 방식은 이러한 상호작용의 성격에 따라 결정된다. 대상의 구조가 경험에서 비롯되는 에너지와 조화롭게(그러나 결코 쉽지 않은 방식으로) 상호작용할 때, 그리고 이러한 상호작용이 상호 친화성과 긴장을 조율하며 충동과 긴장을 해소하고 점진적으로 발전해 나가는 방향으로 나아갈 때, 비로소 그것은 예술 작품이 된다"(LW 10. 167쪽). (박철홍이 옮긴 우리말 번역서가 있지만(듀이, 『경험으로서 예술』, 박철홍 역, 파주: 나남, 2017), 여기서는 역자가 수정해서 옮긴다.)

13 역주: 프랭크 로이드 라이트는 20세기 미국을 대표하는 건축가로, 자연과 조화를 이루는 혁신적인 건축을 창조했다. 그의 대표작으로는 프레리 하우스, 폴링워터, 구겐하임 미술관 등이 있다. 라이트는 건축을 예술로 발전시키며 자연, 건물, 인간의 관계를 통합하려 했다. 그는 유기적 건축을 통해 공간의 개방성과 기능성을 강조하고, 건축물이 사람들과 장소와 하나가 되어야 한다고 믿었다. 그의 철학은 아름다움과 진정성을 우선시하며, 모든 건축은 사람들의 삶을 풍요롭게 해야 한다는 가치관에 근거했다(https://franklloydwright.org/frank-lloyd-wright/).

14 역주: 옴스테드 공원은 보스턴시와 브루클라인타운의 경계에 있는 공원으로, 머디 리버 개선Muddy River Improvement 프로젝트의 일환으로 설계되었다. 머디 리버의 오염 문제를 해결하고, 주변 환경을 개선하기 위해 1881년 프레더릭 로 옴스테드Frederick Law Olmsted는 자연 연못과 자연 식물들이 이어지는 선형 공원으로 설계했다. 처음에는 레

형을 포괄한다. 예술'품'으로서 그것들은 우리의 문화 공간에서 새로운 매개적 실체로서의 역할과 분리하여 추상적으로 고찰될 수 있다. 그것들은 단순히 심미적 관점에서만 관조될 수 있다.

반면에 예술 '작품'은 그것이 공동체의 해석적이고 유의미한 삶 속에서 살아갈 때 지속적으로 활력을 발산하는 것이 특징이다. 듀이에 따르면 예술 작품이란 그것이 무엇인지가 아니라, 그것이 무엇을 하는가에 의해 정의된다(LW 10:9). 예술'품'은 잠정적으로 예술 '작품'이다. 그것은 의미에 대한 지속적인 공동 탐구의 능동적 구성요소가 될 때 작품이 된다. 이러한 활력은 해석적 공동체, 다시 말해 선한 삶을 구성하는 것을 식별하고 확보하려는 공동의 노력에 참여하는 공동체 내에서 생긴다. 일부 수집가의 온도 조절 보관실에 소장된 회화는 예술'품'의 전형적인 사례이다. 그것은 적절한 문화적 환경에서 추상화되어 격리된 사물에 지나지 않는다. 그러한 사물은 표현적이지 않다. 보다 정확히 말하면 그것은 단지 잠재적으로만 표현적이다. 그 같은 격리된 상태는 의미와의 공명을 방해하고, 선에 대한 우리의 탐구를 매개하는 것을 가로막는다.

듀이의 입장에 부합하는 하나의 대안으로 우리는 그가 높이 평가한 나라인 중국을 살필 필요가 있다. 일반적으로 예술로 간주되는 한자 '예藝'에 대해, 뚜웨이밍Tu Wei-ming은 "작물을 심고 경작하는 활동을 의미한다"고 설명한다. 이 뿌리는 "이후 획득된 기능의 의미를 낳았다"고 한다. 궁극적으로 '예술가'는 "비범한 일을 수행할 수 있는 사람"이다(Tu, 60). 이러한 기술에서는 서구 근대성과 관련된 관조, 초연함, 시각과 같은 초점이 나타나지 않는다. 놀랄 것도 없이 서구 미학 이론이 크게 의존하는 예술인 회화는 공자의 육예六藝, 즉 예, 악, 활쏘기射, 수레몰기御, 글쓰기書, 셈하기數에 포함되지 않는다(Tu, 72n23).

서구 미학의 관점에서는 공자의 육예가 기이하게 보일 수 있겠지만, 예술에 대한 듀이의 해석에서는 기이할 것이 없다. 사실, 예는 듀이가 말하는 예술 '작품'을 설명하는 사례로 사용할 수 있다. 뚜웨이밍은 예를, 우리가 예법이라고 부를 수 있는 것으로 묘사하며, 이를 "우리의 일상생활에서 자신을 적절하게 표현하도록 신체를 변모시키는 것을 목표"로 하는 신체 훈련으로 설명하였다. 궁극적으로 예는 "우리를 사회에서 완전한 참여 구성원으로서 일상적인 기능을 수행하도록 훈련한다"(Tu, 61).[15] 예는 활동이고, 제작품이며, 동시에 작품이다. 예의 작용은 타자와 우리의 관계를 매개하는 것이다. 그것은 단순히 관조해야 할 대상이 아니라 살아내고 세련되게 만들어야 할 경험이다.

---

15 **역주:** 다음은 인용문을 포함하는 뚜웨이밍의 글이다. "따라서 육예 중 첫 번째인 '예'는 신체 훈련에 해당한다. 이는 우리의 일상생활에서 신체를 변화시켜 자신을 적절하게 표현하는 것을 목표로 한다. 예의 실천은 청소하고 응대하는 것과 같은 단순한 활동들을 포함하며, 이를 통해 사회에서 완전한 참여 구성원으로서 일상적인 기능을 수행할 수 있도록 우리를 훈련한다. 우리는 서 있는 법, 앉는 법, 걷는 법, 먹는 법을 제대로 배우며, 주변 사람들과 조화롭게 살아가기 위해 이를 익힌다. 이러한 행위는 타인의 인정을 받기 위해서가 아니라, 우리가 공동체의 필수적인 일원으로서 영감을 주는 기준에 부응하기 위함이다." Tu Wei-Ming(1983), "The Idea of the Human in Mencian Thought: An Approach to Chinese Aesthetics", *Theories of the arts in China*, edited by Susan Bush and Christian Murck., Princeton, N.J. : Princeton University Press, pp. 60–61.

집을 예로 들면, 커다란 베란다나 후면에 덱이 설계되어 있는 집은 공간을 다르게 조직할 뿐만 아니라 일종의 상호작용을 장려하며, 다른 것들의 중요성을 축소시키기도 한다. 랠프 엘리슨Ralph Ellison의 소설『보이지 않는 인간Invisible Man』[16]은 아프리카계 미국인에 대한 우리의 이해를 형성하며, 미국의 인종 문제에 대해 성찰하게 만들기 때문에 계속해서 중요한 작품으로 남아 있다. 때때로 허드슨 리버파[17]의 회화와 같은 예술품은 작품이 되기를 그만두고, 점점 더 예술품이 되어간다. 때로는 그 과정이 뒤바뀌어 예술'품'이었던 것이 해석의 공동체에 다시 들어가면서 새롭게 활력을 얻기도 한다. 예를 들면 베르트

---

16 역주: 소설은 "나는 보이지 않는 인간이다. (…) 나는 살과 뼈, 섬유와 체액으로 이루어진 실체를 가진 사람이다. 어쩌면 마음이 있다고 말할 수 있을 것이다. 나는 단지 사람들이 나를 보기를 거부하기 때문에 보이지 않는다. (…) 내가 말하는 보이지 않음은 내가 만나는 사람들의 눈의 독특한 경향성에서 비롯된다"로 시작한다. 이 소설의 주인공은 이름이 명시되지 않는다. 이 작품은 흑인 청년인 주인공의 삶과 내면을 통해 인종적 억압과 자아 정체성 문제를 그려낸다. 그는 사회에서 무시 받고 보이지 않는 존재로 살아가며 자신의 정체성과 본질을 찾고자 한다. 원문은 인터넷에서 자유롭게 읽을 수 있다(https://modernforms.org/wp-content/uploads/Ralph-Ellison-Invisible-Man-Text.pdf). 우리말 번역본으로는 랠프 엘리슨(1947)의『보이지 않는 인간 I, II』(조영환 옮김(2016), 서울: 민음사)가 있다.

17 역주: 허드슨 리버파는 1825년에서 1870년 사이 활동한 여러 세대의 미국 풍경화가 그룹으로, 낭만주의의 영향을 받아 미국 최초의 토착 화파로 자리 잡았다. 이들은 미국 풍경의 자연미를 찬양하고 유럽 화파로부터 독립하려는 열망을 보여주었다. 초기 지도자였던 토머스 도티Thomas Doughty, 애셔 듀랜드Asher Durand, 토머스 콜Thomas Cole은 허드슨강 계곡과 뉴잉글랜드 등지의 자연을 세밀히 관찰하며 풍경화를 제작했다. 도티는 고요하고 서정적인 장면을, 듀랜드는 섬세한 조명을 활용한 숲 풍경을, 콜은 폭풍우와 같은 장엄한 자연을 그렸다. 이후 존 켄셋John Kensett, 워싱턴 휘트리지Worthington Whittredge, 재스퍼 크롭시Jasper Cropsey 등도 동참했으며, 프레더릭 처치Frederic Church는 극적인 이국 풍경을, 조지 이니스George Inness는 더 개성적인 화풍을 선보였다. 서부의 원시적이고 웅장한 풍경을 탐구한 앨버트 비어스타트Albert Bierstadt와 토머스 모란Thomas Moran도 유명하며, 허드슨 리버파는 19세기 미국 풍경화의 주류로 자리했다(https://www.britannica.com/art/Hudson-River-school).

모리조의 그림은 여성 운동으로 여성 화가들에 대해 새롭게 관심을 불러일으키자 다시 한번 담론의 중심이 되었다.

듀이에게 예술 작품이 '표현적'이라는 것은 이런 의미에서이다. 작품들은 자유이자 해방인 일종의 매개 역할을 할 수 있다. 즉, "실제 존재의 가능성이 완전히 표현되었을 때 그 존재는 현실적으로 된다"(LW 10:285)는 인식을 제공한다. 이렇게 해서 표현된 것은 주관적 감정이 아니다. 오히려 그것은 힘과 재료가 의미 있는 전체 안에 통합되었을 때 느껴지는 최고조의 감정이다. 조화로운 연결은 다양한 가능성들 속에서 표현된다. 예술 작품은 마치 작은 생활세계와 같다. 작품은 고정된 의미를 부여하려는 우리의 어떤 시도보다 더 풍부하고 복잡하며 다면적이다. 예술 작품이 나타내는 무궁무진한 의미를 가리키기 위해 듀이는 '표현적'이라는 낱말을 선택했다.

그 뒤에 이러한 연결은 우리의 욕망, 상호작용, 세계에 대한 이해를 형성하는 방식으로 지속적으로 표현된다. 뚜웨이밍이 지적했듯이 육예는 인간적 가능성의 '씨앗'이나 '싹'을 가진 사람들을 유익한 관계의 중심으로 변모시킨다. "중심자로서 그 사람은 언제든 어떤 상황에서든 고유한 지위를 결코 잃지 않는다. 다시 말해, 심오한 사람은 언제나 집처럼 편안함을 느낀다"(Tu, 62). 심오한 인간은 자신의 예술에 의해 매개된 생활환경이 이제 질서 정연한 전체로서 우주를 표현하기 때문에 편안함을 느낀다. 세르반테스가 말한 대로 길거리가 여관보다 더 낫다. 듀이와 뚜웨이밍은 아마도 여기에 이렇게 덧붙여 말할지 모른다. 더 나은 것은 바로 가정이다.

그러나 듀이는 순진한 낙관주의자가 아니다. 그는 공동체에서 이 같은 예술의 작용이 언제나 성공적이지 않다는 것을 잘 알고 있다. 그것은 여러 요인에 의해 방해받을 수 있다. 그중 가장 큰 적은 관례이다. 철저히 관례화된 삶은 예술'품'에 의해 둘러싸인 삶이다. 그것은 풍부한 사물과 사건의 의미가 인습화된 반복으로 환원된 것이다. 아서 밀러Arthur Miller의 세일즈맨, 윌리 로먼은 바로 이러한 틀에 갇힌 사람이다. 그런 사람에게 삶은 고정된 목표를 갖는다고 여겨지고 맥락은 변화하지 않는다고 가정되며 존재는 사람에게 정해진 목표에 도달하기 위해 미리 정해진 방식으로 반응하도록 프로그램된 자극을 제공하는 것으로 간주된다. 윌리 로먼과 도리언 그레이는 스펙트럼의 정반대에 위치해 있다. 도리언은 밀고 당기는 일상생활 너머로 살아간다. 윌리의 삶은 오래도록 잘못된 신화들을 믿어왔던 사람을 희화한 것이다. 그는 완전히 제한되고 제한하는 자기 해석을 지닌 삶에 갇혀 있다. 윌리는 그 해석 틀의 구조에서 자유로울 수 없기 때문에, 변화하는 조건에 더 이상 적합하지 않았을 때 패배했다. 반면에 도리언 그레이는 자유를 일상생활의 단조로움뿐만 아니라 끊임없이 괴롭히는 삶의 불편한 도덕적 감각으로부터의 탈출이라고 생각했다.

듀이는 이 두 가지 극단 사이에서 중도를 찾는다. 경험으로서 예술의 표현성은 우리를 해방시키는 것이지 도피를 의미하지 않는다. 해방은 예술 작품이 새롭게 실현되어 드러내는 가능성에서 비롯된다. 예를 들면 최근에 입수한 할머니의 퀼트는 현대 세계에는 종종 결여되어 있는 사랑, 기능, 미, 실용성의 조합을 표현한다. 예술 작품은 무엇보다도 그 자체의 가능성 조합을 표현하는 새로운 존재이다. 게다가 그것의 매개적 잠재성은 그것이 생활세계의 일부로 자리 잡고 있는 한 계속된다. 예술 작품이 낳은 해석의 틀은 그것이 영향을 미치는 사람과 시대의 문화만큼이나 다양하다. 예술 작품은 우리를 더 완전하고 넓은 세계에 몰두하게 함으로써 해방시키는 것이지, 그러한 세계로부터 우리를 분리함으로써 해방시키는 것은 아니다.

이러한 몰입은 최상의 경우 사회적 현상으로 나타난다. 듀이의 주장에 따르면, 문화의 질은 "번영하는 예술"(LW 10:347)에 의해서 결정된다. 선한 삶을 이루는 과업은 주변 환경에 잠재된 이상을 삶 속에 가져옴으로써 실현될 수 있다. 예술가의 제작은 그러한 실현이 가능하다는 것을 항상 상기시키는 역할을 한다. "'예술'은 인간이 의식적으로, 의미 차원에서 생명체의 특성인 감각, 필요, 충동 및 행위의 통일을 회복할 수 있음을 보여주는 살아있는 구체적 증거이다"(LW 10:31). '예술'은 '감각, 필요, 충동 및 행위의 통일'이 정점에 이른 상태, 곧 '경험'이다.

경험으로서의 예술은 진행 중인 작품이 그러하듯 우리가 자신을 관람자로 이해할 기회를 최소화한다. 듀이의 종합적 관점에서 회화는 제일의 예술이라는 지위를 잃는다. 근대성을 이끌어 온 일련의 가정들을 고려하면 회화가 제일의 예술로 간주된 것은 이해된다. 이러한 가정들의 상속자인 클라이브 벨은 『예술』이라는 제목의 저서를 쓰고, '시각예술'을 다루었다(Bell, 7). 그러나 듀이의 입장은 우리가 관람자가 아니라 참여자가 되도록 장려한다. 우리의 실험-경험은 삶의 자료를 통합하고 그것들을 상상력으로 예견된 이상의 현시로서 만들려는 시도를 포함해야 한다. 인간의 삶은 사회적이기 때문에, 실현되어야 할 이상을 끊임없이 탐색하는 일은 공동의 노력을 필요로 한다.

듀이는 이러한 공동의 노력을 위한 조건, 즉 조화시키는 과정을 의사소통이라고 불렀다.

의사소통

민주적 삶은 사회 조직의 삶의 형식으로, 우리가 이미 보았던 것처럼 사회 집단 사이의 유연한 경계를 목표로 한다. 사회는 공중을 구성하는 다양한 요소들 사이에서 일어나는 상호작용의 양과 다양성에 비례하여 민주적이다. 이러한 상호작용 중 최고의 것은 공동의 활동에 대한 공유된 참여를 포함한다. 듀이는 이러한 공유된 참여를 '의사소통'이라고 불렀다. 사회가 분열되고, 엄격하게 계층화되거나 구획화될 때 사회는 민주적 이상에서 멀어진다. 이러한 경우 사회를 구성하는 집단 사이의 상호작용은 "외재적이고 기계적"(LW 10:337)이다. 이는 의사소통이 결여된 상호작용으로, "극히 미약한 정도의 의사소통적 상호작용 형식에 불과하다"(LW 10:338). 21세기에 들어 선 오늘날 미국 사회는 점점 더 '의사소통이 결여된 상호작용'이 많아지고 있다. 어떤 경우에는 예술가와 그들이 만든 창작과 관련된 공동체 사이의 상호작용에서도 이런 현상이 나타난다.[18]

18　예를 들면 조각가 리처드 세라Richard Serra의 작품 '기울어진 호Tilted Arc'가 공공장소를 침해한 방식에 분개한 회사원들과 세라 사이에 있었던 논쟁이 그러하다. 다음 참조. Tompkins, 181−87.
　　역주: 보이스버트의 주석에 조금 더 첨언하면, 1981년 리처드 세라는 뉴욕의 연방광장Federal Plaza 정부 건물 외부에 대형 공공 조각 작품인 '기울어진 호'를 설치했다. 이 작품은 12피트(약 3.66미터) 높이, 120피트(약 36.6미터) 길이의 강철 벽으로 구성되었으며, 전문가 패널의 심사를 거쳐 2년을 들여 계획되었다. 그러나 작품이 설치된 후, 사무실 근무자들은 작품이 추악하고 억압적이라며 철거를 청원했고, 세라는 작품이 이동하면 예술작품의 사회적 기능을 다하지 못한다고 주장했으나, 결국 패널은 작품의 이전

현대 미국 사회는 듀이가 구상한 것 같은 민주적 이상과는 거리가 멀다. 민주 공동체는 높은 수준의 '의사소통'을 특징으로 한다. 거기에는 다양한 요소로부터 조화로운 전체를 만들어 내기 위한 풍부한 지그재그와 교차적인 관심이 있어야 한다. 이러한 지그재그와 교차적인 관심은 경계와 진행 규칙이 일반적으로 합의된 사회 영역 내에서 이루어질 필요가 있다. 예술은 그러한 사회적 영역을 형성하는 데 유용한 도구가 될 수 있다. 듀이에 따르면 신체적 삶이 물리적 환경이 없이는 존재할 수 없듯, "도덕적 삶은 도덕적 환경이 없이는 존재할 수 없다". '욕구와 의도'는 '기술적 예술'에도 영향을 받는다(LW 10:347). 우리 주위의 환경도 우리를 이끌어 간다. 바꾸어 말하면 우리의 환경은 일군의 가능성을 표현하고, 일정한 상호작용의 조합을 촉진하며, 우리의 욕구를 형성하는 데 도움을 준다.

삶은 언제나 선택의 문제다. 선택은 주의에 달려 있다. 그러나 우리는 모든 환경을 받아들일 수는 없다. 주의는 필연적으로 선택적일 수밖에 없다. 우리가 역설하고, 강조하며, 관심을 나타내는 것은 날 때부터 결정된 것이 아니다. 관심과 주의는 상당 부분 문화적으로 조건화된 것이다. 예술은 우리 주위를 에워싼 것(도시와 건물 디자인, 여가를 즐기는 장소, 관심을 사로잡는 이야기, 우리가 듣는 음악, 기념비, 공공 및 사적 장소의 조각과 회화)을 결정하기 때문에, 우리의 욕구를 형성하는 데 지배적인 요인이다. 그렇게 예술은 공동체에서 중요한 것으로 간주되는 공유된 과업을 결정하는 데 기여한다.

을 결정하여 1989년 3월 15일에 철거되었다(https://www.tate.org.uk/art/artists/richard-serra-1923/lost-art-richard-serra).

오락 대 참여

우리가 지난 300년 동안 지배적이었던 '예술' 개념을 넘어설 때 예술 작품이 미술관에 전시된 소중하고 값비싼 상품이 아니라는 사실을 깨닫게 된다. 예술 작품은 멀리 있는 것이 아니라 우리 주변에 있다. 낙관주의자였던 듀이는 이러한 예술 작품이 나쁘고, 불쾌하며, 추할 수 있는 방식을 깊이 논의하지는 않았다. 예술 작품은 우리 삶을 풍성하고 더 넓게 성취하게 하는 수단이 될 수 있는 것과 마찬가지로, 좁고 자기 이익을 도모하는 해체적인 활동에 참여하도록 부추길 수도 있다.

이는 매우 중요한 통찰로, 듀이는 이에 대해 충분히 논의를 개진하지는 않았지만, 그럼에도 우리가 듀이를 따르고자 한다면 반드시 직면해야 할 과제이다. 우리는 언제나 예술 작품에 의해 조건지어진 환경 속에 살고 있기 때문에 예술은 어떤 열망을 장려하고 다른 열망을 억제하는 환경을 조성하는 데 가장 중요하다. 사회적 장이 풍요로운 결과를 낳을 수 있는 세계를 만드는 것은 모든 공동체가 직면한 도전이다. 그러나 예술이 정형화된 '예술'로 혼동되는 한, 그 과제는 위험에 처할 수밖에 없을 것이다. 듀이에 따르면 "예술이 문명의 미장원인 한, 예술도 문명도 안전하지 않다"(LW 10:346).

우리의 생활세계를 형성하는 예술이 사회에서 생기 있고 긍정적일 경우 우리는 특정 이상의 관점에서 재료를 조직하는 예술의 과정을 따르려는 경향이 있다. 예술이 단순히 기계적일 때 그것은 그 자체로 기계적인 반응을 야기할 뿐이다. 이 경우 인간의 삶은 자극–반응의 모델로 환원된다. 그 때문에 듀이는 '틀에 박힌 일상'을 경험으로서의 예술에 반하는 주요 요인으로 간주한다.

안타깝게도 대중문화예술, 다시 말해 가장 많은 사람들에게 영향을 미치는 예술은 이러한 방향으로 나아가는 경향을 보인다. 토머스 알렉산더Thomas Alexander가 적절하게 지적했듯이 대중예술은 우리에게 "다른 것으로 위장된 같은 것"(Alexander, 1987b:6)을 제시한다. 대중예술이 부과한 역할은 대부분 "삶의 과제를 경감시키는"(Alexander, 1987b:5) 데 그친다. 그것은 우리를 참여로 이끌어내는 '작품'이라기보다는 수동성을 조장하는 오락에 지나지 않는다.

뮤직비디오, 로맨스 소설, 드라마는 우리가 이미 완성된 자아라고 여기도록 부추긴다. 그렇게 해서 우리의 욕망은 고정된 것으로 간주된다. 그때 상호작용은 주로 그러한 욕구를 만족시키기 위한 가능한 수단으로 미지를 고려하는 방식이 된다. 그렇게 함으로써 인간적 삶의 방식을 포괄하는 경험-실험은 축소된다. 이렇게 대중문화는 현재 상황을 강화하는 방향으로 작용한다. 생활세계는 우리가 정해진 방식으로 반응하는 협소한 자극의 그물로 변질되고 만다.

이렇게 일부 대중예술이 참된 표현성에 대한 듀이적 이상에서 얼마나 벗어나 있는지 자각하게 될 경우 자칫 우리는 엘리트 예술과 대중예술 사이를 날카롭게 구분해버리는 잘못을 범할 수 있다. 그러나 이는 듀이의 관점에서 보면, 유의미한 구분은 고급 예술과 대중예술의 구분이 아니라, '순수' 예술과 그렇지 않은 예술 사이의 구분이기 때문에 잘못일 수 있다. 순수함은 순수 예술에 대한 열쇠이고, 이는 필연적으로 대중성과 대립된 것은 아니기 때문이다. 틀에 박힌 일상,

불필요한 반복, 현실도피주의야말로 순수함의 적이다. 예술 작품의 대중성은 그 자체로는 순수함과 전혀 무관한 요인이다.[19]

예를 들면 미국 흑인 음악에 관한 앨버트 머레이Albert Murray의 글은 일견 듀이의 미학에 대해 어떤 지식도 없이 쓴 것처럼 보이지만 실은 전형적인 듀이의 입장을 잘 대변해 주고 있다. 머레이에 따르면 '소박함'은 일치성, 예측가능성, '동일한 오래된 재료'를 특징으로 한다 (Murray, 1976:207-8). 그러한 소박함은 현대 미국에서 흑인들이 겪은 복합적 경험을 충분히 드러낼 순 없다. 그러나 이러한 복합성을 충분히 표현해 온 예술가들은 대중적일 뿐만 아니라 세련됨을 갖고 있었다.

> 루이 암스트롱은 훨씬 더 잘 알고 있었고, 젤리 롤 모턴, 킹 올리버, 듀크 엘링턴도 그러했다. 찰리 파커, 디지 길레스피, 마일즈 데이비스, 셀로니우스 멍크도 그러했는데, 이들은 모두 재능과 기량을 최대한 발휘하여 포크 작품을 확장하고, 다듬고, 세련되게 만들었다. (Murray, 1996:4)

머레이는 듀크 엘링턴을 '유쾌한 즉석 연주자'라고 묘사한다. 헌신적인 음악가에게 따라 나오는 그러한 유쾌함은 작품을 '순수 예술로 알려진 특별한 수준의 양식'으로 끌어올리는 '우아함의 척도'를 형성한다(Murray, 1996:107).

이러한 유쾌한 선택은 경험으로서의 예술에 필수적이다. 그것이

---

19 듀이에게 영향 받은, 대중예술에 대해 가장 거침없이 옹호하는 글로서는 리처드 슈스터먼Richard Shusterman의 『프래그머티스트 미학Pragmatist Aesthetics』을, 특히 7장을 들 수 있다.

없으면, 우리는 자칫 우리 자신을 완성된 자아로 간주해 버릴 위험이 있다. 완성된 자아에게 틀에 박힌 일상, 불필요한 반복, 예측 가능성은 규칙이다. 반대로 살아 있는 경험은 우리가 얼마나 완성되지 않은 자아인지를 깨닫게 해 준다. 블루스와 재즈의 중심 요소인 즉흥성은 바로 이 점을 잘 보여준다. 중국적 맥락에서 '예술'의 의미를 설명하며 뚜웨이밍이 사용한 은유 또한 이를 말해 준다. 우리는 '심오한 인격'이 되는 것을 목적으로 둔 '씨앗'이나 '싹'이다.

상상력은 결과를 야기할 수 있는 가능성들을 검토하도록 우리를 이끈다. 예술이 단순히 "같은 것의 회복"(Alexander, 1987b:6)만을 제공한다면, 그것은 경험으로서의 예술이 추구하는 방향과 정반대로 나아가는 셈이다. 예술은 최상의 경우 인간 경험이 지닌 복합적인 풍부함을 정점에 올려놓는다. 그러나 최악의 경우 예술은 경험을 왜곡하여 외부세계와 그 '대상'에서 비롯된 자극에 반응하는, 사전에 고정된 '주체'라는 양극성으로 변질시킨다.

참되고 온전한 인간적 결사체는 공유된 활동에 유연하고 활기차게 참여할 때 우리를 신으로 이끄는 경향이 있다. 이러한 활동 중 가장 중요한 것 가운데 하나는 사회 그 자체의 본성과 미래에 대한 활기찬 토론이다. 이러한 토론은 사회적 장이 공유될 수 있는 조건이 마련될 때 가장 잘 이루어진다. 이러한 장을 형성하는 작업이 다름 아닌 예술의 작업이다. 예술이 번성할 때, 그것은 우리를 동일한 단위로 묶는 것이 아니라 공유된 열정을 가진 참여자로서 서로를 연결한다. 예술은 참여가 장려되는 사회적 장에서 사람들을 결속시키는 데 기여한다. 사회적 조화는 중요한 민주적 이상이다. 그것은 궁극적인 예술 작품이다.

JOHN DEWEY

Rethinking Our Time

종교적 대 종교

존 듀이는 몇 권의 작은 책을 썼다. 그중에서 가장 잘 알려진 것이『오래된 개인주의와 새로운 개인주의Individualism Old and New』와『경험과 교육Experience and Education』이다. 이 두 책은 모두 듀이가 다른 곳에서 자세하게 다루었던 주제들을 반복적으로 다루고 있다. 이와 달리, 종교에 관한 그의 작은 책인『공통의 신앙A Common Faith』은 예외에 해당한다. 그것은 종교 철학을 명료하게 다룬 그의 유일한 일관된 시도라 할 수 있다. 종교 철학에 관한 그 밖의 논평들은 짧고 산견

되어 있다.[1]

듀이가 젊은 시절 열렬한 신앙인으로서 기도하며 강의를 시작했던 점을 떠올리면(Dykhuizen, 25), 이처럼 종교에 대한 텍스트가 부족한 것이 놀라울 수 있다. 종교적이든 반종교적이든 제임스의『종교 경험의 다양성The Varieties of Religious Experience』이나 로이스의『기독교 정신The Spirit of Christianity』과 같은 수준의 포괄적인 글을 기대했던 독자들에게는 실망스러울 수 있다. 라인홀드 니버Reinhold Niebuhr는 듀이 책을 '주석' 수준에 불과하다고 지적하며 "너무 소략해서 문제를 충분히 다룰 만큼 공력을 들이지 못한 점에서 실망스럽다"(LW 9:453)고 의구심을 나타냈다. 대체로 듀이에게 공감하는 한 최근의 논평가도 이 책이 듀이의 주저보다 "아래에 있다"고 평가한다(Shea, 127).

이처럼 많은 독자들은 듀이의 이 책이 분량도 작을 뿐만 아니라 깊이도 "얕다"고 평가한다. 그러나 다른 독자들은 이 책을 훨씬 긍정적으로 평가한다. 찰스 하트숀이 듀이가 의도하지 않았지만 '유신론적 자연주의'를 발전시킨 공이 있다고 인정한 것이 대표적이다. 하트숀은 이 유신론적 자연주의를 "20세기 최고의 이론적 발견"으로 여겼다(Rocketfeller, 526). '유신론적 자연주의'라는 말은 대단히 모호한 표현이다. '유신론적 자연주의자'라는 딱지를 매기며 듀이가 전통적 유신론

---

1   예를 들면『철학의 재건Reconstruction in Philosophy』이나『인간 본성과 행위』의 마지막 부분에서는 종교를 명시적으로 성찰하고 있다.『확실성에 대한 탐구』와『경험으로서의 예술』사이의 텍스트에는 종교에 관한 암시적인 논평이 스며든다. 1934년 예일 대학교 '테리 강연'으로 발표된『공통의 신앙』은 듀이가『신은 존재하는가? 대화Is There a God? A Conversation』에서 썼던 논평을 발전시켰던 것으로, 책의 저자와 벌였던 논쟁을 토대로 확장한 것이다. 듀이의 논평과 이 논쟁의 일부는 LW 9에서 볼 수 있다.

의 형식을 받아들였음을 암시하는 것은 분명 잘못된 것이다. 반면 유신론/반유신론의 문제를 둘러가는 '종교적 자연주의자'라는 명명이 보다 안전해 보일 수는 있지만, 듀이가 표명한 입장을 나타내기에는 여전히 충분하지 않다.

이와 반대로 '유신론적 자연주의'라는 표현은 듀이가 스스로에게 설정한 도전을 잘 나타낸다. 그가 의도한 것은 종교에 대해 친구도 적도 삼지 않으려고 한 것이다. 다시 말해 '종교적'이라는 낱말을 적극적으로 취하여 '신'에 대해 분명히 언급하지만, 창조에 앞서는 최고 존재를 포함하는 제도 종교의 신앙은 거부하는 것이다. 듀이는 신학자 헨리 넬슨 와이먼Herny Nelson Wieman[2]과 탈종교적 인본주의자 콜리스 라몬트Corliss Lamont[3]를 언급하며 스스로를 "한편으로는 와이먼과 다른 한편으로는 라몬트" 사이에 있다고 인정했다(LW 9:455).

문제의 양편에 있는 적대자들은 듀이가 명확한 입장을 취하기를 바랐을 것이다. 그러나 낯낯 편지를 보면 듀이는 자신이 시작한 일을 완수했음을 보여주고 있다. 1943년 듀이는『공통의 신앙』에 관한 질문에 대한 답변에서 이등병 찰스 E. 위첼에게 다음과 같이 말하고 있다.

---

2   **역주:** 헨리 넬슨 와이먼(1884~1975)은 미국의 신학자로, 신 중심 자연주의와 경험적 방법론을 주장했다. 그는 신의 본질과 창조적 선의 역할을 이해하려는 종교적 탐구에 헌신했으며, 신은 초자연적이지 않고 창조적 과정으로 이해해야 한다고 보았다. 와이먼은 과학적 방법을 신학에 적용하며 '창조적 교환'을 중심으로 한 신학을 발전시켰다 (https://www.britannica.com/topic/religious-experience#ref421270).

3   **역주:** 콜리스 라몬트(1902~1995)는 20세기 미국의 철학자이자 사회주의자, 인본주의자였다. 그는 부유한 가정에서 태어났으나 노동자 계급의 권리를 옹호하며 사회적 문제와 개인의 자유를 중시했다. 그는 종교적 신념과 초자연적 개념을 거부하고 인간의 자율성을 강조하는 사상을 펼쳤다. 반공주의에 맞서 매카시주의자들로부터 비난을 받았으나, 라몬트는 다양한 기부와 장학금을 통해 후학들에게 영향을 미쳤으며 1981년 간디 평화상을 수상했다(https://www.corliss-lamont.org/).

책을 구성하는 강의들은 신앙을 버린 사람들, 그렇게 신앙을 버려 이제 어떤 종교적 신앙도 남아 있지 않은 사람들을 염두에 둔 것이었습니다. 나는 그들에게 종교적 가치는 특정 계급 혹은 일파가 독점할 수 없으며, 여전히 그들에게 열려 있다는 것을 보여주고자 했습니다. (Anderson, 3)[4]

마찬가지로 듀이는 막스 오토Max Otto에게 보낸 편지에서도 자신이 성취한 것이 정확히 자신의 의도와 일치함을 분명히 밝혔다. "내 책은 종교적인 것의 본질을 느끼고 있지만 이를 제대로 표현하지 못하는 이들, 기존의 종교에 거부감을 느끼는 이들, 그리고 주로 스스로에 대해 혼란스러움을 느끼는 이들을 위하여 쓰였습니다"(Rockefeller, 522).

그 결과 나온 표현들은 어떤 해석자에게는 난점이 가득한 것으로 보였다. 듀이는 기존의 범주를 피하는 데 주력했기에, 그의 텍스트는 미묘하고 종종 모호한 표현들로 가득하였다. 이 때문에 어떤 주석가는 듀이의 진의를 찾아내고자 하는 시도는 헛된 일이라고 결론 내렸다. "내 생각에 그것들(듀이 텍스트들)을 실체, 힘, 생명을 부여하는 방식으로 해석하는 것은 불가능하다. 그렇게 하면 듀이를 넘어서게 되어, 듀이가 부정하고자 한 생각을 그에게 귀속시킬 위험이 있기 때문이다"(LW 9:xxx). 그럼에도 듀이는 종교에 대한 풍부한 성찰이 일어날 수 있는 새로운 풍경을 준비하고자 한다. 듀이의 텍스트를 탐구하는

---

4 이 편지를 발굴하고 미국 철학 진흥 학회에 논문을 전해 주어 공유해 준 더그 앤더슨 Doug Anderson에게 감사드린다. 앤더슨의 논문 「힐링으로서 신학: 『공통의 신앙』에 대한 한 가지 성찰Theology as Healing: A Meditation on A Common Faith」은 서니 출판사에서 세이플이 편『민주주의와 지성의 미학: 듀이적 재구성의 새 논문Democracy and die Aesdietics of Intelligence: New Essays in Deweyan Reconstruction』에 수록될 감성 있는 독법이다.

작업이 실로 성가신 일일 수 있지만, 그것은 그를 이해하는 데 유용한 지침을 제공할 수 있다.

첫 번째 물음은 분명하다. 왜 듀이는 '종교'는 거부하면서도, 동시에 '종교적'이라는 낱말은 견지하고자 했는가? '종교적'인 것은 '종교'와 연결되어 있는 형용사이고, 그것들은 같은 혹은 일치하는 것임을 왜 인정하지 않는가? 만일 '종교적인 가치'와 '종교' 사이의 간극을 듀이의 주장처럼 '메울 수' 없다면(LW 9:20), 이는 '종교적'이라는 낱말을 전적으로 다른 낱말로 재번역해야 한다는 것을 의미하지 않는가? 왜 문제를 혼란스럽게 만드는가, 왜 '종교적'과 '종교' 모두 구제할 수 없고 절망적일 정도로 시대에 뒤떨어지고 옹호할 수 없는 함의로 가득 차 있다는 사실을 순순히 인정하지 않는가?

이러한 점에서 듀이가 쉽게 범주화되기를 거부한 것은, 경험의 '종교적' 차원이 환원될 수 없으며, 동시에 그것이 보편적으로 느껴지는 참된 감정에 의해 이끌렸기 때문으로 보인다. 그가 염두에 둔 경험의 종류는 다른 말로 쉽게 표현될 수 없는 것이었다. 종교적 경험과 '도덕적' 경험 사이에는, 특히 그것과 '미적' 경험 사이에는 어느 정도 겹치는 것도 있다. 그러나 듀이는 '종교적' 경험이 이들 두 가지 경험보다 포괄적인 것이라고 믿었다. 그 때문에 그는 '종교적'이라는 낱말을 계속 사용할 것을 주장했다.

그는 윤리적이거나 심미적 언어로도 포괄할 수 없는 개념을 함축하는 단어가 필요했다. 이를 위해 그는 '종교적'이라는 단어가 비신체적asomatic 의미를 수반하게 되었음에도, 이 단어를 유지했다. 듀이가 염두에 둔 것은 단순히 개인적 안녕이나 선과 미의 조합에 대한 헌신이 아니다. 그것은 "의존과 동시에 지지의 방식으로 상상력에 의해 우주라고 여겨지는 포괄적인 세계와의 연결 감각"(LW 9:36)에 대한 강렬한 헌신에서 동기를 얻는, 완전히 신체적으로 통합된 포괄적인 인격을 지닌 존재였다. 우주적 범위에서 볼 때 단지 티끌에 지나지 않은 사람들이 행한 행동도 '무한한 범위'를 가질 수 있다. 인간이 이러한 범위를 가질 수 있는 것은 "그가 기울이는 작은 노력조차 그것을 뒷받침하는 무한한 사건과 연결되어 있기 때문"(MW14: 180)이다. 듀이에 따르면, 이 이상은 "달성해야 할 목표가 아니다. 그것은 느끼고 이해해야 할 의미이다"(MW 14, 180). 이러한 '느껴야 할 의미'는 듀이가 삶의 경험적 측면으로서 '종교적'인 것이 환원 불가능하다고 여겼을 때, 그가 염두에 둔 것은 바로 이러한 '느껴야 할 의미'였다.[5]

듀이의 입장을 쉽게 분류하기는 어려우나, 그것은 철학사 내에 위치지울 수 있고 그의 철학적 관점과도 일관된 것으로 이해될 수 있다. 갈릴레오적 정화의 길을 따른 칸트는 종교를 이성에 비추어 받아들일 수 있는 범위로 축소하려 했다. 그 결과 신과 불멸성은 도덕성의 필연적인 요청으로 기능하는 건조한 장치가 되었다. 실제로 종교는 도덕성을 뒷받침하는 도구로 축소되었다. 종교는 신성에 대한 신앙과 불멸에 대한 신앙이라는 두 가지 실존적 요구를 포함했다. 칸트주의 입장에는 온기가 거의 없다. 홀로 도덕적 결정을 행하는 개인에 대해 지속적으로 강조해 온 시각과 연결된 이 같은 칸트의 입장은 인간의

---

5 "종교적 경험은 우리가 미래의 대상을 예견하고 조정하려는 노력 가운데, 연약함과 실패 속에서도 포괄적인 전체의 감각에 의해 지탱되고 확장되는 한에서 실재가 된다"(MW 14:181).

삶에 대한 공동체주의를 취한 듀이의 입장과 상반된다. 듀이는 윤리학에 대한 선험적 토대를 정초하려는 칸트의 입장을 반복하지 않는다. 그럼에도 듀이가 인간 경험의 종교적 차원을 이해하는 방식은 18세기 비판적 전통과 연속되어 있다. 그 또한 종교적 관심과 도덕적 관심의 불가분성을 받아들인다. '종교적'인 것은 깊이 느껴지는 감정으로, 좋은 삶을 확보하고자 하는 우리의 노력이 그 노력을 뒷받침하는 (사회적일 뿐만 아니라 자연적인) 더 넓은 네트워크의 일부분을 형성하는 모든 포괄적 감정이다.

듀이에게 종종 그러하듯이 그의 접근은 근대적인 요소와 어느 정도 고대의, 전근대적 요소가 결합된 방식이다. 근대적 요소로서 종교에 대한 후기 계몽주의 비판을 포함하고 있지만, 듀이는 전근대적 문화와 같이 종교를 존재의 한 가지 구획된 차원으로 정의할 수 없는 상황을 기술하고 있다.

플로비노스석 유혹은 우리가 '종교'라는 말이 가리키는 저 하나의 '본질적' 활동을 찾도록 이끌 수 있다. 그러나 이는 확실히 근대적인 기획이다. 예를 들면 헤브라이, 고대 그리스에서도 종교를 가리키는 별도의 낱말은 존재하지 않았다. 음비티John Mbiti는 아프리카인들에 대해 논하면서 식민지 이전 시대의 문화에도 동일하게 해당된다는 것을 보여준다. 특정 용어의 부재는 종교적 감정이 없다는 것이 아니라, 역설적으로 그것은 어디에서든 존재한다는 것을 의미하는 것일 수 있다. 음비티가 지적하고 있는 것처럼 "아프리카인은 악명 높을 정도로 종교적"(Mbiti: 2)이었다. '종교'와 같은 어떤 낱말도 없는 것은 그런 것을 명명할 별도의 '것'이 없기 때문이다. 삶의 종교적 특성은 모든 곳에 만연해 있다. "왜냐하면 전통적인 종교는 삶의 모든 영역에 스며들어 있기 때문에, 성과 속, 종교적인 것과 비종교적인 것, 삶의 정신적인 것과 물질적인 영역 간의 형식적인 구분이 없다"(Mbiti: 2).

현대 문화에서 종교는 종종 입회를 허가받는 클럽처럼 여겨지는 반면, 전통 사회에서 종교는 모든 것을 포괄한다. 듀이는 어느 정도 이 같은 전근대적인 폭을 담아내기 위해 '종교적'이라는 낱말을 사용하는 경향이 있다. 그는 "초자연적인 것에 토대한 종교는 본성적으로 종교적인 것과 세속적인 것 사이를 구분한다"고 주장한다. 그러나 듀이의 대안은 이러한 구분을 약화시킨다. "'종교적'이라는 낱말이 특정 태도와 관점을 나타내는 개념은 초자연적인 것과 무관하며, 성과 속과 같은 구분을 필요로 하지 않는다"(LW 9:45).

듀이의 목표는 우리가 과거로 돌아가야 한다고 제언하는 것이 아니다. 적극적인 의미에서 종교적인 것이 공동체적 삶의 모든 차원에서 존재했던 그와 같은 문화들은 종종 소극적인 의미에서 내적인 변화와 외적인 영향을 배제했다. 우리는 특정 문화와 그 종교적 관습에서 태어난다. 개인의 선택은 전적으로 배제되지는 않을지라도 매우 제한적이었다. 여기에서 근대는 결정적 진보를 이룩했다. 종교개혁에서 개인주의가 대단히 강조되었지만, 이는 분명 나아가야 할 방향이었다(LW 9:45). 듀이는 과거를 되살리려는 것이 아니다. 그러나 그는 다시 한번 어떤 전근대적 태도, 특히 음비티가 기술한 그런 사회의 특징인 도처에 넘쳐 있는 종교적 차원의 성질을 살려내고자 한 것처럼 보일 수 있다.

듀이가 모델로 인용한 철학자는 스피노자Spinoza였다. 그는 서구 유산의 세 가지 중요한 요소, 옳음과 관련되어 있는 히브리적 관심, 지성에 대한 그리스적 강조, 그리고 과학적 발견을 통합하고자 한 인물이다(LW 4:45). 듀이 자신의 종합은 자연과 신을 동일시하는 것을 거부하면서, 17세기 과학이 아니라 20세기의 과학을 받아들이면서 스피노자의 종합을 넘어섰다. 그러나 그 목적은 비슷하다. 그것은 종교적인 가치의 수용이라는 점에서 포괄적인 관대한 종합이다. 듀이는 지나치게 지성적인 도덕주의의 방향으로 나아가지 않았고, 그의 분석은 자연에 대한 경외감에서 절정을 이루었다.

자연에 대한 경외감을 회복하기 위해서는, 과학과 경합하는 지식 양상으로서의 그릇된 종교 개념은 거부되어야 한다. 널리 퍼져 있는 "공동의" 신앙은 "어떤 대상이나 존재가 지성에 대한 진리로서 존재한다"고 하는 신앙이 아니다. 오히려 그것은 "어떤 목적이 행동을 지배해야 한다는 확신"(LW 9:15)의 신앙이다. 이와 같은 신앙은 인지적인 의미라기보다는 '도덕적이고 실천적 의미'를 지니며, 듀이가 '종교적'이라는 개념의 본질에 대해 제시한 관점을 뒷받침하는 토대가 될 것이다.

전통적 종교가 갖고 온 '짐'

듀이가 제시한 '신앙'의 건설적 재구성을 검토하기 전에 '도덕적이고 실천적 의미'를 가진 신앙이 자리 잡을 수 있는 공간을 마련한 비평의 글을 먼저 살펴보는 것이 중요하다. 듀이 사상의 전근대적 측면은 통합에 대한 그의 열망을 반영한다. 한편, 그의 근대적 측면은 정화라는 종교개혁의 목적을 계승하고 있다. 이런 기획은 종교의 참된 핵심을 재발견하기 위해 우연한 부수적인 요소들을 제거하려는 것이었다.

듀이가 태어난 뉴잉글랜드는 이러한 정화의 관점에서 특히 적극적이었다. 청교도에서 에머슨에 이르기까지 정화 과정은 유사한 패턴을 따랐다. 청교도들은 종교의 순수한 내적 핵심에 도달하기 위해 가톨릭적 요소를 제거했다. 그들의 계승자인 공리주의자들은 계몽주의에 의해 영향을 받아, 지적으로 옹호될 수 없는 교리로부터 종교적 신앙을 해방시켰다. 끝으로 에머슨과 초월론자들은 공리주의자들의 냉정하고 지나치게 합리적 접근이라고 간주된 것을 넘어서, 조직적인 종교 세계로부터 완전히 벗어나는 과정을 걸었다.[6]

듀이는 "종교적이라고 불릴 수 있는 경험의 이상적 요인"이 "그것과 무관한 오늘날의 신앙과 제도적 실천의 짐"(LW 9:8)과 구분되어야 한다고 말한다. 듀이적 관점에서 이러한 기획의 독특한 측면은 종교

---

6 윌리엄 제임스의 다음 언급을 비교하라. "에머슨에 따르면, 루터는 자신이 비텐베르크의 교회 문에 붙인 95개조 반박문이 보스턴 유니테리언주의의 창백한 부정으로 이어질 것이라고 생각했다면 차라리 자신의 오른손을 잘라버렸을 것이다"(James, 1985, 265). **역주:** 본문에서는 청교도들, 공리주의자들, 그리고 에머슨과 초월론자들에 의해 나타난 종교적 정화 과정을 다룬다. 청교도들은 가톨릭적 요소를 제거하고, 공리주의자들은 교리에서 벗어나 더 이성적이고 합리적인 종교적 접근을 취하며, 에머슨과 초월론자들은 조직적 종교 세계로부터 완전히 벗어나려 했다. 이는 종교적 정화에 대한 듀이의 긍정적 시각을 보여준다. 반면에 제임스의 인용문 속의 루터적 시각은 이성적 정화의 끝은 결국 종교적 본질을 훼손하거나 놓치는 위험을 내포할 수 있음을 시사한다. 이 주석을 둔 것은, 듀이에게 종교적 정화와 합리적 접근이 종교적 발전에 필수적이지만, 정화의 한계를 인식하고 균형을 유지하는 것이 중요하다는 점을 강조하려는 의도가 담겨 있는 것으로 보인다.

의 어떤 중심부도 존재하지 않는다는 것이다. 도덕성을 보장해 주고 근거를 제공하는 독립적인 존재나 사건(신과 불멸성)이 없다는 것이다. 그의 제안은 새로운, 수정된, 보다 참된 '종교'를 제시하는 것이 아니다. 오히려 그것은 "종교적으로 불릴 수 있는 요소와 관점들"(LW 9:8)을 해방시키는 것이다.

에머슨과 같은 초월론자들은 그 성격을 분류하기가 어렵다. 그는 종교를 거부하지만 반종교적이지는 않다. 듀이의 종교적 접근은 이런 전통 속에 가장 잘 자리 잡을 수 있다. 그러나 듀이는 에머슨과 달리 초월론자가 아니다. 물론 듀이는 에머슨과 같이 기존 범주를 거부하는 입장을 제시했다. 에머슨이 종교 신봉자도, 세속주의자도 아니듯이 듀이 또한 그러하다.

그렇다면 듀이가 버리고자 했던 '짐'은 어떤 것인가? 이는 특정한 지성적 헌신과 의례적 실천 같은 것도 포함하지만 듀이가 주로 추구한 것은 전통적인 가정을 전복시키는 것이었다. 일반적으로 종교적 실천과 태도는 그 근원이자 보증자로서 절대적 존재에 기초하거나 뿌리를 두고 있다고 말해진다. 그러나 듀이는 오히려 실천으로 시작하고, 어떤 조건이 충족되면 논의되고 있는 그 경험은 '종교적'으로 간주될 수 있다고 주장한다. 우리가 신성함으로 출발하는 것이 아니라, 사회적인 실천을 해야 한다. 우리는 사회적 실천으로 시작하고 실천 중 일부는 그 의미가 보다 더 큰 자연적, 사회적 힘과 연결되어 있다는 확신으로 스며들어 있을 때 우리는 전통적 종교가 실천적 활동에 대해 갖게 되는 것에 대해 가능한 한 최대한 가까이 접근할 수 있게 된다.

신앙

근대성의 긍정적 유산 중 하나는 확실성 혹은 보증된 신념에 도달하기 위한 탐구 방법을 제공하는 것이었다. 2장에서 본 것처럼 듀이가 새롭게 제시한 탐구 방법에 대한 명칭, 즉 '도구주의'와 '프래그머티즘'은 예상치 못한 부정적 함의를 내포하게 되었다. 이는 듀이가 과학을 상찬했을 때에도 마찬가지이다. 그는 '과학적 방법'을 채용하고 물리학자와 화학자가 사용한 특정 기술을 통해 사회적, 도덕적 문제를 다룰 것을 주장한 것으로 오해받았다. 그러나 다른 표현들은 오해의 소지가 덜하다. 가령, 그는 "자연적 지성"의 방법, "행위 중의 지성의 방법"(LW 9:51), 혹은 "탐구와 반성의 새로운 방법"(LW 9:22)을 언급했다. 이 모든 경우에서 듀이는 보증된 주장이 (1) 사회적인, 다시 말해 탐구자의 공동체에 의해 착수된, 그리고 (2) 경험적인 기준에 의해 정당화될 수 있는 탐구의 결과임을 강조하고자 했다.

이러한 방법론적 관심은 종교와 관련해서 특히 중요하다. 종교는 증명할 수 없지만, 지식의 근원을 제공하는 대체자로서 자처한다. 이는 증명할 수 없는 것을 지적 정당화라는 통상적인 수단을 통해 검토함이 없이 주장을 수용하게 만든다. 신앙은 그 때 대중의 의식에서 믿을 수 없는 것에 대한 믿음이 된다.

(『믿음에 대한 의지The Will to Believe』라는 유명한 에세이에서 제임스가 반박했던 인물인) 윌리엄 클리포드William K. Clifford는 신앙인이 증명할 수 없는 진리에 접근하려는 열망함에 대한 한 가지 가능한 답변을 제시했다. 그는 인간이 "사물을 검증하고 탐구하는" 습관을 잃게 된다면

인간은 "미개상태로 주저앉을 것"이라고 주장했다(Clifford: 34). 그러한 퇴보를 피하기 위해서 그는 다음과 같은 단순한 규칙을 제안했다. 즉, "불충분한 증거에 토대하여 믿음을 갖는 것은 언제, 어디서나 누구에게나 잘못된 일이다"(Clifford: 34).

클리포드는 종교적 믿음을 배제하는 방법으로서 '불충분한 증거'라는 기준을 강조했다. 그러나 그의 주장은 '불충분한'과 같은 어찌해 볼 수 없는 애매한 말에 토대한 것이다. 듀이는 탐구의 중요성 및 보증하는 믿음으로서 충분한 증거에 대한 요구라는 점에서는 분명 클리포드에게 동의할 것이다. 그러나 클리포드는 듀이와 달리 여전히 '확실성에 대한 탐구'에 사로잡혀 있다. 그는 "철저한 탐구를 할 시간이 없는 사람들은 믿음을 가질 시간도 없어야 한다"(Clifford: 34)고 수상한다. 바로 여기서 '불충분함'이라는 개념의 애매함이 핵심적인 문제가 된다. 얼마나 증거가 많아야 '충분한지' 그리고 얼마나 있어야 '불충분한지' 결정할 어떤 고정된 규칙은 없다. 클리포드가 논한 것처럼 충분성에 대한 협소한 구성은 사람들의 노력을 대부분 쓸모없게 만들 것이다.

듀이의 맥락주의는 증거의 충분성 또는 불충분성이 단일하고 협소한 잣대에 의해 결정되지 않는다는 점을 강조한다. 오히려 그것은 수행 중인 탐구의 성격, 이용 가능한 증거의 종류, 임의대로 사용할 수 있는 시간에 토대하고 있다. 전쟁 중인 장군에게 충분한 증거로 여겨지는 것과, 내년 수확을 계획하고 있는 농부, 허리케인을 추적하는 기상예보관이나 과거 조리기구의 파편을 조사하는 고고학자에게 충분하게 여겨지는 것은 각기 다르다. 클리포드가 제안한 것처럼 증거가 좁은 의미에서 '불충분'할 때 믿음을 거부해야 한다면 그때는 클리포드를 포함해서 어느 누구도 직업을 선택하거나 결혼을 결심하는 일은 불가능하게 될 것이다. 이러한 중요한 결정은 절대적인 확실성으로 보증될 수 없는 믿음에 토대하고 있다. '철저한 탐구'를 위해 시간을 보낼 때까지 믿음은 유예되어야 한다는 클리포드의 말은 그 자체로는 문제가 되지 않는다. 그러나 특정한 기준이 탈맥락적으로 '철저함'을 정의 내리는 탐구 수준을 결정한다고 간주해 버리면 그것은 실천을 마비시키는 원인이 될 수 있다.

듀이는 실천의 중요성에 초점을 두며 클리포드보다 더 유연한 개연성을 수용한다. 물론 증거는 언제나 '충분'해야 하지만, '충분하다'는 낱말의 모호성은 증거에 도움이 되지 않을 수 있다. 그 낱말을 다시 쓰기 위해서는 맥락, 목적 그리고 결정하기 전 이용할 수 있는 시간에 따라 상대적으로 이해되어야 한다. 인간의 삶은 개연성과 보증된 믿음의 영역에 속한다. 이 때문에 '신앙'은 클리포드와 같은 반종교적 사상가들이 생각하는 것처럼 자동적으로 경멸적인 낱말이 될 필요가 없다.

우리가 일상적 상황을 강조하는 데서 시작하면, 필연적인 증명의 범위가 제한적이라는 사실을 바로 깨닫게 된다. 우리가 스스로 명확히 증명할 수 있는 것은 극히 제한적이다. 실천 세계는 탐구와 직결된 헌신의 결과임을 인식하면서 듀이는 자신의 철학적 세계관 속에 신앙의 여지가 있음을 인정한다. 이 신앙은 증거로 뒷받침되지 않는 지적인 주장을 믿도록 강요하는 것이 아니다. 오히려 그것은 실천적 중요성을 지닌 헌신이다. 듀이는 이를 '도덕적' 신앙이라고 불렀다(LW 9:15).

듀이의 지향에서 '선'의 우선성은 특별히 중요한 의미를 갖는다. 그는 인간을 추상적 진리를 말하는 것을 최고 목표로 삼는 사고 기계로 이해하려는 비신체적 관점에 반대한다. 인간이 이처럼 비신체화된 '말하는 머리'로 간주될 때, 신앙은 특별한 지적 능력으로 여겨진다. 이 경우 종교적 선언에 대한 신앙은 일반적으로 인정된 지성의 방법으로 보증된 것 이상의 진리를 축적하는 수단으로 간주된다. 이로 인해 종교와 과학은 적대적인 관계로 변질된다. 그러나 인간이 체화된 사회적인 생명체로서 근본적으로 선을 향해 나아가는 존재라면, 신앙은 지적 탐구에 대한 대안이 될 필요가 없다.

> 신학적 맥락과 무관하게, 어떤 목적은 행동보다 우선해야 한다는 확신인 믿음과, 특정 객체나 존재가 지성에 대한 진리로서 존재한다는 믿음 사이에는 차이가 있다. 도덕적 의미에서의 확신은 이상적인 목적에 의해 우리의 활동적 본성이 정복되고 제압당했음을 나타낸다. 이는 우리의 욕망과 목적에 대한 정당한 주장으로서 그 목적을 인정하는 것을 의미한다. 이러한 인정은 주로 지적인 것이 아니라 실천적인 것이다. (LW 9:15)

듀이가 이 구절에서 구별한 두 가지 확신은 종교에서 '종교적'을 구분하려는 그의 관점과 관련하여 중요한 의미를 가진다. 첫 번째 확신은 순수 지성적이다. 이는 합당한 증거로 뒷받침될 수 없는 존재를 주장하는 명제의 믿음이다. 심지어 클리포드의 주장처럼 충분성 기준이 맥락에 맞게 조정되더라도, 이 믿음은 정당화될 수 없다. 종교는 이 경우 인식의 한 원천으로 간주되며, 이는 일반적인 인간 지성과는 다른 과정을 통해 사실을 제공한다. 이 유형의 신앙이 추가하는 것은 단지 정보를 축적할 수 있는 또 다른 경로일 뿐이다. 인간이 주로 진리를 추구하는 마음으로 정의되는 한, 인식적 신앙은 매력적인 부가적 이점을 제공하며 종교를 지속시킬 수 있다.

반면 두 번째 확신, 즉 도덕적이거나 실제적인 확신은 살과 피로 이루어진 인간 존재와 관련된다. 우리는 주로 '마음'만으로 이루어진 존재가 아니다. 인간은 육체적이고 활동적인 존재로서 선을 향해 나아간다. 듀이가 인용문에서 결합한 요소들은 여기서 중요한 역할을 한다. 그는 '욕망'과 '목적'을 안내하는 확신에 대한 '인정'과 함께 우리의 전체적이고 '활동적인 본성'을 강조한다.

도덕적 신앙은 우리 인성의 전체를 포용하는 태도이다. 어떤 객체나 특정 객체들이 존재한다고 믿는 것이 아니라, "자연과 상호 관련된 삶의 가능성"과 "이상에 대한 헌신"을 믿는 것이다(LW 4:242). 이는 "개별 자아들의 사소한 행동들"을 "요구하고 존엄하게 만드는" "전체에 대한 감각"이다(MW 14:227). 우리는 절대적인 확신성을 갖고 이러한 신앙을 타당하다고 할 수 있을까? 그렇지 않다, 듀이에게 확실성에 대한 탐구는 완전히 거부된다. 우리는 주변의 힘들과의 통합 감정을 절대적으로 고수해야 한다는 강박적인 태도를 가져야 할까? 아니다, 무오류와 절대적 헌신은 철학과 종교 공동체 모두에서 잘못을 범해 온 우상이다. 그럼에도 자연적 및 인간적 힘의 이상적 조화에 대한 헌신은 정당한 것일까? 듀이는 "그렇다"고 답한다.

이러한 신앙은 일상적인 삶의 경험에 뿌리를 두고 있다. 만약 클리포드식 기준에 맞춰야만 특정 믿음을 가질 수 있다면, 인간의 활동은 쉽게 마비될 것이다. 우리는 강력한 알고리즘에 의해 미리 프로그래화된 무오류의 계산 기계가 아니다. 우리가 접하는 증거는 종종 부분적이고 혼란스러우며 일관성이 결여되어 있다. 이러한 데이터를 처리하는 우리의 방식은 어떠한 절대적 공식을 통해 미리 정해진 것이 아니다. 이 때문에 우리는 절대적인 확신이 없는 상황에서 선택과 헌신, '신앙' 행위를 해야 한다. 듀이의 '도덕적' 신앙은 이러한 인식을 바탕으로 한 걸음 더 나아간다. 그것은 선을 추구하며 헌신할 때, 우리가 사회적 및 자연적 복합 요소들과 대립하는 것이 아니라 협력하고 있다는 확신이다. 듀이에게 '신앙'은 완전히 거부되어야 할 용어가 아니다. 그것은 명확히 정의될 필요가 있는 개념이다. 인식적 신앙은 일축되어야 할 거짓된 주장이다. 그러나 도덕적 신앙은 인간 삶의 중심적 역할을 한다.

신

듀이가 『공통의 신앙』을 집필했을 당시, 자유주의 신학자들은 하나님의 존재에 대한 믿음을 유지할 수 있는, 일반적인 의인화 문제와 함께 가혹한 심판자 아버지로서 신을 묘사하는 문제를 해결하기 위한 다양한 방식을 실험했다. 시카고 대학의 헨리 넬슨 와이먼Henry Nelson Wieman은 이러한 시도와 관련한 가장 저명한 인물 중 하나였다. 그가 너무 많은 공식을 제시하여 동료들이 캠퍼스에서 그를 볼 때마다 "오늘은 무엇이라고 부르나요, 헨리?"라고 묻곤 했다는 전언이 있다.

좀 더 최근의 신앙인인 존 맥쿼리John Macquarrie는 "인간이 헌신을 한다는 사실 자체가 신의 실재에 대한 어떤 증거"라고 주장한다. 헌신은 신뢰의 행위이며, 맥쿼리는 "이러한 신뢰는 신의 실재가 차갑고 비인격적이며 기계적이고 생경하다는 믿음을 거부한다"고 단언한다. 그는 "이 기본적인 신뢰를 가질 수 있다는 것"은 "분명히 하나님에 대한 믿음의 일부를 최소한으로 동의하는 것"이라고 덧붙인다(Macquarrie, 151). 여기서 듀이와 신앙인 간의 차이가 드러난다. 듀이는 '도덕적 신앙'과 맥쿼리가 염두에 두고 있는 헌신을 수용한다. 그는 "우리의 운명을 통제하는 보이지 않는 힘"의 이상으로서 "이상에 대한 힘"을 기꺼이 논의하고자 한다(LW 9:17). 그러나 이것이 듀이가 받아들일 수 있는 최대치이다.

와이먼의 입장을 논의하면서, 듀이는 넘어서야 할 경계가 아니라 신앙인이 감행한 문제적 전환을 기술한다. "그것은 인간이 존재의 조건과 힘을 발견하여 생활의 선을 생성하고 유지한다는 사실과, 이러한 것들이 '모든 인간 생활의 최고의 헌신을 **올바르게** 요구하는' 단일하고 통합된 대상을 구성한다는 주장 간의 전환이다"(LW 9:219). 듀이는 이러한 단계를 따르는 것을 거부한다. 그는 전환 이전의 설명은 수용하지만, 그 이후의 주장에 대해서는 그에 대한 어떠한 증거도 찾지 못한다. 와이먼이 기술한 "조건과 힘"은 "인간 경험에서 너무 보편적이고 포괄적이어서 기독교 유신론은 말할 것도 없고, 특정 역사적 종교 전통과도 동일시될 수 없다"(LW 9:220).

와이먼은 듀이가 "자신의 입장의 불가피한 함의를 따르지 않았다"

고 반박했다(Rockefeller, 525). 사실상, 그는 듀이를 '자연주의적 유신론자'로 분류하고자 했다. 그러나 듀이는 이를 고수했다. 그는 신앙인들의 오류가 '조건과 힘'의 존재를 단일하고 통합된 존재와 융합하는 것이라고 생각했다. 그 결과, "충분히 '질투심 많고' 배타적인 어떤 것이 전통적인 종교 신념을 정서적으로 담지하는 역할을 하게 된다"(LW 9:220). 듀이는 모델로 삼은 스피노자처럼 자연을 넘어 별도의 존재로 나아갈 필요가 없다고 생각했다. "지식의 객체로서 자연은 지속적인 선의 원천이자 삶의 규칙이 될 수 있으며, 따라서 유대-기독교 전통이 하나님에게 귀속시킨 모든 속성과 기능을 가지고 있다"고 주장했다(LW 4:45).

듀이는 인간 삶의 출처이자 목적인 선재하는 초자연적 실체에 대한 개념을 명확히 거부했다. 그 개념을 명확히 거부했다고 표현하는 것이 가장 안전한 해석일 것이다. 듀이는 신의 존재 문제에 대한 지속적인 탐구에 착수하는 데 있어 라이프니츠, 아리스토텔레스, 아퀴나스, 그리고 그의 동시대 철학자인 화이트헤드를 따르는 데 큰 관심을 두지 않았다. 신의 존재에 관한 철학적 찬반 논쟁은 그에게 큰 의미가 없었던 것 같다. 이론적으로, 듀이는 현대 과학의 발전이 선행하는 최고 존재에 대한 믿음을 약화시켰다고 느꼈다. 현실적으로, 그의 우려는 전통적인 신, 즉 청교도 전통에서의 질투심 많고 처벌적인 아버지가 신에 대한 논의가 제기될 때마다 항상 나타날 것이라는 점이었다.

이런 감정들을 수용하기 위한 한 가지 전략은 '신'이라는 용어를 아예 없애는 것이었을 게다. 듀이는 신성을 언급하지 않는 "종교적 자연주의"를 발전시킬 수도 있었지만, 『공통의 신앙』에서는 명시적으로

'신'을 언급한다. 이 혼란스러운 용법은 그의 성격과 맞지 않는 것처럼 보인다. 왜 전통적인 유신론의 반대자인 듀이가 '첫 번째 인본주의 선언서'[7]에 서명한 인물로서, 종교에 대한 가장 진지한 공적 성찰에서 '신'을 언급했을까? 듀이에게 이 용어를 보존하게 만든 것은 무엇일까? 그는 왜 하트숀Hartshorne이 붙인 '유신론적 자연주의'라는 범주에 대응하는 입장을 정립했을까?

여기에는 두 가지 요인이 중요하게 보인다. 첫 번째는 전환기에 새로운 입장이 이전의 것을 완전히 거부하는 것이 아니라는 것을 어떻게 강조할 것인가가 중요하다는 점이다. 듀이는 이와 같은 의미로 와이먼의 한 구절을 바꾸어 쓴다.[8] 두 번째이자 더 중요한 이유는 전통에서 보존해야 할 것이 무엇인지 명확히 드러낸다는 점이다. 초자연적 존재의 거부는 종종 인류가 우주에서 지배적인 힘으로 자리매김하려는 유혹을 동반하기 때문이다.

---

7 **역주**: '첫 번째 인본주의자 선언문first Humanist Manifesto'은 1933년에 인본주의자들이 제기한 선언문으로, 정확하게 나타내면 'A Humanist Manifesto'이다. 이 선언문은 "오늘날 우리에게 필요한 동적이고 통합적인 힘으로서 기능할 수 있는 종교"의 형성을 요청한다. 이들 인본주의자들은 "우주가 창조된 것이 아니라 스스로 존재하는 것"(1조)으로 여기고, "성과 속의 구별을 받아들이지 않으며"(7조), "예배와 기도라는 전통적인 태도 대신에 자신의 종교적 감정을 개인적인 삶에 대한 고양된 감각과 사회적 복지 증진을 위한 협력적 노력으로 표현"(9조)하고자 한다. 이들은 이러한 취지의 "종교를 확립하는 것이 현재 시대의 중요한 과제"로 여겼다. 이 선언문에는 듀이를 포함하여 34명이 서명했다(https://americanhumanist.org/what-is-humanism/manifesto1/)

8 "만약 그렇지 않다면, 와이먼의 주장은 단지 전환과 혼란의 시기에 많은 사람들이 실제로는 기능적 효과로서만 통일된 일련의 힘들, 즉 인간 삶에서 선의 증진을 나타내는 힘들을 '신'이라는 용어로 계속 부르는 것이 유용하고 위안이 된다는 주장에 불과한 것으로 보인다. 이는 이해 가능한 입장이다. 지적이고 정직한 사람들 사이에서도 '신'이라는 용어를 계속 사용하는 것이 바람직한지 여부에 대해 의견이 다를 수 있다"(LW 9:220-21)를 참조하라.

후기 H. G. 웰스Wells와 프랑스 사상가 샤를 푸리에Charles Fourier와 같은 유토피아주의자들은 인간을 전능한 창조자로, 끊임없이 완전해질 수 있는 존재로서 신격화하는 경향이 있었다. 그들은 인간에게 완전히 가변적인 세계를 재형성할 수 있는 능력이 무한하다고 보았다. 듀이의 자연주의는 인간의 삶이 자연 환경 속에 완전히 들어 있다는 것을 받아들이기 때문에, 웰스가 자신의 책에 붙인 제목 『신과 같은 인간들Men Like Gods』이라는 관점으로 생각할 가능성은 적다. 또 다른 탈유신론적 경향은 알베르 카뮈Albert Camus의 『반항인The Rebel』에서 가장 잘 드러난다. 여기서 신이 부재하다는 것은 존재에서 의미의 토대가 제거되었다는 것을 의미한다. 그러면 선택은 극명해진다. 일관되게 따를 경우 자살이나 반항으로 이어지는 삶의 궁극적인 무의미함에 동의한다는 것이나. 카뮈기 주장한 반항은 무의미함에 맞서 싸우지만, 익미의 토대가 없는 세계에서 의미를 찾는 탐구의 궁극적인 무의미함을 인정한다.

듀이는 인간의 신격화와 반항의 필요성 모두를 거부한다. 그는 오히려 우리가 깊이 뿌리내리고 있는 자연적, 사회적 요인들과의 연속성 감각을 강조한다. '유신론적 자연주의'는 이 세계에서 인간 존재의 가능성과 한계를 정확하게 평가하는 정직한 자연주의를 지향한다. 유토피아주의자나 반항인은 듀이가 소중히 여기는 전통적 관점의 한 측면, '의존성'의 중요성에 충분히 민감하지 않다.

그러나 종교적 태도는 의존성과 지원의 방식으로 상상력이 우주라고 느끼는 에워싼 세계와 인간 간의 연결된 감각을 필요로 한다. 현실과 이상을 연결시키기 위해 '신'이나 '신성'이라는 단어를 사용하는 것은 인간이 고립감을 느끼지 않도록 보호하고, 그에 따른 절망이나 반항으로부터 막아줄 수 있게 해준다. (LW 9:36)[9]

사실, 인류의 프로메테우스적 능력에 대한 지나친 강조는 전통 종교의 거부로 인해 발생하는 새로운 위험이다. "인본주의적 종교가 자연과 우리의 관계를 배제한다면, 인간을 숭배의 대상으로 삼을 때 거만하게 여겨지는 것처럼 창백하고 얇아질 것이다"(LW 9:36).

인간은 그들 자신 밖에 있는 힘에 의존하고 있다는 사실을 끊임없이 상기해야 한다. 전통적인 유신론과 '공격적인 무신론'은 모두 '고립된 인간'을 다루는 잘못된 가정을 공유한다. 전통적인 유신론은 의존의 중요성을 인식하지만, 이를 사전에 존재하는 신에 대한 고립된 개인의 의존으로 나타내면서 오류를 범한다. 무신론의 반응은 너무 자주 신성뿐만 아니라 모든 의존의 감각을 거부한다. 듀이가 다시 고려하고자 하는 것은 이러한 이중 거부이다.

인간 조건을 제대로 이해한다는 것은 우리가 창조하지 않은 요인들에 대한 의존성을 인식하는 것을 의미한다. 인간은 예술가와 같다. 그들은 재료가 부여하는 한계 내에서 작업하며, 재료의 가능성을 처음 주어진 것 이상으로 확장한다. 이러한 맥락에서 철학자는 '신'이라는 용어를 계속 사용할 수 있다. 선의 예술가로 이해되는 인간은 자신이 깊이 뿌리내리고 있는 다양한 자연력과 자신의 열망 간의 일관성에 대한 신념에 의해 지속된다. 듀이에게 이것은 '신'이라고 부를 수

---

9 각주 5에 인용된 내용을 보라.

있는 것에 대한 신앙을 나타낸다.

> 그러나 신 또는 신성에 대한 이 같은 관념은 인간과 그를 둘러싼 조건을 포함
> 하여, 이상의 성장을 야기하고 그 실현을 촉진하는 — 인간과 그와 연관된 것
> 을 포함하는 — 모든 자연력과 조건의 힘과 연결되어 있다. … 자연과 사회
> 에는 이상을 낳고 지원하는 힘이 있기 때문에, 그들을 연결시키고 단단하게
> 만드는 행동에 의해 더욱 통합된다. 나는 이상과 실제 사이의 이 같은 능동적
> 인 관계에 '신'이라는 이름을 부여하고자 한다. 이 이름이 반드시 주어져야 한
> 다고 주장하지는 않을 것이다. (LW 9:34)

듀이는 '신'이라는 단어를 보존할 필요는 없다고 인정하지만, 그는
그렇게 선택한다. 이는 이 용어가 두 가지 중요한 기능을 수행하기 때
문이다. (1) 그것은 인간을 신격화하려는 경향을 최소화하고, (2) 선이
세상에서 실현되려면 반드시 함께 작용해야 하는 다양한 힘을 강조
하기 위해서이다.

우리가 이미 본 것처럼 듀이의 가장 높은 이상은 '신'이 아니라 '선'
이다. 그러나 그도 잘 알고 있듯이 두 용어 간에는 어원적 관계만 있는
것이 아니다. 특정한 종류의 초자연적 실체와 관련된 실재는 그에게
있어 적절히 지향될 때 구체적인 선의 실현을 가능하게 하는 인간적,
비인간적인 모든 요인의 총체이다. 신이라는 이름은 더 이상 사전에
존재하는 이상, 고정되고 변하지 않는 존재를 위해 마련되어서는 안
된다. 오히려 이 용어는 듀이의 전반적인 초점과 일관하여, 구체적인
선을 실제 조건에서 실현하게 하는 기능적이고 참여적인 활동에 마

련된다.

이로 인해 분류하기 어려운 입장이 나온다. 듀이는 분명히 반유신론자이다. 그는 많은 철학적 논의 없이 근대성의 진전으로 인해 종교가 숭배하는 초자연적 존재에 대한 믿음이 시대에 뒤떨어진 것이 되었다고 단순히 가정한다. 그는 또한 일반적으로 이해되는 바와 같이 무신론자이기도 하다. 그러나 여기서는 명확한 정의가 오해를 일으킬 수 있다. 『공통의 신앙』은 신성의 개념을 재정의하고 '신'이라는 용어를 보존한다. 또한 저자가 '종교적'이라고 규정한 태도를 널리 알린다. 와이먼 또한 듀이의 저서를 검토하면서 "우리 중 일부는 오래전부터 그가 진정으로 종교적인 사람이라는 것을 알고 있었다"라고 말했다(LW 9:426).

'무신론적'이라는 단어는 무종교적이라는 의미 또한 내포하고 있기 때문에, 듀이에게 이 범주를 적용하는 것은 그의 입장을 지나치게 단순화하는 해석으로 이어질 수 있다. 듀이의 종교론 연구에서 스티븐 록펠러Steven Rockefeller가 지적한 것처럼 "듀이는 자신을 무신론자라고 언급한 적이 없으며, 그렇게 분류되는 것을 좋아하지 않았다. 그는 '무신론'이라는 단어가 듀이의 세계관의 특징을 정확히 나타내지 않는 부정적인 의미를 내포하고 있다고 느꼈다"(Rockefeller, 519). 또한 듀이는 사람들의 신앙을 개종시키려 하거나 약화시키려는 사람도 아니다. 1943년 찰스 위첼Charles Witzell에게 보낸 그의 편지에서 "나는 많은 학생들을 오랜 세월 가르쳐왔지만, 어느 학생도 내가 누군가의 신앙을 약화시키려고 했다고 말하지는 않을 것이라고 생각합니다"라고 명시했다(Anderson, 3). 이러한 고려사항은 왜 '유신론자'라는 단어도 '무신론자'라는 단어도 완전한 함의에서 듀이에게 적합하지 않았는지를 이해하는 데 도움을 준다.

이처럼 복잡한 결과는 경험적 자연주의에서 흔한 일이다. 앞서 논의했듯이, 듀이는 데카르트의 『방법서설』에서 표현된 것처럼, 새로운 철학적 건물을 세우기 위해 과거의 구조를 완전히 철거해야 한다는 근대적 신화를 거부했다. 이와 관련하여 그의 태도는 아리스토텔레스가 그의 선배 사상가들에 대해 취한 태도와 더 유사하다. 이전의 사상가들은 개선이 필요하지만, 그렇다고 해서 이들의 사상이 완전히 지워져야 한다는 것은 아니다. 그들의 결점은 사물에 대한 제한적이거나 부분적인 이해에서 비롯된 것이다. 전통에서 나온 사상들은 자동적으로 거부될 이유가 없다. 적절하게 수정된다면, 그 사상들은 새로운 지적 직물로 엮여 만들어질 수 있다.

협력

듀이에게 종교적 태도의 정점은 '신', 즉 "우리에게 욕망과 행동을 불러일으키는 모든 이상적 목적의 통일체"가 시사하는 협력적 참여의 감각이다(LW 9:29). 듀이의 자연주의는 '자연적 경건함'을 포용할 만큼 충분히 넓고 정직하다. '경외감'과 '존경'은 "더 큰 전체의 협력적 부분으로서 인간 본성에 대한 감각"에 기초한다. 더 넓은 자연 환경에서 지성적인 참여자로서 인간의 감각에 기반한 경건함은 "삶에서 올바른 관점을 형성하는 본질적인 요소"이다(LW 9:18). 듀이는 그것들이 공통된 경험을 설명하기 때문에 '경외감', '존경', '경건함'과 같은 단어를 기꺼이 사용하고자 한다. 삶에 스며드는 '종교적' 측면은 '포괄적인 태도'로, "일반적인 의미에서 '도덕적'이라고 지칭되는 것보다 훨씬 더 넓은 범위의 것이다"(LW 9:17).

듀이가 보존하고자 하는 것은 인간의 선택으로 만들어진 힘보다 더 큰 힘들과 협력하는 감각이다. 고대 그리스 철학자들은 초자연적, 자연적, 인간적인 세 가지 힘의 긴장을 유지했다. 르네상스 이후의 사상과 근대 사상은 점점 발전하면서 훨씬 더 두드러진 인본주의적 경향으로 진화했다. 인간은 초자연적 존재를 제거하고 자연을 지배하려는 꿈을 꾸게 되면서 중심이 되었다.

듀이는 종종 인간중심주의적인 유혹에 굴복한다.[10] 그러나 『공통의 신앙』과 같은 곳에서는 이러한 경향이 완화된다. 여기서 듀이는 의지에 대한 과도한 강조와 자연을 순수한 가소성으로 변형하려는 것에서 기인하는 과잉을 인식한다. 환상과 유토피아는 19세기와 20세기의 지적 풍경을 어지럽히고 있다. 우리가 그 부분이며, 그 안에서 일생을 영위하는 자연 세계는 인간의 조작을 기다리는 단순한 물질이 아니며, 피해야 할 유혹도 아니다. 초자연적, 자연적, 인간적이라는 이 세 힘이 상당히 재정의되었지만, 듀이는 이 개념들이 계속 유지될 수 있도록 세련되게 재구성하여 제시했다.

그러나 신 또는 신성에 대한 이 같은 관념은 인간과 그를 둘러싼 조건을 포함

---

10 듀이가 프랜시스 베이컨을 극찬할 때 특히 이 점이 두드러진다. 예를 들어, MW 11:106-7 및 MW 7:332를 보라.

하여, 이상의 성장을 야기하고 그 실현을 촉진하는 — 인간과 그와 연관된 것을 포함하는 — 모든 자연력과 조건의 힘과 연결되어 있다. … 자연과 사회에는 이상을 낳고 지원하는 힘이 있기 때문에, 그들을 연결시키고 단단하게 만드는 행동에 의해 더욱 통합된다. (LW 9:34)

궁극적으로 듀이에게 '종교적'이라는 것은 협력할 때 삶의 변화를 가져올 수 있는 힘의 결합에 대한 인식을 나타낸다. 이는 공동체의 '도덕적' 관심사에 국한된 태도가 아니다. '종교적'인 것은 이를 넘어 참된 경험 기반의 자연주의를 통해 가능해진 이해로 나아간다. 이러한 자연주의는 즉각적인 환경에서 제공되지만 아직 실현되지 않은 가능성을 파악할 수 있는 능력으로서 (유토피아적 자율적이고 무제한적인 능력과는 다른) 체화된 상상력을 환영한다. '종교적'인 경험은 상상력을 통한 확장에 의해 가능해진 보다 포괄적인 이해를 거쳐 우리에게 주어지는 통합 감각으로 절정을 이룬다.

따라서 자아와 (자아가 연결된 조건들의 총체에 대한 이름으로서) 우주 간의 철저하고 깊이 뿌리내린 조화에 대한 관념은 오직 상상을 통해서만 작용한다. 이것이 바로 자아의 조합이 특별한 의지나 결단 행위의 의미에서 자발적이지 않은 이유 중 하나이다. (LW 9:14)

"자아와 우주 간의 조화"는 희망적 사고의 결과가 아니다. 그것은 "특별한 의지 행위"를 통해 존재하게 된 단순한 의지적 선택도 아니다. 그것은 즉각적인 것을 넘어선, 즉각적인 것에 뿌리내린 투영이다. 그것은 느끼고 감사해야 할 어떤 것이다. 듀이의 가장 저명한 제자 중한 명인 존 허먼 랜들 주니어John Herman Randall Jr.는 우리가 "최고선"에 헌신할 때, "우주에서 가장 실제적인 것과 협력하고 있다"고 말했다 (Randall, 74).

　듀이가 현대사회의 완전한 세속화로 나아가는 경향을 따르기를 주저했을 수 있는 이유 중 하나는 대학 졸업 후 몇 년 간 펜실베니아주 오일시티에서 가르치던 시기의 경험에서 비롯되었다. 그는 이 경험을 "신비롭다"고 언급했다. 스티븐 록펠러의 해석에 따르면, 그 경험은 "걱정과 두려움이 사라지고 우주와의 깊은 신뢰와 일체감으로 가득 찬 행복한 경험이었다"고 한다(Rockefeller, 67).[11]

　듀이는 이러한 '종교적' 감성이 인간 사이에서 결코 드문 일은 아니라고 확신했다. 도그마를 가진 종교는 그 감성을 과학에 대한 경쟁자로 삼아, 지성화하려 했다는 것이다. 그러나 보이지 않는 힘에 이끌리고, 협력하는 상호 연결된 힘들의 일부가 되는 감각은 그가 생각하기에 '공동의' 발생이었다. "많은 사람들"은 "거만함과 과시 없이" 자신들의 통합 및 존재 조건과 자신들의 관계 간의 통합을 이루어냈다. 듀이의 이 작은 책이 시도하고자 하는 것은 그러한 개인들의 정신과 영감을 "더 많은 사람들에게로" 확장하려는 것이었다(LW 9:19).

11　또한 Dykhuizen, 22를 참조하라.

260 듀이 철학 시론: 존 듀이, 우리 시대를 다시 생각하다

JOHN
DEWEY

결
론 | 8장

Rethinking
Our Time

포스트모던인가 다시간적인가?

듀이 생애의 중요한 시기는 남북전쟁부터 베르사유조약까지 아우른다. 그 시기 이후 일어난 엄청난 변화들을 인식하면서, 우리는 21세기에 접어들며 듀이를 철학적 대화의 살아 있는 존재가 아니라 역사적 호기심으로 다루고 싶은 유혹에 빠질 수 있다. 포스트모더니즘에 매료된 현대의 지적 풍토는 과거를 넘어서려는 것뿐만 아니라, 어떤 체계적인 사상가에 대해서도 회의론을 조장하고 있다.[1] 의심의 해석학이 회복의 해석학을 결정적으로 이긴 것처럼 보인다.

이 책을 집필하는 한 가지 이유는 회복의 해석학에 대한 한 가지 시도로서, 듀이가 지적인 역사를 다루는 방식이 전근대, 근대, 포스트모던이라는 사고의 전체 개념에 도전하고 있다는 데 있다. 프랑스 철학자 미셸 세르Michel Serres는 근대가 시간을 깔끔하게 시대별로 나누려는 경향이 있지만, 각 시대는 "다시간적multitemporal"이어야 한다고 주장했다(Serres, 92).² 우리의 탐구는 과거에서 가장 좋은 것을 받아들이고 업데이트하며, 강조점을 잘못 둔 것을 조정하고, 우리 시대에 필요한 새로운 요소를 통합하는 데 있어야 한다.

이로 인해 생겨나는 종합은 과거를 극복하는 것을 억지로 숭배할

---

1   듀이는 적어도 느슨한 의미에서 자신의 철학적 입장들이 체계적으로 하나로 결합되어 있다고 인정했다(LW 14:141–42). 그러나 듀이 철학의 이와 같은 차원은 포스트모던적 관점을 대표하는 리처드 로티에 의해 거부되었다. "나는 고전적인 후설 현상학, 베르그송, 화이트헤드, 『경험과 자연』의 듀이, 『급진적 경험주의』의 제임스, 신토마스주의적 인식론적 실재론, 그리고 19세기 후반과 20세기 초의 다양한 체계를 거부하면서, 라이헨바흐와 함께 할 것이다"(Rorty, 1982, 213–14).

2   **역주:** 해당 관련 원문을 번역하면 다음과 같다. "모든 사람들은 1935년 이후 나치가 세계에서 가장 과학과 문화가 발전한 나라에서, 가장 원시적인 행위를 저질렀다는 사실에 놀란다. 그러나 사실 끊임없이 우리는 고대적인 행위, 현대적인 행위, 미래적인 행위를 '동시에' 수행하고 있다. (⋯) 역사의 어떤 사건이든 이와 같이 다시간적multitemporel이며, 과거와 현재 그리고 미래를 '동시에' 가리킨다. 따라서 이러한 사물이나 이러한 상황도 다시간적이자 다시기적polychronique이며, 시간은 압형처럼 눌린 것이 아니라 여러 겹으로 주름진 구조를 가진다."(Serres, Michel(1994). *Eclaircissements: Entretiens avec Bruno Latour.* Paris: Flammarion, 92). 세르는 기존의 선형적이고 단절적인 시간 개념을 거부하고, 다층적이고 비선형적인 시간 개념을 제시한다. 다시간성Multitemporal은 시간이 단순히 직선적으로 흐르는 것이 아니라, 멀리 떨어진 역사적 사건들이 가까이 있을 수도 있고, 가까워 보이는 것들이 실제로는 멀리 떨어질 수도 있으며, 시간은 마치 거름망처럼 걸러지며 스며드는 방식으로 작용한다는 개념이다. 즉, 역사의 모든 사건이 과거, 현재, 미래를 동시에 포함할 수 있다. 호주머니 속의 구겨진 손수건이 접혀질 경우, 멀리 떨어져 있던 두 지점이 서로 가까워질 수도 있으며, 반대로 가까웠던 두 지점이 멀어질 수도 있는 것과 같다(ibid., 89–93).

필요가 없다. 브뤼노 라투르Bruno Latour가 지적하듯, "포스트-포스트-포스트 모더니스트의 길 잃은 탈주"을 계속할 필요는 없다(Latour, 69). 세르가 통찰력 있게 지적한 바와 같이, 급진적으로 새로운 것을 하고 있다고 주장하는 이들은 매디슨 애비뉴Madison Avenue의 언어[3]를 사용하며 자기 홍보에 몰두하고 있다(Serres, 211). 반면, 진지한 철학은 이러한 자기 홍보에 유혹되지 않아야 한다. 대신, 그 작업은 자신의 시대에 직면한 중요한 문제를 포착하고 씨름하는 것이다. 성공적인 노력을 위해서는 퍼스의 경고를 진지하게 받아들여야 한다. "탐구의 길을 막지 말아야 한다"(Peirce, 54). 이 경고는 포용적인 태도를 요구한다. 즉, 그것은 사전에 무조건적인 배제를 피하며, 절대적인 새로움에 대한 강박적 집착에서도 자유로워지는 것이다.

현재를 위한 다시간적 종합의 관점에서 생각하는 것은 철학이 자주 빠지는 유혹, 주로 '비판'과 '고발'에 참여하는 검사의 역할로부터 철학을 해방시킨다(Latour, 64). 헤겔은 철학의 임무를 "참으로 존재하는 것에 대한" 실제 인식에 도달하는 것으로 설명했다(Hegel, 46). 헤겔에게 '참으로 존재하는 것'은 과거와 불가분의 관계에 있었다. 현재는 그것이 이전의 것에서 어떻게 성장하고 그것을 받아들였는지 인식하지 않고는 이해될 수 없다. 시간적 연속성에 대한 이 같은 헤겔의 민감성을 유지하면서, 이를 더 쉽게 표현하면 철학자들의 임무는 **자신의**

3　**역주:** 20세기 중반부터 1970년대까지 미국 뉴욕시 매디슨 애비뉴에는 많은 광고 회사들이 있었다. 최근 몇 년 동안 적지 않은 광고 대행사들이 매디슨 애비뉴를 떠났지만, 여전히 전통적인 광고 대행사들이 이 거리에 위치해 있으며 그만큼 매디슨 애비뉴는 광고업계의 상징적 의미를 갖고 있다(https://en.wikipedia.org/wiki/Madison_Avenue). 따라서 여기서 매디슨 애비뉴의 언어란 다름 아닌 광고 산업의 언어를 가리킨다.

시대를 사유하는 것이다. 급진적인 단절을 추구하는 것을 포기하면, 듀이가 했던 것처럼 "우리 자신의 시대를 사고할 수 있는" 포괄적인 체계를 세울 수 있다.

철학적 문제를 다루는 듀이의 방식이 선험적 배제를 거부하는 것임을 고려하면, 플라톤처럼 그가 로고스logos와 미토스mythos[4] 간의 뚜렷한 이분법을 두지 않는 것은 놀라운 일이 아니다. "철학적 담론은 과학적 담론과 문학적 담론 모두를 포함한다. 문학처럼, 그것은 경험에 존재하는 의미를 보다 강렬하고 정당하게 인식하는 데 관심을 두고 자연과 삶에 대한 논평하는 것이다"(LW 1:304).[5] 듀이가 플라톤과 달리 자신의 이야기를 만들지는 않았지만, 그는 자신의 작업을 일종의 서사로 설명한다. 우리가 '혼돈'의 세계가 아닌 '우주'에 살고자 한다면, 우리는 '의미로 구성된 이야기'를 자세하게 나타내야 한다 (MW 13:279). 그는 묻는다. "지혜로운 사람들이 진리와 예술이라고 부

4　**역주:** 고대 그리스인들은 사고, 언어 및 지식 습득의 두 가지 방식을 '미토스'와 '로고스'라고 불렀다. 로고스(이성)는 사람들이 세계에서 효과적으로 기능할 수 있도록 도와주는 사고방식으로, 환경을 통제하거나 새로운 것을 발명하는 등 외부 현실에 정확하게 부합해야 했다. 그러나 로고스만으로는 삶의 궁극적인 의미를 찾기에 충분하지 않다. 그 때문에 사람들은 미토스(신화)에 의존해야 했다. 신화는 사람들에게 올바른 정신적, 심리적 자세를 취하게 할 수 있는 것으로 여겨졌다(Karen Armstrong, The Case for God (New York: Alfred A. Knopf, 2009), pp. x–xi.) 요컨대 미토스는 "우리의 감정과 삶의 경험에 의미, 가치, 구조를 부여할 수 있는 이야기, 이미지, 상징을 생성하는 것이다. 로고스는 세계가 작동하는 인과 원리를 식별하고 이를 통제하기 위한 방법을 생성하는 것과 관련이 있다." 그렇다고 미토스와 로고스의 구분을 종교와 과학의 구분과 동일한 것으로 보아서는 안 된다. 종교와 과학은 미토스와 로고스가 각각 속해 있는 영역을 나타내는 것일 뿐이다(Graham Richards (2010), *Psychology, Religion, and the Nature of the Soul*, New York: Springer, pp. 9-11.).

5　다음 참조. "번영 속에서 절망을 노래하고 가장 어두운 암울함 속에서도 희망을 노래한 시인들은 자연의 참된 형이상학자들이었다"(LW 1:96).

른 사건들이 그에 관한 이야기를 하라고 우리를 유혹할 때" "왜 멸망하는 둔한 짐승처럼 살아야 하는가?"(MW 13:280). 그러한 '이야기'를 전하는 것이 듀이가 시도했던 것이다. 이 이야기의 등장인물은 피와 살을 가진 인간이다. 무대는 경험을 통해 드러난 생활세계의 풍부함이다. 줄거리는 모든 종류의 선을 식별하고 설정하며 확보하는 것이다. 수단은 (과학을 포함하는)[6] 다양한 예술과 공통의 신앙이다.

듀이의 오늘날의 의미

듀이와의 거리감은 우리가 그가 주장하는 모든 것에 동의할 수 없다는 것을 의미한다. 그럼에도 그는 우리에게 새롭게 이야기할 수 있다. 그와의 대화는 우리 자신의 '의미의 이야기'를 제공해야 하는 현대적 도전에 직면하면서 결실을 맺을 수 있다. 이러한 이야기는 듀이가 언급한 요소들, 생활세계에 대한 구체적인 이해, 인간 지성에 대한 이해, 사회적 이상의 표현, 교육의 지위, 예술의 통합, 헌신과 약속의 고유한 역할 등을 포함할 것이다.

또한, 20세기는 듀이가 부각시킨 주제에 우리의 관심을 다시 집중

---

6 "그러나 현대적 경향이 예술과 창조를 우선시하는 것이 정당하다면, 이 입장의 함의를 인정하고 실행해야 한다. 그러면 과학이 예술이고, 예술이 실천이며, 유일하게 구별할 만한 것은 실천과 이론이 아니라 지적이지 않고 본질적으로 그리고 즉시 즐길 수 없는 실천 방식과 즐길 수 있는 의미로 가득 찬 실천 방식 간에 있다는 것을 알게 될 것이다. 이러한 인식이 분명해지면, 예술은, 즉 즉각적으로 즐길 수 있는 소유를 충족시킬 수 있는 의미를 담고 있는 활동 방식은 자연의 완전한 정점이며, '과학'은 본래 자연적 사건을 이러한 행복한 결과로 이끄는 하녀라는 것이 흔한 일이 될 것이다"(LW 1:268-69).

시키는 여러 어조로 마무리되고 있기 때문에 듀이의 말은 들을 가치가 있다. 우리는 상호 연결성, 상호 의존성, 상호 작용의 범위를 이전보다 훨씬 더 잘 깨닫고 있다. 나이지리아의 석유 공급[7]에 대한 결정, 중국의 청바지 공장 건설, 미국의 물가 상승률 등의 모든 사건은 국가경계를 넘어 광범위한 파장을 일으킨다. 생태학자들은 우리가 자연세계와의 상호작용이 우리들 간의 상호작용만큼이나 중요하다는 것을 계속해서 일깨워준다. 생활세계는 고립된 행위자들의 무대가 아니다. 듀이가 강조했듯이, 그것은 상호 연결성과 상호 의존성에 의해 지배받는 세계이다.

　20세기 마지막 수십 년은 민주적 열망의 급증을 목격했다. 유럽에서의 공산주의 몰락이나 라틴 아메리카에서 민선 정부의 성공은 사람들이 민주 사회에서 살고자 하는 깊은 열망을 나타내고 있다. "민주주의란 무엇인가", "그 핵심 이념은 무엇인가", "이들 이념은 효과적으로 통합되기 위해 어떻게 엮여져야 하는가"와 같은 중요한 철학적질문은 새로운 긴박성을 띠고 있다. 우리가 이러한 질문을 새롭게 던질 때, 듀이는 20세기 영감의 주요 원천 중 하나로 자리할 수 있다.

　이러한 고려는 듀이가 마련한 지형에서 우리가 일하고 있다는 것

7　**역주:** 이 책이 출간될 무렵의 나이지리아의 산유량은 1997년도 223만 배럴/일, 1998년도 212만 배럴/일, 1999년도 204만 배럴/일, 2000년도 218만 배럴/일, 2001년도 208만 배럴/일로 1일 산유량이 200만 배럴을 넘고 수출액은 1997년도 152억 7천만 불(전체 수출액의 97.7%), 1998년도 89억 7천만 불(전체 수출액의 95.5%), 1999년도 121억 7천만 불(전체 수출액의 98.4%), 2000년도 189억 6천만 불(전체 수출액의 98.7%)으로 원유가스산업 부문이 나이지리아 국가경제에서 절대적인 비중을 차지한다(주나이지리아대사관, 「나이지리아 경제개황」, 2005.04.20. https://overseas.mofa.go.kr/ng-ko/brd/m_9890/view.do?seq=597295&page=256).

을 나타낸다. 우리가 물려받은 경관을 다루기 위해서는, 듀이가 경고했던 두 가지 방식은 여전히 피해야 한다. 하나는 단순히 "고전을 되살리는 것"이고, 다른 하나는 시대의 흐름만을 추종하는 것, 즉 "극단적 현대주의자가 되는 것"이다(MW 13:278). 내가 이 연구에서 보여주려고 했던 것처럼, 듀이의 궤적은 '다시간적polytemporal'이었다('다시간적'은 그리스어와 라틴어 어원을 혼합한 것인데, 브뤼노 라투르의 글(Latour, 102)에서 빌린 것이다). 듀이는 근대와 전근대에서 가장 좋은 열망과 태도를 통합하려 했으며, 그들의 결점을 수정하고자 했다. 그는 이러한 혼합을 근대의 발견들과 결합하여 자신의 시대의 고유한 문제들을 다루고자 했다.

듀이의 이 같은 노력에 대한 나의 연구는 지지적이다. 왜냐하면 듀이의 풍경이 우리가 풍부한 지적수확을 거둘 수 있는 하나의 장이라고 믿기 때문이다. 이는 그를 정확히 따라해야 하는 '모범'으로 만들어야 한다는 것을 의미하지 않는다. 실제로 그런 접근은 듀이 철학과 정반대되는 방향일 것이다. 그것은 시간, 맥락 및 변화를 무시하며, 듀이 철학의 약점을 인식하지 못하는 결과를 초래할 것이다. 그의 비평가들은 그러한 약점을 충분히 지적해왔다. 그는 과학에 지나치게 의존했고, 지나치게 낙관적이며, 지나치게 인본적이었다. 게다가 그의 사상에서 '개인적' 차원이 부족했다. 그는 실존주의 사상가들이 강조하는 사랑, 우정, 죽음 및 고통과 같은 문제를 깊이 다루지 않았다.

이러한 한계가 있음에도, 듀이는 모든 훌륭한 철학자들이 하고 있는 일을 했다. 그는 크고 풍부한 유산을 남기는 데 성공했다. 이 책에서 내가 시도한 것은 우리 시대에 필요한 통합을 돕는 듀이 사상의 주

그림 8.1 존 듀이의 90세 생일 축하 행사, 뉴욕 월도프 아스토리아 호텔, 1949년
존 듀이와 (왼쪽부터 오른쪽으로) 크리켓 로저스(카메라를 등지고 있음), 수
잔 로저스, 캐리 맥패든, 토니 그레이엄, 조니 듀이 주니어, 로베르타 L. 듀
이, 헬렌 포츠(로베르타 뒤에), 그리고 아드리안 듀이
(존 듀이 문서, 특별 소장/모리스 도서관, 서던 일리노이 대학교 카본데일 제공)

요 흐름을 강조하는 것이었다. 만약 이 목표가 성공했다면, 독자들은 듀이의 저서로 돌아가서 읽고 싶어할 것이다. 그런 이들은 '경험'이라는 단어가 제목에 포함된 『경험과 자연』, 『경험과 교육』, 『경험으로서의 예술』에서 시작하는 것이 좋을 것이다. 내 개인적인 의견으로는, 이들 저작에서 시작하는 독자는 듀이의 논리적 저자들인 『사고하는 방법』이나 『논리학: 탐구 이론』에서 시작하는 독자보다 21세기로 나아갈 수 있는 더 풍부한 자료를 찾게 될 것이다. 후자에서 시작하는 것에는 두 가지 단점이 있다. 첫째, 이 책들을 출발점으로 삼는 것은

철학자들이 다루는 주요 문제가 인식론적 문제라는 태도를 강화하게 되는데, 이는 우리가 보았던 것처럼 듀이가 명확히 거부한 입장이다. 둘째, 듀이의 논리적 저작물들은 그가 여전히 데카르트의 '방법'에 매혹되어, 데카르트의 방식에 과도하게 영향을 받았다는 것을 드러낸다. 이 책들을 비판적으로 읽지 않을 경우, "지식에 대한 실용주의적 해석이 적응과 통제의 도구로서 지식을 생성하는 것은 오직 과학적 탐구에 의해 이루어진다"(Sidorky, xvii)는 잘못된 해석을 초래할 수 있다. 사실, 2장에서 보았듯이, 듀이는 지식에 대해 그런 좁은 접근을 명확히 거부한다. 반면에 제목에 '경험'이 포함된 저서들은 우리를 생활 세계 안에서 직접적이고 다차원적인 방식으로 자리 잡게 하므로 더 나은 입문서가 될 것이다.

듀이는 우리가 더 이상 짓 섞일 수 없다고 생각되는 여러 사상의 갈래를 하나로 묶어낸 복잡한 사상가였다. 21세기로 들어서면서 우리는 어떤 사상의 갈래를 강조하고 어떤 것은 과감히 내려놓을지 선택해야 한다. 나는 유기적 은유의 필터를 통해 듀이를 이해하고자 했다. 생명, 생명체계, 세포, 적응은 새로운 세기를 시작할 때 중요하다고 여겨지는 듀이 사상의 측면을 강조하는 데 유익한 방식을 제공한다.[8] 물론 이러한 개념들은 듀이가 아리스토텔레스, 라이프니츠, 화이트

---

8 "생물학이 경험에 대한 우리의 관념에 기여한 바를 진지하게 받아들인다고 가정해보자. 최근의 생물학이 사실을 발견한 것이 아니라 그것을 지나치게 강조해서 더 이상 이를 무시하거나 간과할 이유가 없게 되었다. 경험에 대한 모든 설명은 경험한다는 것이 삶을 의미하며, 삶은 진공 상태가 아니라 환경의 매체 안에서 그리고 그로 인해 일어난다는 점을 고려해야 한다. 경험이 있는 곳에는 살아있는 존재가 있다"(MW 10:6-7). 기술적 은유를 통해 듀이를 가장 잘 해석할 수 있는 대안적 해석은 히크먼의 글을 참고하라.

헤드와 공유하는 '근본 은유root-metaphors'9에 해당한다. 그러나 그 사실이 불안감을 줄 이유는 없다. 결국, 생동감 있는 철학은 항상 다시 간적이기 마련이기 때문이다.

9　다양한 철학적 입장에 영감을 주고 구별하는 데 있어 '근본 은유'의 중요성에 대해서는 페퍼의 연구를 참고하라.
역주: '근본 은유'는 미국의 프래그머티스트 철학자 페퍼Stephen C. Pepper(1891~1972)의 철학적 기술어이다. 페퍼는 그의 책『세계 가설: 증거에 관한 연구World Hypotheses: A Study in Evidence』에서 네 가지 세계 가설을 각각의 근본 은유를 통해 제시한다. 그것은 형태주의(유사성), 기계주의(기계), 문맥주의(역사적 행위), 유기체주의(생명 체계)이다. 그에 따르면 근본 은유는 다음과 같이 정의, 기술된다. "세계를 이해하고자 하는 사람은 그 이해의 실마리를 찾고자 한다. 그는 상식적인 사실의 어떤 영역을 선택하고, 이를 기준으로 다른 영역들을 이해하려고 시도한다. 이 원래의 영역은 그의 기본적인 비유 또는 근본 은유가 된다. 그는 이 영역의 특성을 최선으로 설명하려 하고, 이를 구별하여 그 구조를 분석한다. (⋯) 기본적 비유나 근본 은유는 일반적으로(그리고 아마도 적어도 부분적으로는 필연적으로) 상식에서 비롯되기 때문에, 무한한 범위의 가설에 적합함을 증명하려면 범주 집합의 많은 발달과 세련됨이 필요하다"(Pepper, 91-92).

JOHN
DEWEY

부
록

Rethinking
Our Time

전기자료

Biographical Data

듀이의 길고도 파란만장한 삶에 대한 유일한 종합 전기는 조지 다이퀴젠George Dykhuizen이 저술했다. 닐 코흘란Neil Coughlan의 연구는 뛰어나지만 듀이의 시카고 시절까지만 다루고 있다. 스티븐 록펠러, 로버트 웨스트브룩, 앨런 라이언은 듀이의 삶과 사상을 자신들의 중요한 연구에서 긴밀하게 엮어내고 있다.

1859	10월 20일, 버몬트주 벌링턴에서 출생
1875	버몬트 대학교에 입학
1879	버몬트 대학교를 졸업

1879	펜실베이니아주 오일시티 고등학교에서 2년간 교사로 재직 시작
1882	겨울 학기에 버몬트주 샬럿에서 고등학교 교사로 활동
	첫 논문 「유물론의 형이상학적 가정The Metaphysical Assumptions of Materialism」이 『사변철학지The Journal of Speculative Philosophy』에 게재됨
	존스홉킨스 대학교에서 대학원 과정을 시작. 이 시기 신헤겔주의자 조지 실베스터 모리스George Sylvester Morris의 영향을 받으며, 찰스 샌더스 퍼스의 강의를 들음
1884	미시간 대학교 교수진에 합류
1886	7월 28일, 앨리스 칩먼Alice Chipman과 결혼
1888	미네소타 대학교 교수로 임명
1889	미시간 대학교로 복귀, 조지 모리스를 대신하여 교수직을 수행
1894	시카고 대학교 교수로 부임하며 조지 허버트 미드George Herbert Mead를 학과에 임명
	이탈리아 여행 중, 두 살 반 된 아들 모리스가 디프테리아로 사망
1895	대학교부설초등학교University Elementary School로 알려진 '듀이 학교' 혹은 '실험학교' 개교
1904	4월 5일, 아내 앨리스가 실험학교 교장직에 정식 임명되지 않자 시카고 대학교에서 사임
	여덟 살 된 아들 고든이 잉글랜드와 아일랜드 여행 중 장티푸스로 사망
1905	2월 1일, 컬럼비아대학교 교수진에 합류
1915	미국 대학교수협회American Association of University Professors 설립에 기여
1919	도쿄 제국 대학에서 강연, 이후 『철학의 재건Reconstruction in Philosophy』으로 출간
1919~1920	중국에서 강연
1920	국립대학에서 명예 학위를 받으며 '제2의 공자'로 칭송받음
1922	카루스 강연을 진행, 이후 『경험과 자연Experience and Nature』으로 출간

1924	튀르키예를 방문하여 교육 제도에 대한 보고서를 준비
1927	아내 앨리스 사망
1928	소련을 방문한 뒤, 소련의 교육에 대해 칭찬하는 일련의 글을 작성
1929	에든버러 대학교에서 기포드 강연을 진행, 이후 『확실성에 대한 탐구The Quest for Certainty』로 출간
1930	컬럼비아 대학교에서 은퇴 후 명예 교수로 임명 소르본 대학교에서 명예박사 학위를 받음
1931	하버드 대학교에서 윌리엄 제임스 강연[1]을 진행, 이후 『경험으로서의 예술Art as Experience』로 출간
1932	하버드 대학교에서 명예박사 학위를 받음
1934	예일 대학교에서 테리 재단 강연[2]을 진행, 이후 『공통의 신앙A Common Faith』으로 출간
1935	교육자들에 의해 '존 듀이 학회John Dewey Society'가 설립됨
1937	소련의 트로츠키에 대한 기소를 조사하는 위원회 의장을 맡음
1946	로버타 로위츠 그랜트와 결혼
1951	예일 대학교에서 명예박사 학위를 받음
1952	6월 1일, 뉴욕시 아파트에서 폐렴으로 사망

그의 유해는 로버타와 함께 버몬트 대학교 예배당 옆에 안장됨.

---

1 **역주:** 윌리엄 제임스 강연은 하버드 대학교에서 철학과 심리학 학과가 주관한 초청 강연 시리즈이다. 강연자는 두 학과가 교체하여 선정한다. 이 시리즈는 미국의 실용주의 철학자 윌리엄 제임스를 기리기 위해 만들어졌으며, 제임스는 하버드 대학교의 전 교수였다. 이 강연 시리즈는 1929년 하버드 대학교 동문인 에드거 피어스의 유산을 통해 기부되었다(https://www.hup.harvard.edu/series/ the-william-james-lectures).

2 **역주:** 드와이트 H. 테리의 강연으로, 줄여서 테리 강연Terry Lectures이라 한다. 강연은 종교, 과학, 철학 분야에서 저명한 학자들을 초청하여 과학과 철학이 종교에 어떻게 영향을 미치고, 종교가 인간 복지에 어떻게 적용되는지에 관한 문제를 다룬다. 강연은 보통 2주에 걸쳐 네 차례로 이루어진다. 이 강연은 1905년 드와이트 해링턴 테리의 기부로 설립되었다(https://terrylecture.yale.edu/about -dwight-h-terry-lectureship).

사이버공간에서의 듀이

Dewey in Cyberspace

듀이 철학에 전념하는 온라인 토론 집단은 인터넷에서 가장 우호적인 집단 중 하나이다. 머스킹엄 대학에 있는 토드 레칸 Todd Lekan이 시작했으며, 현재는 사우스캐롤라이나 대학교의 톰 버크 Tom Burke가 관리하고 있다. 토론에 참여하려면 아래에 나와 있는 메시지를 목록 서비스 주소로 보내면 된다.

메시지: subscribe jdewey-1 이름 성

주소: listserv@vm.sc.edu

듀이 연구 센터는 서던 일리노이 대학교의 래리 히크먼이 이끌고 있으며, 자체 홈페이지를 운영하고 있다(http://www.siu.edu/~deweyctr).[1] 듀이 센터의 활동 외에도, 이 홈페이지는 듀이에 관한 최신 이차 문헌 목록을 제공하는 중요한 자료이다.

크레이그 커닝햄Craig Cunningham은 노스이스턴 일리노이 대학교에서 듀이에 관한 섹션을 포함한 종합적인 홈페이지를 구축했다.[2] http://www.ecnet.net/users/uccunnin/index.html.

컬럼비아 대학교 학습 기술 연구소는 듀이와 관련된 여러 사이트도 운영하고 있다.[3]

http://www.ilt.columbia.edu/academic/digittexts/dewey/bio.dewey

http://www.ilt.columbia.edu/academic/texts/dewey/d_e/contents.html

듀이의 저서는 CD-ROM으로도 제공된다.

Hickman, Larry, ed. (1996). *The Collected Works of John Dewey: The Electronic Edition*. Charlottesville, VA: Intelex Corp.

---

1 **역주:** 현재는 "https://deweycenter.siu.edu/"로 바뀌었고 운영 소장은 브라운Matthew J. Brown이다.
2 **역주:** 커닝햄은 당시 노스이스턴 일리노이 대학교에 부교수로 재직했고, 지금은 작가, 편집자로 활동하고 있다. 위 사이트는 현재 운영되지 않는다.
3 **역주:** 현재의 컬럼비아 대학교 학습 기술 연구소는 해당 사이트를 운영하지 않는다.

참고문헌 *Bibliography*

■ 듀이 전집 비판적 판본

EW   *John Dewey: The Early Works: 1882−1898*, ed. Jo Ann Boydston, 5 vols. Carbondale and Edwardsville: Southern Illinois University Press, 1969−72.

MW   *John Dewey: The Middle Works: 1899-1924*, ed. Jo Ann Boydston, 15 vols. Carbondale and Edwardsville: Southern Illinois University Press, 1976−83.

LW   *John Dewey: The Later Works: 1925−1953*, ed. Jo Ann Boydston, 17 vols. Carbondale and Edwardsville: Southern Illinois University Press, 1981−90.

■ 듀이의 주요 저서

Art as Experience (1934) in LW 10.

A Common Faith (1934) in LW 9.

Democracy and Education (1916) in MW 9.

Experience and Education (1938) in LW 13.

Experience and Nature (1925, rev. ed. 1929) in LW 1.

How We Think (1910, rev. ed. 1933) in LW 8.

Human Nature and Conduct (1922) in MW 14.

Individualism Old and New (1930), in LW 5.

Logic: The Theory of Inquiry (1938) in LW 12.

Liberalism and Social Action (1935) in LW 11.

The Public and Its Problems (1927) in LW 2.

The Quest for Certainty (1929) in LW 4.

Reconstruction in Philosophy (1920, rev. ed. 1948) in MW 12.

■ 단행본 및 논문

Alexander, Thomas (1987a). *John Dewey's Theory of Art, Experience, and Nature.* Albany: SUNY Press.

_____ (1987b). "Art As Care." Paper presented at the Taos Aesthetics Institute, May 26.

Allen, Gay Wilson (1981). *Waldo Emerson: A Biography.* New York: Viking Press.

Anderson, Douglas (1996). "Theology as Healing: A Meditation on *A Common Faith.*" Paper presented at the annual meeting of the Society for the Advancement of American Philosophy, Toronto, March 8, 1996.

Aristotle (1984). *The Complete Works.* Ed. Jonathan Barnes. Princeton: Princeton University Press.

Ayer, Alfred J. (1952). *Language, Truth and Logic.* New York: Dover Publications.

Bacon, Francis ([1620] 1994). *Novum Organum.* Trans. and eds. Peter Urbach and John Gibson. Chicago: Open Court.

Barber, Elizabeth Wayland (1994). *Women's Work*. New York: W. W. Norton.

Baumgarten, Alexander Gottlieb ([1735] 1954). *Reflections on Poetry*. Trans. Karl Aschenbrenner and William Holther. Berkeley: University of California Press.

Bell, Clive (1949). *Art*. 2nd ed. London: Chatto & Windus.

Bellah, Robert, Richard Madsen, William Sullivan, Anne Swidler, Steven Tipton (1986). *Habits of the Heart*. New York: Perennial Library.

_____ (1991). *The Good Society*. New York: Alfred A. Knopf.

Belting, Hans (1994). *Likeness and Presence: A History of the Image before the Eraof Art*. Trans. Edmund Jephcott. Chicago: University of Chicago Press.

Boisvert, Raymond (1988). *Dewey's Metaphysics*. New York: Fordham University Press.

_____ (1993). "Heteronomous Freedom." In *Philosophy and the Reconstruction of Culture: Pragmatic Essays after Dewey*, ed. John Stuhr. Albany: SUNY Press.

_____ (1999). "The Nemesis of Necessity: Tragedy's Challenge to Deweyan Pragmatism," in Casey Haskins & David Seiple (eds), *Dewey Reconfigured: Essays on Deweyan Pragmatism*, New York: State University of New York Press.

Burke, Tom (1994). *Dewey's New Logic: A Reply to Russell*. Chicago: University ofChicago Press.

Burnyeat, M. F. (1979). "Conflicting Appearances." *Proceedings of the British Academy* 65: 69−111.

Burtt, Edwin A. (1960). "The Core of Dewey's Way of Thinking." *The Journal of Philosophy* 57: 401−419.

Campbell, James (1995). *Understanding John Dewey*. LaSalle, Ill.: Open Court.

Camus, Albert (1956). *The Rebel: An Essay on Man in Revolt*. Trans. A. Brower. New York: Vintage Books.

Caputo, John (1987). *Radical Hermeneutics*. Bloomington: Indiana University Press.

Clifford, W. K. ([1879] 1992). "The Ethics of Belief." In *Readings in the Philosophy of Religion, An Analytic Approach*, ed. Baruch Brody. 2nd ed. Englewood Cliffs,

N.J.: Prentice Hall.

Cohen, Carl, ed. (1962). *Communism, Fascism, and Democracy*. New York: RandomHouse.

Collingwood, R. G. ([1938] 1972). *The Principles of Art*. Oxford: Oxford UniversityPress.

Coughlan, Neil (1973). *Young John Dewey: An Essay in American Intellectual History*. Chicago: University of Chicago Press.

Culp, Christopher (1992). *The End of Epistemology: Dewey and his Current Allieson the Spectator Theory of Knowledge*. Westport, Conn.: Greenwood Press.

Deleuze, Gilles and Felix Guattari(1991). *Qu'est-ce que la philosophie?* Paris: Éditions de Minuit.

Descartes, René (1980). *Discourse on Method and Meditations on First Philosophy*. Trans. Donald A. Cress. Indianapolis, Ind.: Hackett.

Descartes, René (1985). *The Philosophical Writings of Descartes*, Vol. 1. Trans. J. Cottingham, R. Stoothoff, and Dugald Murdoch. Cambridge: Cambridge University Press.

Diggins, John Patrick (1994). *The Promise of Pragmatism: Modernism d the Crisis of Knowledge and Authority*. Chicago: University of cago Press.

Dye, Thomas R., and L Harmon Zeigler (1975). *The Irony of Democracy: An Uncommon Introduction to American Politics*. 3rd ed. No. Scituate, Mass.: Duxbury Press.

Dykhuizen, George (1973). *The Life and Mind of John Dewey*. Carbondale: Southern Illinois University Press.

Eco, Umberto (1983). *In The Name of the Rose*. Trans. William Weaver. New York: Warner Books.

_____ (1984). *Postscript to the Name of the Rose*. Trans. William Weaver. New York: Harcourt Brace Jovanovich.

Eddington, Arthur S. (1929). *The Nature of the Physical World*. New York: Macmillan.

Edman, Irwin (1955). *The Uses of Philosophy: An Irwin Edman Reader*, ed. Charles Frankel. New York: Simon & Schuster.

Frolet, Élisabeth (1986). *Yanagi Soetsu ou les éléments d'une renaissance artistique japonaise.* Paris: Publications de la Sorbonne.

Geiger, George Raymond (1958). *John Dewey in Perspective.* New York: Oxford University Press.

Gellner, Ernest (1981). "Pragmatism and the Importance of Being Earnest." In *Pragmatism: its Sources and Prospects*, ed. Robert J. Mulvaney and Philip M. Zeltner. Columbia: University of South Carolina Press.

Glassie, Henry (1994). *Turkish Traditional Art Today.* Bloomington: Indiana University Press.

Gombrich, Ernst (1963). "André Malraux and the Crisis of Expressionism." In *Meditations on a Hobby Horse, and Other Esssays on the Theory of Art.* London: Phaidon Press.

Gouinlock, James (1986). *Excellence in Public Discourse: John Stuart Mill, John Dewey, and Social Intelligence.* New York: Teachers College Press.

Hartshorne, Charles and Paul Weiss, eds. (1934). *Collected Papers of Charles S. Peirce.* Cambridge, Mass.: Harvard University Press.

Hegel, Georg W. F. ([1807] 1979). *Phenomenology of Spirit.* Trans. A. V. Miller. Oxford: Oxford University Press.

Heidegger, Martin ([1950] 1971). "The Origin of the Work of Art." In *Poetry, Language, Thought.* Trans. Albert Hofstadter New York Perennial Library.

_____ ([1938] 1977). "The Age of the World Picture." In *The Question ConcerningTechnology and Other Esssays.* Trans. William Lovitt. New York: Garland Publishing.

Hickman, Larry (1990). *John Dewey's Pragmatic Technology.* Bloomington: Indiana University Press.

_____ (1991). "Review of Dewey's Metaphysics by Raymond D. Boisvert." *The Review of Metaphysics* 45: 112−14.

Holloway, Harry and John George (1979). *Public Opinion: Coalitions, Elites, and Masses.* 2nd ed. New York: St. Martin's Press.

James, William ([1890] 1950). *The Principles of Psychology*, vol. 1. New York: Dover Publications.

_____ ([1902] 1985). *The Varieties of Religious Experience.* Cambridge, Mass.: Harvard University Press.

_____ ([1907] 1981). *Pragmatism.* Indianapolis, Ind.: Hackett.

Jonas, Hans (1954). "The Nobility of Sight." *Philosophy and Phenomenological Research* 14: 507–19.

Kandinsky, Wassily ([1912] 1947). *Concerning the Spiritual in Art and Painting in Particular.* Trans. Michael Sadleir, rev. Francis Golffing, Michael Harrison, and Ferdinand Ostertag. New York: Wittenborn, Schultz.

Kaufman-Osborne, Timothy (1991). *Politics/Sense/Experience: A Pragmatic Inquiry into the Promise of Democracy.* Ithaca, N.Y.: Cornell University Press.

Kant, Immanuel ([1787] 1965). *Critique of Pure Reason.* Trans. Norman Kemp Smith. New York: St. Martin's Press.

Laertius, Diogenes (1950). *Lives of Eminent Philosophers.* Trans. R. D. Hicks. Cambridge, Mass.: Loeb Classical Library.

Latour, Bruno (1991). *Nous n'avons jamais été modernes: Essai d'anthropologie symétrique.* Paris: Éditions de la Découverte.

Lippmann, Walter (1925). *The Phantom Public.* New York: Harcourt, Brace and Co.

_____ ([1922] 1965). *Public Opinion.* New York: The Free Press.

Locke, John ([1690] 1970). *Two Treatises of Government.* Ed. Peter Laslett. Cambridge: Cambridge University Press.

Macquarrie, John (1983). *In Search of Humanity: A Theological and Philosophical Approach.* New York: Crossroad.

Madison, James ([1787] 1983). "Federalist No. 10." In *Great American Political Thinkers*, vol. 1, ed. Bernard E. Brown. New York: Avon Books.

Malraux, André (1967). *Museum without Walls*. Trans. Stuart Gilbert and Francis Pride. Garden City, N.Y.: Doubleday.

Michels, Robert ([1911] 1966). *Political Parties: A Sociological Study of the Oligarchical Tendencies of Modern Democracy*. New York: The Free Press.

Mbiti, John (1970). *African Religions and Philosophy*. New York: Anchor Books.

Murray, Albert ([1976] 1989). *Stomping the Blues*. New York: Da Capo Press.

_____ (1996). *The Blue Devils of Nada*. New York: Pantheon Books.

Niebuhr, Reinhold (1932). *Moral Man and Immoral Society*. New York: Scribners.

Nussbaum, Martha C. (1986). *The Fragility of Goodness*. Cambridge: Cambridge University Press.

Ortega y Gasset, José (1932). *The Revolt of the Masses*. New York: W. W. Norton.

_____ (1971). *The Idea of Principle in Leibnitz and the Evolution of Deductive Theory*. Trans. Mildred Adams. New York: W. W. Norton.

Paolucci, Henry (1979). *Hegel on the Arts*. New York: Frederick Ungar.

Padel, Ruth (1993). *In and Out of the Mind: Greek Images of the Tragic Self*. Princeton, N.J.: Princeton University Press.

Peirce, Charles Sanders (1955). *Philosophical Writings of Peirce*. Ed. Justus Buchler. New York: Dover Publications.

Pepper, Stephen (1942). *World Hypotheses: A Study in Evidence*. Berkeley: University of California Press.

Poe, Edgar Allan ([1845] 1976). *The Purloined Letter*. In *The Short Fiction of EdgarAllan Poe*, ed. Stuart and Susan Levine. Indianapolis, Ind.: Bobbs-Merrill.

Popper, Karl (1965). *Conjectures and Refutations*. New York: Basic Books.

Proust, Marcel (1934). *Swann's Way*. Trans. C. K. Scott Moncrieff. New York: Random House.

Randall, John Herman Jr. (1968). *The Meaning of Religion for Man*. New York:Harper Torchbooks.

Rescher, Nicholas (1985). "Philosophy in Academia." *American Philosophical Quarterly* 22: 155.

Rockefeller, Stephen (1991). *John Dewey: Religious Faith and Democratic Humanism.* New York: Columbia University Press.

Rorty, Richard (1979). *Philosophy and the Mirror of Nature.* Princeton, N.J.: Princeton University Press.

_____ (1980). "Pragmatism, Relativism, and Irrationalism." *Proceedings and Addresses of the American Philosophical Association* 53: 719–38.

_____ (1982). *Consequences of Pragmatism.* Minneapolis: University of Minnesota Press.

Ryan, Alan (1995). *John Dewey and the High Tide of American Liberalism.* New York: W. W. Norton.

Ruskin, John ([1871–72] 1904). *Modern Painters,* vols. 3–4. London: Everyman Library.

Russell, Bertrand ([1912] 1959). *The Problems of Philosophy.* Oxford: Oxford University Press.

Schaeffer, Jean-Marie (1992). *L'art de l'age moderne: L'esthétique et la philosophie de l'art du XVII siècle jusqu'à nos jours.* Paris: Gallimard.

Schopenhauer, Arthur ([1844] 1969). *The World as Will and Representation,* vol. 1. 2nd ed. Trans. E. F. J. Payne. New York: Dover Publications.

Serres, Michel (1992). *Éclaircissements.* Paris: Francois Bourin.

Shea, William M. (1984). *The Naturalists and the Supernatural.* Macon, Ga.: Mercer University Press.

Shusterman, Richard (1992). *Pragmatist Aesthetics: Living Beauty, Rethinking Art.* Oxford: Blackwell.

Sidorsky, David (1984). "Introduction" to LW 3.

Sleeper, Ralph (1986). *The Necessity of Pragmatism: John Dewey's Conception of Philosophy.* New Haven, Conn.: Yale University Press.

Smith, John (1992). *America's Philosophical Vision.* Chicago: University of Chicago Press.

Tiles, J. E. (1988). *Dewey.* New York: Routledge.

De Tocqueville, Alexis ([1835, 1840] 1956). *Democracy in America*. Ed. RichardHeffner. New York: Mentor Books.

Tolstoy, Leo ([1898] 1975). "What is Art." In *What is Art and Essays on Art by Leo Tolstoy*. Trans. Aylmer Maude. London: Oxford University Press.

Tomkins, Calvin (1988). *Post- to Neo-: The Art World of the 1980's*. New York: Penguin Books.

Toulmin, Stephen (1984). "Introduction" to LW 4.

Tu, Wei-Ming (1983). "The Idea of the Human in Mencian Thought: An Approach to Chinese Aesthetics." In *Theories of the Arts in China*, ed. Susan Bush and Christian Murck. Princeton, N.J.: Princeton University Press.

Wallas, Graham (1914). *The Great Society: A Psychological Analysis*. New York: Macmillan.

West, Cornel (1989). *The American Evasion of Philosophy: A Genealogy of Pragmatism*. Madison: University of Wisconsin Press.

Westbrook, Robert (1991). *John Dewey and American Democracy*. Ithaca, N.Y.: Cornell University Press.

Wilde, Oscar ([1891] 1985). *The Picture of Dorian Gray*. London: Penguin Books.

Winthrop, John ([1630] 1987). "A Modell of Christian Charity." In *Individualism and Commitment in American Life*, ed. Robert Bellah et al. New York: Harper & Row.

Wittgenstein, Ludwig (1953). *Philosophical Investigations*. Trans. G. E. M. Anscombe. New York: Macmillan.

약 이십 년 전 나고야대학 중국철학과에서 박사 논문 연구를 하였다. 초고 정리가 어느 정도 마무리되면서 나의 관심은 (교육)철학으로 향해 있었다. 루소에서 듀이에 이르는 사상의 태산준령을 마주했다. '어린이철학'에 관한 졸저 집필을 마무리하면서 듀이 철학을 본격적으로 탐구하기 위해 준비를 했다(루소에 대한 관심은 이후 파리서부낭테르대학교에서 교육철학을 전공하는 계기로 이어졌다). 운 좋게도, 듀이 교육철학 연구자 하야카와 교수의 도움으로 나고야대학 교육철학 박사과정에 진학할 기회를 얻었으나, 불가피한 사정으로 귀

국해야 했고 그 과정은 중단되고 말았다. 당시 나고야대학에는 또 한 명의 교육철학 연구자로 마츠시타 교수가 있었는데, 그는 분석교육 철학을 전공하면서 듀이의 전기 및 중기 논리 연구도 겸하고 있었다. 그는 내게 듀이가 철학자임을 염두에 두고 연구할 것을 권유했는데, 되돌아보면, 이러한 안내와 조언은 나의 듀이 연구 방식과 내용에 적지 않은 영향을 미쳤다.

이후 나는 듀이의 주요 저서와 크고 작은 글들을 전기, 중기, 후기로 나누어 읽으며 연구를 지속했다. 그 가운데 종종 길잡이가 되어 준 연구자 가운데 한 명이 이 역서의 저자 보이스버트였다. 특히 듀이의 형이상학과 논리 및 언어 이론을 연구하는 과정에서 나는 그의 통찰에 도움을 받았다.

그러나 이 책은 듀이 철학의 특정 분과를 다룬 전문 연구서가 아니다. 오히려 듀이의 사유를 다층적으로 조망하는 개론서로서, 독자들은 이를 통해 존재론, 인식론, 사회 및 정치철학, 교육철학, 미학, 종교철학 등 다양한 영역에서 듀이의 철학적 사유를 온전히 마주할 수 있을 것이다. 이 책은 듀이 철학의 전반적인 개괄을 제시하는 한편, 그의 존재론과 인식론을 풀어가는 서론과 1장 '생활세계', 2장 '사고하기'를 통해 듀이의 사상의 핵심을 효과적으로 전달한다. 3장 '민주주의'와 4장 '공중'에서는 듀이의 사회 및 정치철학을 간명하게 요약하며, 5장 '교육하기'에서는 신체활동과 체화된 성장, 공동체를 통한 교육이라는 듀이의 교육철학적 메시지를 담아낸다. 이러한 논의는 그의 미학론과도 자연스럽게 연결된다. 6장 '제작하기'에서는 경험 개념을 심화하며 예술이 공동체 삶의 내부에 통합되어 있는 방식을 탐색한다. 7장 '신앙'에서는 명사로서의 '종교'가 아니라 도덕적, 실천적 의미에서 '종교적' 태도를 강조하는 듀이의 종교철학적 입장을 보여 준다.

국내에서는 주로 교육학 연구자를 중심으로 듀이가 논의되어 왔다. 그러나 그의 철학을 보다 깊이 이해하기 위해서, 아니 교육철학을 탐구하기 위해서도 이 책은 필수적인 안내서가 될 것이다. 듀이를 처음 접하는 독자나 다른 분야의 연구자들에게도 그의 사상의 폭과 깊이를 조망할 수 있는 훌륭한 길잡이가 될 것임은 말할 것도 없다. 이 책을 번역한 소이도 바로 여기에 있다.

이 책의 출간을 허락해 준 김성배 대표님과 원고를 세심하게 검토해 준 신은미 편집자님께 깊이 감사드린다. 또한, 언제나처럼 책의 초고를 읽고 아낌없는 조언을 건네준 교육철학 연구자인 아내 김영희 박사와 딸 다인이에게도 고마움을 전한다. 번역 원고를 두고 나눈 많은 대화는 큰 기쁨이었으며, 그 과정에서 이 책이 널리 읽힐 가치가 있다는 확신을 함께하게 되었다. 이 책이 독자들에게도 그러한 지적 여정을 선사할 수 있기를 바란다.

진주 신안에서
역자 씀

찾아보기

Index

듀이 철학 시론

존 듀이, 우리 시대를 다시 생각하다

초판 발행 | 2025년 5월 20일

지은이 | 레이먼드 D. 보이스버트
옮긴이 | 박찬영
펴낸이 | 김성배

책임편집 | 신은미
디자인 | 윤지환, 엄해정
제작 | 김문갑

펴낸곳 | 도서출판 씨아이알
출판등록 | 제2-3285호(2001년 3월 19일)
주소 | (04626) 서울특별시 중구 필동로8길 43(예장동 1-151)
전화 | (02) 2275-8603(대표) 팩스 | (02) 2265-9394
홈페이지 | www.circom.co.kr

ISBN 979-11-6856-325-4 (93160)